반보 앞서간 노무현의
반보 뒤에서 정치를 배우다

반보 앞서간 노무현의
반보 뒤에서 정치를 배우다

서갑원 말하다

미래의
창

반보 앞서간 노무현의 기억,
반보 뒤에 선 서갑원의 기록

세상의 모든 것을 '제자리'에 두려고 했던 사람. 프랑스의 석학 자크 아탈리가 공자를 두고 했던 말입니다. 확실히 세계적인 석학은 석학입니다. 공자라는 거대한 산을 딱 한마디로 정의했으니 말입니다. 거기다 그 '정의'가 절묘합니다. 무섭도록 정확하고 깊습니다. 긴 여운이 있습니다. 제가 이런 문제를 받았다면, 앞에 놓인 백지장처럼 하얗게 질렸을 겁니다. 그렇죠. 공자는 그런 분이었습니다. 정치를, 사람을, 권력을, 학문을, 윤리를 제자리에 두려고 했던 분입니다.

저도 인생을 그리 길게 살지는 않았지만, 자신을 제자리에 두는 것만큼 어려운 일은 없는 듯 보입니다. 그 자리를 찾는 것도 어렵지만, 그것이 제자리인지 판단하기는 더욱 어렵습니다. 어쩌면 인생은 내 자리가 어디인지를 찾아가는 여정이라고 할 수 있습니다. 이 자리가 제자리인지 끊임없이 묻고 묻는 여정이라고도 할 수 있습니다.

생각해보면 정치만큼 '자리'가 중요한 직업도 없어 보입니다. 심지어 사람을 '의석수議席數'로 표현하는 것만 봐도 그렇습니다. 노무현 대통령님도 자리에 관해 남다른 생각이 있었습니다. 정치를 시작하면서 치음에 지의 자리는 노무현의 비서였습니다. 아시다시피 '비서의 자리'는 일반적으로 운전석 옆자리입니다. 그렇게 보고 듣고 배웠던지라 당연히 운전석 옆자리에 앉았습니다. 그러자 노 대통령님께서 한 말씀하셨습니다. "갑원 씨, 내가 뭘 물어보려면 갑원 씨 뒤통수에 대고 얘기해야 되는데, 그래서야 제대로 대화가 되겠나? 여기 내 옆자리에 와서 앉아라." 그분에게 비서는 운전석 옆자리에 앉아가는 사람이 아니라 당신의 옆자리에서 의견을 내고 토론을 해야 하는 사람이었습니다. 노 대통령님에게 자리는 허세나 형식이 아니라 현실과 실용이었습니다.

이 에피소드의 기억은 선명합니다. 늙은 생각을 갖고 있던 20대 젊은이가 젊은 생각을 갖고 있던 40대 정치인에 의해 편견이 깨졌기 때문입니다. 이 책은 정확히 이 에피소드에서 출발했습니다. 그 반보 앞서간 노무현에 대한 기억의 기록입니다. 대통령이 머물렀던 곳곳의 자리들을 회상했습니다. 그 회상을 통해 서갑원의 자리 찾기에 대한 고민도 녹였습니다.

이 글을 쓰면서 공자에게 마음속으로 묻고 또 물었습니다. '공자님은 정치의 제자리가 어디라고 생각하십니까?' 물론 공자의 대답은 없었습니다. 하지만 그 물음의 반복이 가져다준 행운이라고 할까요? 저에게는 희미하지만 그럴듯한 답이 떠올랐습니다. 그 답은 '반보半步'입니다. 그렇습니다. 적어도 제가 생각하는 정치의 제자리는 반보입니다.

그러고 보니 제가 모셨던 노무현은, 제가 경험했던 노무현은 급진적이지 않았습니다. 혼자 앞서가지 않으셨습니다. 국민들보다 조금 앞에서, 국민들과 함께 가고자 하신 겁니다. 절차와 과정을 중시하는 분이셨습니다. 그것은 예측 가능한 분이라는 의미입니다. 예측가능하지 않은 사람이야말로 위험합니다. 우리는 이미 예측 가능하지 않은 대통령을 경험했습니다. 그분은 탄핵됐습니다.

이야기가 잠시 딴 데로 샜습니다. 제가 생각하는 정치는 국민들의 반보 앞에서 이끌거나 또는 반보 뒤에서 밀어주는 것입니다. 그러니까 '정치의 제자리'는 반보 앞이거나 뒤라는 뜻입니다. 노무현의 정치는 반보 앞서 갔습니다. 국민들께서 안심하고 따라올 수 있는 거리에 있었습니다. 저는 늘 그 노무현의 반보 뒤에서 정치를 배웠습니다. '반보 뒤'의 자리는 비서라는 직업적 특성에서도 비롯됐지만 국민 또는 시민의 모습을 전체적으로 차분하게 조망할 수 있는 위치입니다. 저의 개인적인 성향과도 맞습니다.

제가 늘 경계하고 새기는 두 개의 덕목이 있습니다. '초심初心'과 '하심下心'입니다. 공교롭게도 둘 다 자리를 뜻하는 말입니다. 초심은 처음의 마음자리로 되돌아가라는 의미를 담고 있습니다. 회초리라는 말을 보면 돌아갈 회回에 처음 초初를 써서 잘못을 반성하고 처음의 마음가짐으로 돌아가라는 의미가 담겨 있습니다. 마음을 낮은 자리에 두라는 하심. 특히 정치인에게 하심은 '나를 낮춤으로써 국민을 높인다'는 의미도 됩니다. 초심과 하심의 자리는 누가 봐도 반보 앞보다는 반보 뒤가 더 어울립니다.

'자리가 사람을 만든다'는 오래된 통념이 있습니다. 저는 이 말을 수정하겠습니다. '마음자리가 사람을 만듭니다.' 처음 마음을 잃지 않고 스스로를 낮추는 자세로 국민의 반보 뒤에 서 있겠습니다.

노무현을 기억하는 이들에게 반가운 기록이 되길 바라며

서갑원 올림

목차

1

반보 앞서간
바보 대통령

시간 2019년 8월 9일 오후 2~6시
장소 순천 이음카페

정치, 나를 버리고
남을 얻는 일

지승호(이하 지) 오늘 보니까 시민들하고 계속 살갑게 인사를 하고 다니시던데, 원래 그런 것을 못하거나 어려워는 사람도 있지 않습니까?

서갑원(이하 서) 정치를 하면서 사람들에게 인사하고 악수하고 말을 거는 일, 이른바 스킨십 혹은 대민 접촉이라고 하죠. 이거 못하면 정치하기 어려워요. 그런데 사실은 좀 힘듭니다. (웃음) 그래도 고향이니까 얼굴이라도 좀 알려져 있어서 "서갑원입니다" 하면 "아, 예" 하고 악수라도 해줘요. 간혹 어쩌다가 한두 명은 노골적으로 외면하는 사람들도 있죠. 근데 예전에 노무현 대통령이 국회의원 후보 시절 악수를 청하는데 손등으로 탁 쳐버리는 사람들이 있었어요. 부산에서는 더 그랬죠. 그 모멸감이라는 건 옆에 있던 나도 참을 수 없었는데, 당사자는 어땠겠습니까.

지 노 대통령은 성격 자체도 '샤이'하신 편이라.

서 하지만 유권자들을 만날 때는 안 그래요. 사실 처음 정치를 시작한 분들, 특히 고위 공직자나 장관, 검사, 교수 출신 같은 한가락 했던 사람들은 고개가 잘 안 숙여지잖아요. (웃음) 그래서 선거가 좋은 것 같습니다. 왜냐면 정치가라는 게 '동냥치 직업'이거든요. 장삼이사든 왕후장상이든 누구나 한 표이고, 한 사람 한 사람 모두 똑같이 대해야 하거든요. 바로 민주주의의 정수죠. "한 표 주십시오" 하면서 고개 숙이고, 발이 부르트도록 구석구석 돌아다니고, 아까 얘기한 것처럼 모멸도 받아보고, 격려도 받고, 박수도 받고, 욕도 먹고.

지 예전에 유시민 작가가 정치할 때 어디 가면 술을 받아 마셔야 하는 게 힘들다고 하셨거든요.

서 제일 힘들죠. 저는 양해를 구해요. 어쩔 수 없잖아요. 얼굴이 발개져버리니까. 술이 약해 집에 가서 쓰러지는 건 괜찮은데, 그 자리만이 아니라 계속 돌아다녀야 하는 게 문제죠. 키도 크고, 눈에 잘 띄는 얼굴이라 발개져 돌아다니면 온 동네 술을 다 마신 것 같기도 하고, 불성실하게 보일 수 있잖아요. 그래도 잔은 받습니다. 대신에 "조금만 받습니다" 하고 양해를 구합니다. 최소한의 예의는 갖추는 거죠. 유시민 선배는 이야기하기를 좋아하고, 인기가 있으니까 사람들이 같이 있고 싶은 마음이 훨씬 강했을 겁니다. 안 그러겠어요. 술은 노 대통령도 힘들어하셨고, 모든 정치인들이 힘들어 합니다.

지 선거를 치르고 나면 성격이 바뀐다든가 그런 게 있나요?

서 아무래도 적극적이 되죠. 사람들을 대하는 것도 확실히 달라지고 개방적으로 바뀝니다. 경우에 따라서는 화도 나고 배신감도 느낀다고 하던데, 저도 그런 게 전혀 없는 것은 아닙니다만, 그런 정도는 다스려지더라고요.

지 선거라는 게 엄청나게 많은 사람들을 만나서 그들의 고충을 이해하고, 때로는 설득을 해야 하는 일이잖아요. 인간에 대한 생각이 바뀔 수 있겠네요.

서 기본적으로 사람에 대해 신뢰를 갖지 않으면, 그리고 측은지심이 없으면 어려운 것 같습니다. 민주주의가 좋은 게 그런 점이고, 선거의 목적이나 존재 의미가 그런 것이 아닌가 싶어요. 마음이 가지 않고 겉으로만 해서 될까요? 그런 사람들도 있겠지만, 선거를 하면 할수록 마음이 가지 않으면 안 됩니다. 저는 그랬어요. 결국 세상만사 어떤 일이든지 마음먹기에 달렸다는 말이 맞아요.

자기가 가진 마음대로 가는 거지 딴 게 없습니다.

지 선거를 치르면 별의별 사람들이 다 접근할 텐데요. 같이 일하거나, 아니면 가급적 척을 지지 않고 내쳐야 될 텐데요.

서 저는 사람 운이 좋은 것 같습니다. 복이 많은 거죠. 옆에 있는 김평수 박사도 제가 처음 선거에 나왔을 때 도움을 준 사람이에요. 제가 어렵고 힘들 때 구원투수로 초빙해서 선거를 치렀는데, 대체로 처음부터 일을 같이한 사람들이 지금도 곁에서 저를 도와줘요. 김현룡 실장은 지난번 대통령 선거 때 만났는데, 그때는 서로 정신없이 일하느라 제대로 얼굴도 못 봤습니다. 조윤재 박사도 제 비서관을 했습니다. 제가 어려울 때 열심히 저를 챙겼어요. 제가 그 친구를 챙긴 게 아니라 그 친구가 저를 챙겼죠. (웃음)

순천에서도 마찬가지입니다. 처음부터 끝까지 함께한 장길태라는 후배가 있어요. 제가 처음 순천에 온 2003년 12월부터 저를 수행하고 다녔습니다. 저의 첫 참모였죠. 그 후에 시의원 출마를 권유해도 안 하고, 지금도 늘 언제나 저와 함께하고 있습니다. 한 번도 저를 안 떠나고. 시작할 땐 30대였는데, 지금은 50대에 들어섰죠. 저도 학교 졸업하자마자 노무현 대통령을 수행하며 많은 사람들을 만났습니다. 김대중, 김영삼부터 시작해 3김 시대의 제일 센 사람들을 모두 가까이서 보았지요. 그런데 이게 '아니다' 싶은 사람은 압니다. 느낌이 와요. 그런 사람들이 한두 명 있어요. 하지만 최소한 저랑 같이 일을 했던 사람들은 지금도 저를 챙겨주려고 하고, 이리저리 도와주려고 하지, 어디 가서 제 욕을 하고 다니지는 않는 것 같습니다. 정말 고맙죠. (웃음)

지 오래 같이 잘 지내려면 복만 가지고는 안 될 텐데요. (웃음)

서 제가 특별하게 해준 것은 없어요. 오히려 고생만 실컷 해요. 제가 일 욕심이 많은 편이라 코피 많이 터졌고 욕도 많이 얻어먹었지만, 다들 잘 지내요. 어려울 때 제가 도움도 많이 받고. 고마운 일이죠. 이건 맥없이 좋은 얘기가 아니라 실제로 팩트입니다. (웃음)

노무현의
면접

지 정치를 하겠다고 결심을 하게 된 계기가 있나요?

서 처음엔 대학원 졸업하고 유학 갈 생각을 했어요. 집에서
도 1년 치 학비는 대주겠다고 하더라고요. 우리 부모가 줄 수 있는
전부라고 봐야 되는 거죠. 무리를 해서 주시는 거지. 그런데 인생이
라는 게 묘해요. 그 무렵 국회의원이 된 대학 선배 강수림 의원 쪽
에서 보자고 한 거예요. 민주당 인권위원회 부장을 뽑아야 했던 상
황이었던 거죠. 그런데 강 의원은 급한 일이 생겨 못 뵙고, 대신 조
상훈 보좌관이 저를 맞이하고는 갑자기 국회의원 보좌관으로 가는
것이 어떻겠냐고 제의하는 거예요. "당보다 국회의원 밑에 있는 것
이 배울 것도 많다. 그것도 국회의원 나름"이라고 하면서. "좋아하
는 정치인이 누구냐?"고 물었습니다. DJ 빼고는 당연히 당시 청문

• 　소탈하고 인간미가 느껴지는 노무현 대통령과 함께. 의전비서관 시절 청와대 녹지원에서.

회 스타 이철, 이해찬, 노무현이었지요. 그랬더니 "노무현 의원은 어떻게 생각하느냐"고 묻더라고요. "제가 능력은 없지만, 뭐라도 도와달라고 하면 함께 일할 생각이 있다. 하지만 그렇게 유명한 사람이 왜 나를 필요로 하겠느냐"라고 했어요. 그랬더니 또 물어보는 겁니다. "아까 얘기했잖아요. 내가 좋아하는 사람이지만 그 사람이 왜 나를 필요로하겠어요?" 그랬더니 일단 기다려보라고 하셨죠. 그러곤 다시 연락이 왔어요. 노무현 의원과 일해 볼 생각이 없느냐고.

지 첫 만남이셨겠네요.

서 네, 며칠 뒤 맨해튼 호텔 커피숍에 원혜영 의원과 함께 나오셨어요. 제 손을 덥석 잡으시면서 "노무현입니다." "네, 서갑원입니다." 은근히 긴장되고 떨렸죠.

지 첫인상은 어땠나요?

서 5공 청문회에서 정점을 찍은 분 아니겠습니까? TV를 통해 봤을 때는 강인하고 단호한 면이 강할 줄 알았는데, 막상 직접 만나니까 무뚝뚝하게 보이셨지만 상대를 편안하게 해주시고, 소탈하고 인간미가 느껴지는 분이셨죠.

지 바깥에서 봤던 인상과 전체적으로 비슷하지만, 개인적인 성품은 생각과 달랐다는 거네요.

서 네. "그런데 왜 이렇게 험한 정치판을 오려고 하느냐?"고 물어보시더군요. "대한민국 정치가 바뀌려면 사람이 바뀌어야 되고, 정치인이 바뀌려면 결국 정당이 바뀌어야 한다"고 얘기했습니다. 준비도 없이 갔는데, 저도 모르게 그렇게 말이 나오더라고요. "제가 무슨 일을 어떻게 할지는 잘 모르겠지만, 정치가 개혁적으로 바뀌고 민주적인 정당이 제대로 역할을 하면서 일하는 것도 과학적으로 해야 된다고 생각합니다. 저 같은 사람도 그런 역할을 할 수 있을 거라는 생각이 들었습니다." 노무현 의원이 "생각과 현실은 완전히 다를 건데"라고 하시더군요. 이런저런 대화 끝에 "잘해봅시다" 하셨어요. 곧바로 이광재 씨를 만나라는 말씀과 함께. 바로 '이광재 선생님'을 만났지요. (웃음)

지 이광재 선생님이요? (웃음)

서 '이광재 씨'를 만나라고 하는데, 여의도 백화점 4층에 있는 사무실에서 말이에요. 그런데 이제 갓 학교를 졸업한 제가 그 세계에 대해 뭘 알겠어요. 곧이곧대로 가서 "이광재 선생님 뵈러 왔다"고 했더니 사무실에 앉아 있던 사람들이 깔깔대고 난리가 났어요. (웃음) "이광재 선생님 찾아왔어요. 빨리 나가보세요" 하면서 나랑 이광재 씨를 놀리더라고. (웃음)

지　하하하.

서　그때 내가 서른이었으니까, 이광재 씨는 스물여덟일 때죠. 이광재를 만나보라고 했으니, 당연히 나보다 나이가 많다고 생각했지 두 살 어린 사람이라고 생각했겠어요? 천하의 노무현이 가서 만나라는 사람이 말입니다.

지　무슨 얘기를 하셨나요? (웃음)

서　반갑다고 하면서 언제부터 나오실 거냐고 묻더군요. 그 당시 DJ 선거 캠프를 꾸리는 데 노 대통령이 청년특별위원장을 맡으신 거예요. 이해찬 의원이 기획위원장을 했고, 기획위원회와 청년특위가 함께 움직였죠. 그래서 이광재 씨가 이해찬 기획위원장 밑에서 전문위원을 하고 저는 노무현 위원장을 수행했습니다. 그때는 1992년 14대 총선 당시 부산 동구 민주당 후보로 출마했다가 낙선한 상태이니까 국회의원이 아니셨죠. 수행 업무 후 저녁에 이광재 씨와 만나서 위원장이 그날 하신 일, 만난 사람들, 말씀하신 내용 등을 정리해서 서로 공유하고, 다음 날 준비할 것들을 챙겼습니다. 이른바 비서 역할을 시작한 거죠. 뭘 하라고 가르쳐주지도 않았고, 대뜸 언제부터 나올 거냐고 해서 그냥 시작했어요. 무슨 일을 어떻게 하는지도 모르고. (웃음)

출근 첫날 아침에 수행을 하는데, TV나 영화를 봐도 그렇고 수행시 대개 자동차 앞좌석에 타야 한다고 생각하잖아요. 그래서 저도 당연히 운전기사 옆 좌석에 올라탔죠. 그랬더니 "갑원 씨! 왜 앞에 타나? 뒤로 오게" 하시는 겁니다. 처음에는 무슨 말인지 몰랐어요. 괜찮다고 하는데도 계속 뒤로 오라는 거예요. "뒤로 오게. 고집 피우지 말고, 뒤통수에 대고 내가 뭔 얘기를 하나, 옆으로 오게"라고 몇 번이나 말씀하시는 겁니다. (웃음) "앞으로 앞자리에 앉지 말고 옆에 앉게. 뒤통수에 대고 대화할 수는 없지 않는가." 그렇게 시작한 겁니다. 이광재 씨가 앞자리에 앉지 말고, 뒤에 앉으라는 얘기 정도는 해줘야 하는 거 아닙니까. (웃음) 그때 운전하던 친구가 지금도 봉하에서 권양숙 여사님을 모시는 최영 씨입니다. 아주 충성스럽고 선한 사람이지요. 지금도 최영 씨만 보면 괜히 눈물이 나와요. 고마운 사람입니다.

지 처음 면접을 보고 바로 나오라고 했을 정도로 마음에 드는 면이 있으셨던 건데, 그 이유를 나중에라도 말씀해주시던가요?

서 그런 말씀은 없으셨어요. 보좌관 했던 친구가 추천을 했으니까 그러셨겠죠. 보통 사람 뽑을 때 사전 조사를 하잖아요. 나중에 봤더니 이광재 씨가 여러 경로를 통해 모두 조사를 했더라고요. 우리는 평판 조사를 많이 합니다. 누가 추천했는지가 제일 중요하죠.

지 추천하는 사람이 믿을 만하니까.

서 그랬나 봐요. 순천 사람이고 전라도 사람이니까 나쁘지 않았겠죠, 뭐. 그런 생각이 있었는지 모르겠지만, 어쨌든 이광재 씨는 강원도, 저는 전라도, 안희정 씨는 충청도잖아요. 그럴 의도는 없었겠지만 절묘했죠.

지 안희정 전 지사는 나중에 만나신 거네요.

서 안희정 씨와 이광재 씨는 친합니다. 안희정 씨는 당시에 출판사를 다니고 있었어요. 안희정은 반드시 데리고 와야 한다고 이광재 씨가 자주 말하곤 했습니다. 그래서 알게 되었지요. 안희정 씨를 데려오려고 이광재 씨가 공을 많이 들였어요. 제가 1992년도에 합류했고, 안희정 씨는 1995년 부산 시장 선거가 끝나고 그해 말에 왔을 거예요. 그 후 이런저런 선거를 치르면서 많은 사람들이 모였다가 흩어졌는데, 결국 우리 세 사람만 계속해서 남았던 거죠.

부산에서
DJ를 감싸다

지 지난 2017년 대선 직전에 안희정 전 지사를 잠깐 인터뷰한 적이 있었는데요. (노무현 대통령에게) 섭섭할 때가 없었느냐고 하니, 예전에 부산에서 시장 선거 캠프를 꾸려서 회의를 하는데 본인이 의견을 내니까 "이건 부산 팀 일이니 자네는 빠지게"라고 했다더군요. 마음 상해서 그날로 서울로 올라왔다고 하던데요. 기억나세요? (웃음)

서 노 대통령님이 보통 그런 식으로 말씀 안 하시는데, 왜 그랬지? (웃음) 그런 경우는 거의 없는데, 본인이 그랬다면 맞겠지요. 1995년 부산 시장 선거는 아주 독특한 선거였어요. 그 선거를 정확하게 이해하고 있는 사람은 노무현, 이광재, 서갑원 이 세 사람 정도라고 생각합니다. 사실 부산 시장 선거에 나가기 전 노무현 후보는 당시 조순 서울시장 선거 캠프 기획위원장인 이해찬 의원으로 부터 제안을 받았습니다. 부시장 러닝메이트를 하자고 조순 후보가 제안을 한 거죠. 그래야 시너지가 생긴다는 것이죠. 그 당시 조순 후보가 박찬종 후보를 앞서지 못했습니다. 나중에 유신 부역 전력이 공개되면서 박찬종 후보가 거꾸러졌는데, 그 전까지는 박찬종이 서울 시장 후보 1위였습니다.

지 그때 박찬종 인기가 엄청났죠. 무균질 우유 광고까지. (웃음)

서 그걸 깨기 위한 필승 전략으로 조순 시장, 노무현 부시장 카드를 내세웠습니다. 그런데 그걸 거부하고 부산으로 내려갔지요. 서울시 부시장 러닝메이트 제안을 거부하고, 노무현은 부산 시장에 출마하기로 결정했습니다. 그것도 꽃가마를 타고 가지 않았습니다. 이기택 계보 사람들이 경선을 해야 되느니, 말아야 되느니 해서 시끄러웠거든요. 실제로 나중에 경선을 했습니다. 노무현은 지방 선거에서 조순 후보를 서울 시장으로 당선시킨 후, 김대중을 통해 정권 교체를 한다는 거였어요. 정권 교체를 위해서는 반드시 서울 시장을 차지해야 한다는 생각이었습니다.

지 중요한 자리죠.

서 하지만 우리는 이렇게 생각했습니다. '서울 시장을 차지해야 되는데, 제2도시 부산에서 장렬하게 싸워주지 않으면 안 된다, 부산에서 맞불을 놔서 팽팽한 선거전이 되어야 서울 시장 선거에서 이길 수 있다.' 노무현의 생각이었습니다. 안희정 씨는 모르죠. 그때만 해도 우리 멤버가 아니었고, 저도 안희정을 잘 모를 때니까요.

지 안희정 전 지사는 나름대로 자기 의견을 얘기하는데, 노 대통령은 안희정이 그 부산 선거를 모르고 이야기하는 느낌이라 그랬던 것 같네요. (웃음)

서 그래서 이광재 씨도 서울에 그대로 남아요. 조순 캠프의 선거대책본부 기획실장으로. 세 사람 중 저만 부산에 내려갔습니다. 여기 부산 선거는 철저하게 부산 사람으로만 치르겠다는 것이 노무현 후보의 생각이었어요. 저는 매일 저녁 이광재 씨와 한 시간 정도 통화했습니다. 어떻게 할 것인지를 놓고. 그런데 그 부산 선거가 희한했던 것이 시작하기 전부터 모든 언론의 여론조사에서 우리가 일등인 겁니다. 그것도 15퍼센트 가까이 차이가 났습니다. 지역지가 아니고 중앙의 모든 언론에서. 그때 삼성자동차가 만들어집니다. YS가 그때까지 허락을 안 했는데, 일본 갔다가 오는 비행기 안에서 허락했다고 해요. 다급했던 거죠. 당시 상대방 민자당 후보였던 문정수가 YS 측근이잖아요. 그럴 정도로 급박한 선거였습니다.

지 그런데 막판에 DJ가 '장고'처럼 등장하지 않나요?

서 그렇죠. 하루아침에, 진짜 그다음 날 전라도 정읍에서 대규모 집회가 열리고 노란 깃발이 난리도 아니었죠. DJ가 처음 복귀해서 집회를 하신 건데, 그러고 나니까 그다음 조사에서 노무현의 지지율이 7퍼센트나 떨어진 거예요. 계속 떨어져서 선거 직전까지 겨우 4~5퍼센트 앞서나갔지요. 그러면 지는 겁니다. 결국 우리가 12~13퍼센트 차이로 졌습니다. 아마도 안희정 전 지사가 그 얘기를 했다면 그 무렵이 아닐까 싶은데요. 그때 서른 명 정도가 매일 모여서 회의를 했습니다. 캠프 내 중론은 탈당해서 무소속으로 나가야 한다는 거였어요. 부산 캠프에 있는 모든 사람들이 단 하나도 예외 없이 그렇게 말했습니다. 이광재 씨와 나만 "탈당은 절대로 안 된다"고 했죠. 노무현 후보도 물론 안 된다고 했고.

지 결국 탈당하지 않고 밀어붙이신 거네요.

서 탈당하느냐 마느냐를 놓고 회의를 했죠. 거의 100퍼센트 탈당하자는 거였습니다. 제가 그 마지막 회의에서 한마디했습니다. "우리가 14~15퍼센트 이기다가 이제 간신히 3~4퍼센트 차이로 앞서고 있는데, 탈당하면 이 선거판이 다시 뒤집히겠느냐. 나는 그렇지 않다고 생각한다. 탈당해서 부산 시장이 된다고 치자. 그러면 노 후보의 정치적 최종 목표가 부산 시장이 되는 것인가. 나는 국회의원이든 부산 시장이든 모두 대통령이 되기 위한 교두보라고 생각한다. 3당 합당 때 YS와 결별했는데, 또 다시 DJ와 결별한다면 박찬종과 다른 게 뭐냐. 앞으로 우리가 이렇게 단독으로 나가서 대통령이 될 수 있겠느냐. 나중에 계속 무소속으로 나갈 거냐. 그렇게 새로운 정치 세력이 만들어진다고 해서 같이할 수 있겠느냐"고 했습니다.

나중에 똑같은 얘기를 한 번 더 했습니다. DJ냐 이회창이냐, 같은 얘기죠. "정치를 혼자서 하는 건 아니다. 앞으로 상황을 지켜봐야 한다. 만약 이번에 탈당하면 3당 합당과 다른 길을 가는 노무현은 끝날지도 모른다. 결론적으로 우리가 탈당하면 서울 시장 선거도 패배하게 될 것이다. 어차피 지는 게임이지만, 우리 때문에 졌다고 할 것이다. 그 정치적 뒷감당을 할 수 있나? 나는 여기서 장렬하게 전사하더라도 계속 가야 한다"고 했죠. 난리가 났습니다. (웃음) 그게 이광재 씨와 제가 의논했던 얘기입니다. 노 후보가 결론을 냈습니다. "그냥 갑시다. 정치는 혼자 하는 것이 아닙니다. 그냥 이대로 최선을 다해 열심히 해봅시다."

지 서울에서는 DJ 복귀 문제로 시끄러웠죠?

서 이기택 대표 측과 개혁정치 모임 쪽 분들은 이른바 DJ 복귀에 아주 비판적이었습니다. 그래서 당시 노무현 후보는 부산 선거에서 유세 팀을 이끌고 외부 연사들을 교섭하는 일을 하던 저에게 앞으로 DJ를 비판하는 사람들은 절대 선거 유세에 부르지 말라고 지시하셨습니다. 그 말씀이 맞아요. 해운대에서 대규모 정당 집회

28

를 하려고 했었는데, 그것도 취소했어요. 당시 당대표이면서 서울에서 DJ를 그렇게 밟고 다니던 이기택의 판이 되니까요. 원래 지역구가 해운대이거든요. 그런데 모든 부산 캠프 사람들이 이부영 의원은 부르라고 하더군요. 어떻게 한 번도 안 부를 수가 있느냐고요. 다 부르라고 하는데, 후보는 부르지 말라고 하고. (웃음) 제가 그 등쌀에 어떻게 버틸 수가 있었겠습니까. 하지만 저는 그렇게 심각하게 받아들이진 않았어요. 좀 리스크가 있다고 해도. 그래서 다른 사람들은 안 부르고 이부영 의원만 불렀습니다. 역시 와서는 DJ를 공격하고 가셨어요. 부산에서 DJ 비판한 것이 일면 톱기사였습니다. (웃음) 그런 상황에서도 노 후보는 자기 선거보다 목이 터져라 DJ를 옹호하고 다니셨어요. 그런데 뉴스가 그렇게 나간 겁니다. 그날 저녁에 사달이 났죠. 저한테 "자네, 서울로 올라가게" 하시면서. (웃음)

지 그 상황을 어떻게 수습하셨습니까?

서 그냥 그것으로 끝난 거지. 뭐. 어떻게 하겠어요. (웃음) 그게 팩트입니다. 그 정도로 노무현은 처음과 끝이 같아야 하는 사람입니다. 논리적으로도 오락가락하지 않았어요. "나의 역할은 치열하게 싸우는 것이다. 그래서 당선이 되면 좋지만, 꼭 당선되려고 내려온 것은 아니다. 당선은 덤인데, 덤으로 내가 사업에 성공하려고 하면 안 된다. 덤은 덤일 뿐이다"라고 하신 거예요. '덤으로 되면 다행이지만, 우리가 최초의 목표를 잃어서는 안 된다'는 것이 일관된 생각이었습니다. 유세도 그런 식으로 한 거예요. 나중에 대통령 선거를 할 때처럼 똑같이 연설을 했어요. 우리가 그때 38퍼센트 지지를 받았고, 문정수 후보가 간신히 50퍼센트를 넘겼습니다. 서울에서는 조순 시장이 당선되면서 당에서는 난리가 났죠. 하지만 부산에서 그렇게 처절하게 싸운 노무현을 동교동에서는 알아주지 않았어요. 서울에서는 몰라, 알려고도 하지 않았겠지요. 부산 사람들도 노무현을 이해하지 못했어요. 그렇게 바보 노무현이 된 거죠. 그러나 이광재 씨나 저나 우리의 목표는 대통령이었습니다. 처음부터 자연스럽게 목표를 그렇게 잡았어요. 1992년 대선 때 김대중 후보를 빼놓고는 노무현 연설 때 사람들이 가장 많이 몰려들었습니다. 그때 목이 터져라 외쳤죠. 필름 통에 죽염 넣고 다니면서 목에 털어 넣고 그랬죠.

저는 이렇게 정치를 시작했어요. 제가 보고 배우고 느끼고 학교 다닐 때 민주주의를 위해 했던 일, 술 마시면서 토론하고 고민했던 것들이 노 대통령을 모시면서 했던 일과 별반 다르지 않았어요. 내적 갈등은 없었습니다. 돈은 없었지만, 젊어서인지 불편한 것도 없었어요.

지 대통령이라는 목표도 어느 정도 있었겠지만, DJ에 대한 존경심이나 애정이 없었다면 선거를 그렇게 하진 못했을 것 같습니다.

서 당연히 그랬지요. 노 대통령은 DJ를 일종의 롤 모델로 생각하셨습니다. 직접적으로 말씀은 안하셨지만, 참 좋아하셨어요. 나중에 보니 DJ도 그러셨다고 하더라고요. 당시에 어떤 의견을 내고 토론을 하려는 사람은 노무현과 이해찬밖에 없었다는 것 아닙니까? 어떤 때는 기분 나빠서 오고, 어떤 때는 좋아서 오세요. DJ를 만나러 가서 얘기만 듣고 오면 속상해하고, 얘기 잘하고 오면 기분 좋아하셨던 것 같아요. (웃음) 정권 교체와 지역 통합이라는 것이 결국 사람이 하는 일이지요. 그 사람이 바로 DJ라는 것. 그 사람을 신뢰하고, 그가 대통령이 되어야 하고, 될 수 있다고 믿는 확신이 없으면 절대 그런 일을 안 하는 사람이거든요.

사람들을 설득할 수 있는 힘이 어디서 나오겠어요. 노 대통령은 자기 확신이 분명했기 때문에 사람들한테 설득력이 있었고 그래서 연설도 잘한 것이라 생각해요. 그건 김대중 대통령도 마찬가지입니다. 팩트와 진실을 기반으로 하면 내적 확신이 상대방에게 전달되고, 그래서 사람들이 신뢰하는 것 아니겠어요.

지 그렇게 김대중 대통령과의 관계는 좋았지만, 동교동과는 그렇지 못했잖아요. 나중에 대통령 후보가 되고 나서도 그랬죠.

서 그건 다르죠. 동교동과도 잘 지내려고 노력을 많이 하셨습니다. 그건 전략이고 전술이라고 생각합니다. 김대중 대통령과는 다르지만요. 그것도 큰 틀에서 보면 전략이 들어 있겠죠. 정치인인데, 모든 것이 단심은 아니잖아요. 예를 들어 공천 문제나 당의 진로나 모든 것이 결국 사람 문제잖아요. 사람을 누구로 할 것인 지. 이를테면, 1990년 총선 때 중요한 이슈가 있었습니다. DJ 아들 인 김홍일 의원과 권노갑 의원부터 시작해서 측근들을 전부 공천 하려고 했어요. 그걸 반대하고 막은 사람이 노무현이라고 해요. "하 나만 합시다"라고 하면서. 아무리 역량이 있다고 하더라도 대통령 후보의 아들이 국회의원을 하면 국민이나 언론에서 어떻게 생각할 까요? 총선은 다음 대선의 전초전인데, 불출마하는 것이 너무나 당 연하고 상식적인 생각 아닙니까? 또한 당시 김옥두 의원을 동대문 에 공천하려는 것도 막았다고 합니다. "김대중 총재를 대통령으로 만든 다음 경호실장을 하십시오, 권노갑 의원님은 비서실장 하십시 오, 아들은 아들로서 존재하십시오. 최측근들을 모두 국회에 보내 면 총재님이 대통령이 될 생각이 있다고 누가 믿겠습니까? 배수진 을 쳐도 될까 말까 한데 말입니다." 맞잖아요. 당을 운영하는 과정 에서 옳고 그름을 이야기하는 건 맞는데, 그걸 다른 사람들은 감정 적으로 보는 거죠.

호남 출신 대통령을 따른 영남 정치인,
영남 출신 대통령을 모신 호남 정치인

지 노무현 대통령은 경상도 분인데, 호남 사람으로서 불편한 부분은 없으셨나요?

서 노 대통령님과 함께 다니면서는 고맙다는 생각을 많이 했습니다. '경상도 사람을 모시면서 호남 사람으로서 불편하다'는 생각은 제가 느끼기에 '거의'가 아니라 '전혀' 없었어요. 늘 미안하고 고맙다는 생각을 했죠. 예를 들면, 앞서 얘기했던 부산 시장 선거에서 부산 캠프 사람들은 "무소속으로 출마하자"고 했는데, 저와 이광재 씨만 반대했다고 하지 않았습니까? 그리고 선거에서 패배했지요.

부산 선거 끝나고 1주일도 지나지 않아 다 정리하고 승용차로 노 대통령님과 저, 수행비서인 최영 씨 이렇게 셋이서 서울로 올라갈 때

차 안에서 제가 대통령님께 물었어요. "다음 대선은 어떻게 될까요?" "DJ를 지지할 수밖에 없겠지. 김대중 총재를 위해 목이 터져라 선거 운동을 하고 다니겠지." 그러면서 "단지 개인 김대중만을 위해서라면 하늘이 두 쪽이 나도 그럴 마음이 없지만, 전라도 사람들을 생각하면 어쩔 수가 없겠지"라고 하셨어요. 진짜 눈물이 핑 돌더라고요. "전라도 사람들 때문에 목이 터져라 김대중 후보 찍어달라고 선거 운동하고 유세할 수밖에 없겠지." 두 번씩이나 그러시면서 "어쩔 수 있겠는가" 그렇게 말씀하셨어요. 그 상황을 제 평생 잊어버릴 수가 없습니다. 계속 "그럴 수밖에 없겠지"라고 혼잣말처럼 하세요.

그런데 "자네는 어떻게 생각하는가?" 하고 물어요. "그게 의원님한테 주어진 숙명 아니겠습니까?"라는 말은 제가 했습니다. "그렇지 뭐. 그럴 수밖에 없겠지." 그러시더라고요. 현실의 정치 질서로 보면 3김 청산이 맞죠. 그 얘기는 많이 했어요. 나중에 갈라진 게 그거 아닙니까? 이회창한테 가면서 결국 3김 청산이 먼저냐, 지역 통합이 먼저냐, 이 두 흐름 속에서 결국 지역 통합을 다시 택한 거죠. 노무현 대통령은 3당 합당 때도 지역 통합을 선택한 것이지요. 사실 이인제가 아니라 노무현이 YS의 적자가 될 수 있었습니다만.

지 그렇죠.

서 이광재 씨의 얘기를 들어보면 상도동 집 앞에 그 많은 사람들이 매일 아침 줄을 섰다고 합니다. 최형우 의원 이런 양반들이 앞에서 교통정리를 하잖아요. 불러서 가는 거지만, 청문회 이후로는 노무현 대통령님이 순서에 상관없이 제일 먼저 들어갔다고 합니다. 5공 청문회라는 것이 결국 YS를 살려준 청문회인데, 그 1등 공신이 노무현이었으니까요. 노무현을 총애했기 때문에 YS가 배신감도 많이 느꼈다는 얘기도 있지만, 여론 조사에서 15퍼센트를 이기다가 부산 선거에서 진 것은 DJ 때문이라고 모든 사람들이 얘기했죠. 나한테만 그랬겠어요. 본인이 더 많이 들었겠지. (웃음)

그 선거를 지고 일주일 만에 서울로 올라오는 차 안에서 하신 말씀이에요. 내가 기자도 아니고 비서인데, 생각하고 있었거나 질문지를 준 것도 아니고. (웃음) 그냥 얘기하다가 제가 질문한 건데, 정치적으로 답을 했겠어요. 본인의 진심이지. "하늘이 두 쪽 나도 그럴 마음은 없는데, 전라도 사람들 때문에 어쩔 수 있느냐?" 다른 사람들은 그 말을 어떻게 생각할 모르겠지만, 전라도 사람인 저로서는 눈물이 안 날 수가 없잖아요. 얼마나 놀랍고 감동적인 이야기입니까? 사실 그런 이야기를 하실지 상상도 못했죠. '무소속으로 가지 말고 민주당에 남자'고 한 사람이 나였는데, 이광재 씨와 전화로 의논했지만 당사자인 제 입장에선 더 미안하죠. 더 감동적이고. 똑같은 경우가 DJ가 당선된 대선 전에도 있었어요.

지 1997년 대선이요.

서 그때 노 대통령 본인이 대선에 나가겠다고 했어요. 왜 그

랬느냐. 이른바 개혁 모임 쪽 사람들도 모두 이회창한테 가자는 거
예요. 노 대통령은 처음부터 그럴 생각이 없었죠. "그러면 우리가
독자 출마를 하자, 내가 나가겠다"고 합니다. 그래서 여의도 중식당
외백에서 출마 선언까지 했습니다. "이렇게 된 마당에 우리가 독자
적으로 출마하자. 나도 나가겠다." 이렇게 못을 박습니다. 거의 모
두 이회창 쪽으로 휩쓸려가는 마당에 칼로 자르듯이 그 논의를 중
단시킨 거죠. 우리를 빼고, 이회창에게 합류하자는 논의를 합니다.
연락도 안 해, 그래서 김정길 의원이 "비겁하게 그럴 수가 있느냐.
반대한다고 노무현을 참석 안 시키면 되느냐?"고까지 했습니다.
논의가 급물살처럼 진행되는 그런 상황이었어요. 막판에는 김정길
의원조차도 따라가자는 겁니다. 이회창한테 가자는 거예요. "우리
도 할 만큼 하지 않았느냐. 정말 저렇게까지 다들 가자는데, 우리도
이기는 쪽에 좀 서보자." 그게 김정길 의원의 얘기였어요. 그러니까
당시 모든 상황은 어차피 이회창이 이긴다, 김대중은 또 진다, 지역
통합은 물 건너갔으니 이 기회에 3김 청산을 하고 새 정치를 하자,
이회창을 앞세워서. 이런 분위기였습니다.

지 엄청난 정치적 선택의 기로였네요.

서 이회창이 이긴다는 것을 전제로 따라가자는 김정길 의원
에게 노 대통령은 그 자리에서 "가려면 당신이나 가쇼. 나는 그렇게
못해요"라고 했습니다. 김정길 의원의 대답이 더 재미있어요. "야,

니가 안 가는데 내가 어떻게 가냐? 노무현이 안 가는데 내가 어떻게 가냐?"고 했습니다. (웃음) 그래서 안 갔습니다. 김정길, 노무현만 남고 다 갔잖아요. 유인태와 원혜영도 못 갔죠. 노 대통령님은 "유인태 의원은 이해관계를 떠나 공론을 잘 모아내고 중심을 잘 잡는 정치인이다. 앞으로 중요한 역할을 할 사람이니 최소한 유인태 의원과는 잘 지내야 한다"라고 말씀하셨습니다. 그러고 나서 쭉 보니까 유인태 의원이 중요한 사람이에요. 어디에도 치우치지 않더라고요.

노무현은 늘 외로운 사람이에요. 세력이 없잖아요. 대학을 안 나왔고, 학생운동도 안 했고, 민주화운동도 학생들 변호하다 뒤늦게 뛰어든 것 아닙니까? 그런데 개성은 강하고, 자기주장도 분명하고, 논리적이고, 의정 활동과 5공 청문회를 통해 이미 스타도 됐고. 그래도 사실은 늘 외로워요. 그렇다고 튀는 행동은 절대로 안 해요. 조직을 깨는 일도 안 합니다. 공론에서 자기 이익을 주장하는 걸 단 한 번도 본 적이 없습니다. 대통령 선거에 나가겠다고 한 것도 급물살을 타고 있는 논의를 중단시키자는 것이고, 브레이크를 밟은 것이지, 반드시 내가 나가겠다는 것은 아니었요. "정 안 되면 나라도 나갈게" 하고 논의를 일단 중단시킨 거죠.

어쨌든 그런 과정들을 거쳐 마지막 결정만 남았습니다. 다 갔어요. 우리는 어떻게 할 것이냐, 선택만 남았습니다. 당시 혜화동 노무현 의원 집에서 이강철, 이광재, 안희정, 저, 이렇게 다섯 사람이 모여 저녁밥 먹고 아홉 시부터 논의를 시작했습니다. 어떻게 할 것인가, 이회창한테 갈 것인가, DJ에게 갈 것인가, 정치를 그만둔다고 할 수도 있었겠죠. (웃음) 논의의 전제는 어차피 이번 선거는 이회창이 이긴다는 거였어요. 이미 대다수는 이회창 후보쪽으로 가기로 되어 있었고요. 그럼에도 불구하고 우리의 고민은 '김대중에게 갈 것인가, 말 것인가'였지 '이회창인가, 김대중인가'는 아니었어요. 적어도 노 대통령님은.

지 저쪽은 아예 선택에서 배제했다는 거네요.

서 그건 노 대통령님이 배제했다고 생각해요. 그러나 우리 쪽 선택에 관한 논의는 달랐죠. 안희정 씨와 저는 DJ한테 가자고 했어요. "나중에 야당 총재를 하자"고 했죠. 이광재 씨와 이강철 선배는 이회창한테 가자고 했습니다. 당시 조순 시장도 그리 가기로 되어 있었잖아요. 결국 가서는 한나라당 총재까지 했고, 대선 후보까지 하네, 마네 했습니다. 이광재 씨는 조순 시장의 기획실장을 했고, 같은 강원도고 해서 조순 시장이 이광재 씨를 참 신임했죠. 실질적으로 협상 전권을 조순 시장이 가지고 있었어요. 당대표 권한을 가지고 있었죠. 그래서 이광재 씨 얘기는 조순 시장이 "이회창 쪽과의 협상 전권을 노무현한테 주겠다, 그다음에 부산 시장, 종로 보궐 선거, 장관이면 장관, 서울 시장이면 서울 시장, 뭐든지 원하는 대로 해주겠다"고 조건을 걸었다는 겁니다. 또 이광재 씨가 김덕룡 의원 비서관을 했잖아요. 김덕룡 의원 쪽에서도 이강철 선배의 대구 공천을 보장하겠다고 그랬어요. 둘이 가자는 거죠. 상황이 바뀌었다는 거죠.
저는 처음에는 주로 듣고 있었죠. 이강철 선배와 이광재 씨가 얘기를 하고, 안희정 씨와 저는 듣고 있었는데, 새벽 네다섯 시까지 얘기했어요. 저는 지난 부산 시장 선거 때와 똑같이 "그쪽에 합류해서 의원님이 종로 국회의원이 된다고 치자, 부산 시장이 된다고 치자, 그러면 나중에 우리가 대통령이 될 수 있느냐? 이른바 보수 진영의 대표 선수가 될 수 있나, 나는 없다고 본다. 그렇다면 지난번에 차라리 부산 시장을 하지, 여기까지 올 필요가 뭐가 있었냐? 어차피 지는 거라면 이번에 한 번 더 지고, 그야말로 지리멸렬하게 된 이쪽 진영을 추슬러서 당대표를 하는 것이 낫다고 생각한다. 야당은 어차피 있어야 되는 것이고, 지금부터 다시 시작하자"라고 했어요. 의원님 생각은 부산에서 올라올 때 이미 들었으니까 그런 확신이 있었습니다만, 그게 일관되잖아요. "여기까지 온 마당에 이회창에게 의탁하는 건 3당 합당 때와 뭐가 다른가, 기왕에 이렇게 된 것, 최선을 다해 정권을 교체할 수 있으면 좋지만, 안 되면 죽기 살기로 해서 지난번에 최고위원이 된 것처럼 하면 되지 않겠느냐"고 했어요. 1993년에 최고위원 선거에 나왔을 때도 9시 뉴스에서 꼴찌라고 했습니다. 7,000명 대의원들이 뽑아준 거거든요. 권노갑 최고위원과 두 표밖에 차이가 안 났어요. 전라도 사람과 당원들은 노무현이라는 사람을 고맙게 생각해서 최고 위원을 만들어줬고, 여기까지 왔다, 그러면 다음에 당권 잡아서 일관되게 정치하는 것이 좋겠다고 했고, 안희정 씨도 그렇게 얘기했어요.

지 어떻게 결론이 났나요?

서   이런저런 공방을 벌이며 새벽 다섯 시까지 논의했는데, 그 사이 노 의원님은 한마디도 안하셨어요. 듣고만 계시더라고. 그러더니 이렇게 말씀하셨어요. "그냥 DJ한테 가세. 지난번에 이기택, 이철, 이부영까지 남았는데도, 전라도 사람들이 '광주 하늘이 시커 멓다'고 했는데, 우리마저 가버리면 이번에야말로 누구랑 선거를 치르겠나, 그러면 전라도 사람들끼리만 치르는 건데, 나중에 그 사람들한테 '나랑 함께 합시다'라고 어떻게 손을 내밀 수 있겠나, 그렇게 깊게 패인 골을 누가 메꿀 수 있겠나, 그렇게 해서 어떻게 나라를 통합할 수 있겠는가, 나라도 남아 함께한다면 여러분들이 힘들고 어려울 때 '내가 여러분과 함께하지 않았나, 내가 이 골을 메워보겠다'고 주장할 수 있을 것이다"라고 하셨어요. "전라도 사람이라 불편하지 않았느냐?"고 하는데, 저는 옆에서 빚만 지고 산 거예요. 저한테 한 소리 같잖아요. "네가 잘해, 네가 나한테 빚을 갚아야 한다." 이런 얘기하고 똑같잖아요. (웃음) 그 얘기가 저한테 한 얘기 같았어요. "이 깊은 골을 내가 메우겠다, 나랑 함께하자고 손을 내밀겠다." 그게 저한테 한 얘기 아닙니까. 정말 눈물 나게 고맙죠. 그런 생각이 시시때때로 많이 들었어요. 왜 안 그렇겠습니까?

우리는 누구나 다 수행 업무를 했어요. 그런데 제가 오래했어요. 왜냐하면 초기에 이광재 씨와 저 둘밖에 없었으니까, 지방 강연을 갈 때도 같이 가고, 제가 다 모시고 다녔죠. 지방자치실무연구소를 할 때는 수행은 안 했지만, 어디 갈 때는 대부분 제가 모시고 다녔습니다. 그러니까 같이 다니면 나란히 앉아서 얘기하는데, 순간순간 별의

별 이야기를 다 할 것 아닙니까? 앞서 노무현은 거짓말을 못 하는 사람이라고 했는데, 그게 아니어도 둘이 맨날 같이 다니는데 어떻게 거짓말을 하겠어요. 그게 어떻게 정치적 액션에 불과했겠어요? 100퍼센트 진정이고 진심이라는 걸 저는 알잖아요. 늘 고마울 따름이었죠. 사람을 존중하시잖아요. 배려할 줄 알고, 인정을 하고. 그래서 벗어날 수가 없었지. 실제로 (웃음) 전라도 사람으로서 경상도 사람과 같이 다녀서 불편한 것은 전혀 없었어요. 결국 장가도 부산으로 갔잖아요. 선거 치르고 나서 이리저리 하다가 그렇게 됐는데요. 제가 경상도 사람들에 대한 이해도가 높아요. 같이 오래 살았잖아요. 영호남 갈등, 이런 게 저한테는 없어요. 다행이죠.

외교,
냉정과 열정 사이

지 노무현 대통령이 특별하게 생각날 때는 언제인가요?

서 요즘처럼 일본이 난리 칠 때나, 트럼프 대통령이 방위비 분담 문제로 괴롭힐 때는 '그때도 이랬었는데' 하는 생각을 합니다. 예전에는 부시 전 미국 대통령이 우리를 힘들게 했죠. 9·11테러가 부시로서도 얼마나 충격이었겠어요. 그 당시 부시와 미국 국민의 심정을 이해할 수 있습니다. 국가 간 전쟁은 아니었지만, 진주만보다 훨씬 더 처참하게 당해버린 거잖아요. 그것도 한 테러 집단에 의해 말입니다. 실제로 한미정상회담을 위해 국빈 방문하면서 그라운드제로(9·11테러로 무너진 세계무역센터의 붕괴 지점)에서 헌화할 때는 우리가 생각했던 것보다 훨씬 더 처참하고 숙연해지더라고요. 어쨌든 북핵 문제가 우리를 힘들게 했습니다. 또한 국내적으로는 카드

회사들이 카드를 남발해서 생긴 개인 부채들, 이른바 카드채가 IMF를 촉발시켰던 한보나 기아 부채 문제보다 훨씬 더 위험하고 강력했습니다. 심지어 카드채 때문에 여고생들이 사창가로 팔려가고 있다는 뉴스가 사회면에 나올 때였습니다. 이 두 가지 문제가 옴짝달싹 못하게 했습니다. 북핵 문제와 카드빚. 물론 부시의 강경한 스타일도 한몫했죠. 그다음으로는 사회적으로 화물노조 파업 같은 노동 문제가 국내적으로 어려웠습니다.

지 중국이나 일본과의 관계는 어땠습니까?

서 앞서 말한 문제들에 비하면 중국이나 일본과의 관계는 사실 큰 문제는 아니었습니다. 예를 들면, 순방 일정에서 미국은 당연히 먼저 가지요. 그다음에 일본, 중국, 러시아 이렇게 잡혔는데, 중국이 제발 자기들한테 먼저 와달라는 거예요. 하지만 일본을 먼저 가고 그다음에 중국을 가기로 했습니다. 그 와중에 중국은 사스 SARS (중증급성호흡기증후군)가 터져서 미국을 비롯해 서방 국가들이 외교관들을 철수시키고, 심지어는 기업들까지 다 철수를 할 때입니다. 당시 청와대 수석회의에서는 순방을 연기하는 것으로 정리를 했어요. 특히 경호실에서 워낙 완강했거든요. 경호실 입장에서는 대통령의 안위가 제일 중요한 것 아닙니까? 그때 김하중 중국 대사가 저에게 중국에 가야 되는 이유를 이야기했습니다. "우선, 사스는 전염병이 아니고 바이러스의 일종이다. 우리가 가는 여름쯤 되면

- 2003년 7월 한중정상회담 당시 중국의 후진타오 국가주석과 함께. 의전비서관이 가장
  신경 써야 할 외교 행사는 정상회담이다. 외교상 어떤 허점도 용납할 수 없기에
  의전비서관 시절은 늘 긴장의 연속일 수밖에 없었다. 전체를 조망하는 예리한 관찰력,
  의견 조율을 끌어내는 소통 능력, 이익 실현을 위한 정교한 협상력이 필요한 자리다.
  반기문 당시 외교보좌관의 모습도 보인다.

끝날 것이다. 무엇보다 어려울 때 친구가 진짜 친구라는데, 이때 우리가 확실하게 중국과 신뢰를 쌓아두는 것이 좋겠다. 중국 측이 우리의 방문을 간절히 원한다." 일리가 있더라고요. 전문가들, 의료계 쪽에 확인해보니까 과학적으로도 어느 정도 근거가 있고요. 그래서 제가 대통령님께 보고하고 김하중 대사가 다시 한번 더 보고를 한 후, 대통령님께서 열린 마음으로 흔쾌하게 받아주셔서 외교적 쾌거를 이뤄낸 거죠.

지 중국에서 큰 환대를 받았겠네요.

서 대부분의 서방국가들이 기업들, 외교 공관들까지 다 철수시키는 마당에 얼마나 고마웠겠습니까. 물론 우리가 갈 즈음에는 사스가 말끔히 해결되었고, 칙사 중에서도 그런 칙사가 없을 정도로 열렬한 환영과 대접을 받았죠. 행사 때마다 너무너무 고맙다고 하고, 그때 '왜 한국은 사스가 창궐하지 않았냐?' '김치 때문이다'라고 해서 김치도 엄청나게 팔렸죠. 노 대통령님이 청와대에서 연설하면서 '김치냉장고가 김치 보관하는 데만 쓰는 것이 아니고, 맥주를 보관하면 더 시원하고 맛있다'라고 했습니다. (웃음) 그러면서 참여정부 5년 내내 중국하고는 엄청난 관계 진전을 실제로 이뤄냈고, 거의 모든 일에 중국의 지지를 확보해내지 않았습니까? 6자 회담이든 뭐든 해서. 외교라는 것이 다른 게 아닙니다. 관계를 잘 유지하는 것이 제일 중요하지요. 신뢰를 통해서 우리의 국익을 확보할 수 있도록 여건을 만들어나가는 것이 외교관들이 하는 일이고, 정상회담의 목표 아니겠습니까? 국익을 극대화하고, 양국 관계를 획기적으로 진전시키고, 그런 측면에서 대한민국 외교사에 남을 정도였죠. 그 한 번의 결정이. 사실 사람들은 그런 숨은 이야기를 잘 모르죠.

일본도 국내적으로 일정이 마땅치 않았습니다. 그때도 공식 방문인데, 일정상 하필이면 현충일을 끼고 갈 수밖에 없었어요. 현충일은 순국선열을 기리는 날이잖아요. 상징적인 날이라 국내 언론으로부터 많은 비판을 받았죠. 하필 날짜를 그렇게 정할 수 있느냐, 너무 저자세 아니냐. 더군다나 일본 국왕까지 만나는 일정이 있었어요. 국왕이 있는 나라의 공식 순방 프로토콜(의전 절차)은 참 어렵습니다. 특히 일본은 더 그래요. 노 대통령은 외교 전략상 유연한 사고가 필요하다고 판단하셨어요. 그래도 그때는 우리가 일본이나 중국과 두드러진 갈등은 없었습니다.

노 대통령은 자기 가치와 신념이 분명한 사람이었고, 그래도 지나고 보니 우리가 하나하나 과정들을 슬기롭게 잘 해결하고 헤쳐 나온 것 같습니다. 그 당시도 미국이 북한에 핵공격을 하겠다고 할 정도로 상황이 심각했습니다. 지금도 마찬가지죠. 안팎으로. 일본과의 분쟁에서 우리가 다른 수단이 없잖아요. 사실 중국과 사드 문제도 완전히 해결된 게 아니고. 일본과는 첨예하게 대립하고, 북한이 여전히 핵을 가지고 장난을 하고 있으니 북미관계도 여전히 앞이 캄캄하죠. 이런 상황이라면 노 대통령은 어떻게 했을까, 하는 생각이 들더라고요. 외교 문제는 늘 최고 지도자가 조심해서 다룰 수밖에 없지만, 지금 일본과 같은 경우는 조심해서만 될 일은 아니라고 생각합니다. 이건 명백히 먼저 '도발'하고 경제 침략을 한 거잖아요.

지 작심하고 하던데요.

서 경제 전쟁이니까요. 작심하고 도발을 해온 것 아닙니까? 이걸 '왜 그러느냐?' 말로 해서는 될 일이 아니지요. 그렇다고 고개를 숙인다고 될 일도 아니고. 강제 징용 문제를 우리가 포기할 수는 없죠. 다른 게 아니라 이런 문제를 가지고 일본이 한바탕 난리를 치는 것이고, 결국 주권 문제와 연결되는 것 아니겠어요? 노무현 대통령 집권 시에도 일본이 독도 같은 주권 문제를 건드렸어요. 강력하게 대처할 때는, 독도 침탈 유사시 군함에서 발포하라고까지 명령했죠. 국가 지도자는 국민의 자존심과 주권을 지키기 위해서는 냉정하고 단호해야 합니다. 하지만 외교 관계에서 절대적이라는 건 없습니다. 서로의 신뢰를 쌓아나갈 수 있는 방법이 있다면 국내 비난을 약간 감수하더라도 실리를 취할 수 있죠. 그것은 굴욕도, 비겁한 것도, 과한 것도 아닙니다. 약간 욕먹는 것은 감수할 만한 이유가 있다고 판단한 겁니다. 다행히 문재인 대통령도 단호하고 격이 있게 대처해서 다행이지요.

여당 복도 야당 복도
없었던 대통령

지 연정 제안은 결과적으로 패착이었다고 보이는데요.

서 연정 문제는 결과적으로 '리크leak'(누전, 새다)가 되어서 생긴 사건 아닙니까? 당 지도부와 상의했는데, 그게 밖으로 새어 나갔잖아요. 노 대통령이 상의를 하면 결론이 나기 전까지는 지도부에서는 조용히 해야 되는 것인데, 누군가가 나서서 얘기를 해버렸잖아요. 이미 대통령이 말씀하셨고, 리크가 된 마당에 청와대에서 이야기할 수밖에 없었습니다. 우리는 다 들었던 얘기고, 대통령이 하고 싶었던 것은 분명해요. 그러나 이것을 대통령이 억지로 혼자서는 안 하거든요. 여당과 상의도 안 하고 마음대로 할 수 있겠습니까? 그런데 누군가가 자기들이 말렸다고 공치사를 해버린 거예요. 그러면 기정사실이 되기 때문에 얘기를 해야 됩니다. 어젠다 관리를 전략적으로 철저히 한 상태에서 당과 조율하는 과정을 거치고 이를 정교하게 다듬은 후 타이밍까지 맞춰서 발표하는 것과, 엄청난 이슈가 밖으로 리크되는 바람에 청와대에서 확인해준 것은 하늘과 땅 차이 아닙니까? 이것은 대통령이 청와대 정론관에 직접 서서 혹은 국회에 가서 발표하셔야 되는 사안인데, 리크 처리가 된 거예요. 그래서 문제가 더 커진 거죠. 야당 입장에서는 정치적 음모로 공격할 수밖에 없겠지요.

당시 지도자들이나 대통령이 되겠다고 한 사람들도 그렇고, 대통령도 당과의 게임을 안일하게 생각했을 수도 있어요. 이미 당은 대통령을 신뢰하지 않아서인지, 당 지도자들과 무언가 논의하면 청와대에서 발표하기 전에 번번이 리크가 되곤 했어요. 노 대통령이 힘들었던 것은 어젠다 관리가 안 됐던 건데요. 얘기를 하면 소위 '빨대'들한테 공개되어 버리는 거예요. 그래서 계속 뒷수습만 해야 했습니다. 지금 정권에서는 안 그러잖아요. 청와대에서 먼저 발표하면, 당에서 이를 백업하잖습니까? 그게 맞는 수순입니다. 당과 청와대의 관계가. 약간의 위험이 있거나 선거와 관련된 것이거나, 대중들의 여론 수렴 과정이 필요한 것들은 당에서 발표를 하도록 하고, 그걸 청와대에서 추이를 봐서 백업하는 것이죠. 여권은 책임 문제가 따르기 때문에 어젠다 관리를 잘해야 됩니다. 어떤 것은 언론에 슬쩍 흘려서 여론의 추이를 보는 경우도 있어요.

어쨌든 연정 문제는 처참했죠. 하지만 본질은 그게 틀린 것이 아니었다는 것입니다. 그건 절대로 기교나 수를 쓰는 것도 아니었습니다.

국정의 틀을 바꾸자는 것이었지요. 당시 여당인 열린우리당이 그걸 수용하지 않을 이유는 하나도 없었던 것 아닙니까? 야당인 한나라당은 반대를 할지언정. 당시 한나라당에서 이 제안을 받을 리가 없고, 한나라당이 꼼수를 쓴다고 공격해도 어쩔 수 없었죠. 여권 내부만 철저히 준비했다면 견고하게 밀어붙일 수 있었을지도 모릅니다. 그러나 저는 당청 관계가 허약해서 리스크가 크다고 생각했어요. 그래서 반대했습니다. 그걸 받아들일 만큼 언론 환경이 좋지도 않았고요. 너무 센 폭탄이었죠. 그래서 우리도 다 반대했습니다.

지 당시 당청 관계가 왜 그렇게 안 좋았나요?

서 당청 관계가 왜 안 좋았느냐……. 당에 권한을 너무 많이 줬던 거죠. 그런데 당에서는 그게 감당이 안 됐던 거구요. 예를 들어, 4대 개혁 입법을 한 번에 처리해야겠다고 무리하게 묶었다가 그 화를 입었던 거 아닙니까? 국가보안법이나 사립학교법은 물론, 과거사진상규명법과 언론관계법도 어느 하나조차 처리하기 어려운 거였잖아요. 지금 돌이켜봐도, 그때 과반수가 넘는, 그것도 개성이 강한 의원들을 끌고 가기에는 당시 지도부가 너무 허약했어요.

지 탄핵 역풍으로 150석 이상을 얻었는데.

서 초선 의원 관리도 안 됐으니까요. 도깨비 방망이도 아니고 무조건 두드린다고 되는 것도 아니고. 의원들 관리가 안 됐죠.

지 그러면서 급격하게……

서 붕괴됐죠.

지 의회 권력을 주면 개혁을 하겠다고 했는데, 4대 개혁 입법 중에서 하나도 제대로 안 되니까.

서 거기다가 이라크 파병이나 한미 FTA 문제도 있었지요. 그래서 좌측 깜빡이 켜고 오른쪽으로 간다고 했지. 그런 일들이 많이 있었잖아요. 그런데 당청 관계가 일사분란하지 않으면, 그것을 통해 뭔가 성과를 내놓지 않으면 국민들은 집권당한테 화를 내는 거죠. 집권 세력에게는 뭔가 성과를 내놓길 바라는 것 아닙니까? 야당은 감시와 견제 역할을 잘하는 거고, 대안까지 내놓으면 금상첨화죠. 야당한테 성과를 내놓으라고 하진 않죠. 하지만 집권 세력은 그 성과를 내야 할 책무가 있고, 그러라고 여당으로 만들어준 거니까요. 그런데도 여당은 책임지지 않고 그 당시 의원들은 만용만 부린 거 아닌가요? 자기가 하고 싶은 얘기는 다하고 야당보다 더 청와대에 난리를 쳤죠. 정치가 뭔지, 국회의원이 뭔지, 집권당이 뭔지 이해는 하고 정치를 하고 있는지…… 극단적으로 얘기하면 당시 의원들 중의 상당수가 그랬습니다. 그러다가 급기야는 나중에 노무현 프레임을 깨지 않으면 우리가 집권할 수 없다고 했잖아요. 그래서 대통령에게 탈당해야 된다고 한 것 아닙니까? 지금까지 한국 정치사에서 대통령을 출당시켜놓고 성공한 당이 있었습니까? 못해도 함께 가야 기회가 생깁니다. DJ 시절에도 대통령 탈당 얘기가 있었어요. 하지만 끝까지 노무현 후보가 반대했죠. 분열해서 승리한 경우가 있습니까?

지 갑자기 의원이 된 사람들에게 권한을 많이 줬다는 건가요?

서 그런 건 아니고. 그 사람들은 자기들이 휘두르는 칼이 얼마나 예리하고 날카로운지 몰랐다는 거죠. 그것을 통제할 수 있는 방법과 수단은 없습니다. 국회의원은 헌법상 하나의 독립적인 기관인데, 누가 막습니까? 거기에 언론들이 부추기고, 일부 세력들과 중진들까지 각자 자기 정치를 해버린 거죠.

지 그 과정을 통해 교훈을 얻었어야 될 것 같습니다.

서 그 교훈을 통해 오늘날 문제인 대통령이 도움을 받고 있잖아요. 최소한 당과 청와대가 따로 움직이지는 않지요. 국민들은 당과 청와대를 분리해서 보지 않고 단일한 집권 세력으로 본다는 것이지요. 2인 3각 게임이라고나 할까. 그 과정이나 결과를 각종 선거로 평가하고 다음 대선을 치르는 것이죠. 냉정해야 합니다.

지 열린우리당 자체가 노무현 대통령의 의지로 만들어졌다기보다, 소위 '천신정(천정배, 신기남, 정동영 의원)의 의지'가 반영된 부분이 더 크다고 말씀하셨는데요.

서 노 대통령의 의지가 반영되었지요. 결과적으로 열린우리당은 노무현 대통령의 의지가 실린 당이 맞습니다. 그러나 마음뿐이었지요. 현실적으로 처음 출발하는 과정에서 노무현 대통령은 신당 창당에 대해 '있을 수도 없고, 있어서도 안 된다'는 확고한 믿음을 갖고 있었습니다. 천정배 의원과 거의 한 시간 동안 청와대 집무실에서 격렬한 논쟁이 벌어졌어요. 노 대통령이 "왜 집권당을 깨려고 하느냐"고 묻자 천 의원이 "당권을 못 잡는다"는 거예요. 당시 당권파인 한화갑, 박상천을 못 이긴다는 겁니다. "당권도 못 잡으면서 어떻게 신당을 만들어서 1당이 될 수 있다는 것이냐, 도대체 그게 무슨 근거냐, 무슨 근거로 그런 황당한 이야기를 할 수 있느냐." 맞는 얘기잖아요. 또한 "전라도를 떼고 집권해서 우리가 어떻게 정권을 운영한다는 말이냐", 이게 영호남 통합론과 안 맞잖아요. "그 안에서 세력을 바꿔내야만 된다. 당신들이 당권을 잡으면 되지 않느냐. 당권도 못 잡을 사람들이 신당을 만들어서 어떻게 이긴다는 말이냐, 당이 두 개로 나눠져서 한나라당을 어떻게 이길 수 있느냐?" 노 대통령은 이 얘기를 일관되게 하신 겁니다. 천 의원이 돌아가고 나서 "저 사람은 나를 대통령으로 생각할까? 나랑 대화를 하자는 걸까, 아니면 일방적으로 통보를 하러 온 걸까"라고 한탄하신 적도 있습니다.

유시민 의원 등이 주도한 개혁신당은 대통령의 지시는 아니지만 대통령의 뜻이 반영되어 있다고 봅니다. 그건 당연하지요. 그렇게 키워서 성장시키고 사람들을 모아서 제3지대 신당이 나오는 거잖아요. 그렇게까지는 아니어도 통합을 통해서 만드는 거죠. 모든 당이 그렇게 하잖아요. DJ도 그랬고. 지금의 여당도 지난 대선 때 민주당과 '혁신과통합'이 합쳐서 더불어민주당이 됐잖아요. 그때 이해찬 의원 등이 혁신과통합 멤버들 아니었습니까? 그렇게 해서 통합했으니 누굴 배제한 것은 아니죠. 노 대통령의 뜻은 그런 정당 개혁과 외연 확장을 통해 집권 세력을 키워나가고 통합을 완성해나가자는 것이지, 당을 쪼개서 새로운 당을 만들자는 것이 아니었습니다. 노무현 대통령도 할 수만 있으면 새로 만들고 싶었을 수도 있었겠죠. 하지만 그게 현실적이지 않다고 계속 주장하시고, 끝까지 반대하셨어요.

2

바보 대통령의
반보 뒤에 서다

시간 2019년 8월 10일 오전 11시 ~ 오후 2시 30분
장소 순천대학교 그라지아커피숍

말도 안 되게 지다가
말도 안 되게 이긴 순천 선거

지 노무현 대통령에게 섭섭할 때는 없었나요? (웃음)

서 2003년 11월 중순 무렵, 국회의원 출마를 하라고 하실 때였죠. (웃음) 퇴근 무렵 직접 전화를 하셔서 "저녁 식사 끝날 때쯤 들어오게" 하시는 겁니다. 이유도 말씀 안하시고. 영문도 모른 채 관저에서 기다리고 있는데, 나오셔서 밑도 끝도 없이 이렇게 말씀하시는 겁니다. "순천에서 출마해라. 당에서 자네가 필요하다고 하는데 나가봐라. 조사해서 보고할 필요도 없네, 그냥 출마하게." 세상에 청와대에서 사람을 그냥 내보낸다고 해도 서운할 텐데, 출마를 권유하면서 발로 차서 내보내는 것 같은 느낌이 확 들면 너무 어이없지 않았겠어요? '뭐지. 뭐지' 하고 당황했는데요. 차 한잔 못 줄 망정 앉아서 전후 사정은 말씀하셔야 되잖아요. 함께한 세월이 얼마인데, 다른 것도 아니고 정치인한테 출마라는 것이 어떤 것인지 뻔히 아시면서. 당신이 안 된다고 내내 그러셔놓고, 갑자기 저한테 출마를 하라고 하시면서 어떤 설명도 안 하시고. 그건 노무현 스타일이 아니거든요. 노무현 대통령은 늘 자세히 설명을 하십니다. 물론 다른 사람들한테도 그렇죠.

지 출마 권유는 원래 권양숙 여사님께서 먼저 얘기를 꺼냈는데, 그때는 노 대통령님이 노발대발하셨다면서요.

서 2002년 9월 초일 거예요. 외부 행사에 갔다가 노 대통령 내외와 1호차를 같이 타고 들어온 적이 있습니다. 여사님께서 "서비서관님도 정치를 해야 되는데, 정치를 하려면 이번 총선이 기회가 아닙니까? 출마를 안 한다면 몰라도 출마를 한다면 이참에 해야 되는데, 어떻게 생각은 해보았나요? 순천이죠? 사람들도 만나고 조사도 해보고 그러셨어요? 그렇게 하셔야 되는 거 아닌가요?"라고 하셨는데요. "다 나가고 지 혼자 남았는데 누가 있다고. 출마가 그리 급한가! 천천히 해도 되지. 뭐가 그리 급하다고!" 진짜 노 대통령님께서 노발대발하셨어요. 나중에 몇 년 지나서 아들인 노건호한테 여사님의 서운한 감정을 듣게 되었습니다. 저는 베이징대, 이광재 씨는 칭화대, 노건호는 엘지전자, 이렇게 베이징에 함께 있을 때였죠. 무슨 대화 끝에 그 얘기가 나왔어요. 어머니한테 들었대요. 노 대통령님, 여사님, 저, 세 사람밖에 모르는 얘기잖아요. 수행하는 최영 비서가 있었지만 차 안에서 일어난 일, 대통령 내외분이 하신 얘기는 누구한테도 단 한마디도 안 하는 친구니까요. 여사님이 진짜 당황해하셨다고 합니다. 오죽했으면, 얼마나 화났으면 아들한테까지 얘기했겠어요. (웃음)

지 "너희 아버지가 어떻게 그럴 수 있냐?" (웃음)

서 그렇죠. "너희 아버지가 그런 사람이다." (웃음) 더군다나 청와대 영부인인데, 아무리 오래된 식구라도 비서관 앞에서 면박을 준거잖아요. '그게 아냐. 서 비서관은 당분간 청와대에 좀 있어 주게.' 그러시면 좋잖아요. 제가 출마하겠다고 한 것도 아니고, '자네는 나랑 같이 있어 주게' 하면 좋은데 말입니다. 생전 그렇게 화를 내시는 분도 아니고, 상대방을 진짜 배려하시는 분이거든요. 말도 함부로 안 하시고, 절대로 거친 말은 안 쓰시고. 그런데 험악하게 하시더라고. 한편으로 미안하기도 하고, 서운하기도 하고. (웃음)

그러고 불과 한 달도 안 되어 저한테 출마하라고 그러시니까 진짜 당황했죠. 나중에 오해는 풀렸습니다. 당 지도부(이상수, 김한길 의원)에서 강하게 요구하니까 대통령님은 '안 된다'고 하시고, 그분들은 계속 '내놔라' 난리를 쳐서 저를 빼냈다는 것이 아닙니까? 아무튼 저로서는 인생이 걸린 문제인데, 산뜻하게 출발은 못할망정 '니가 필요하다는데, 가라'는 식으로 된 거죠. (웃음)

지 내 옆에 누군가 있어줘야 된다고 그렇게까지 얘기했는데, 날 버리고 갈 수 있나, 하는 생각이 들어서 섭섭한 마음이 드셨을 수도 있겠네요.

서 나중에는 '내가 당에 가서 작업을 한 것으로 오해하셨을까' 그런 생각까지 들더라고요. 그럴 정도로 당혹스러웠죠. 기껏 당신이 여사님한테 싫은 소리 하면서까지 막아놓았는데, 제가 당에 가서 작업을 했다고도 생각하셨을 수 있잖아요. 나도 중간에 한두 번이라도 그런 경우를 당해봤으면 그렇게 억울하진 않았을 텐데요. (웃음) 한 번도 그런 일은 없었거든요. 그리고 국회의원 당선 직후 청와대에서 아침을 먹자고 해서 갔더니 노 대통령께서 보자마자 첫마디가 "아, 이 사람아, 자네는 사람을 이렇게 놀래는 법이 어디 있나?" 라고 하세요. "왜요? 뭘 대통령님을 놀라게 했습니까?" 했더니 "열 사람이면 열 사람, 백 사람이면 백 사람 모두 자네가 떨어진다고 보고를 했는데, 도대체 어떻게 된 거야?" "제가 말씀드렸잖아요. 어려운 경선을 해야 된다고, 대통령님이 출마하라고 하실 때 말씀 드렸는데요." "누가 그렇게 심각한지 알았나, 말이 그렇다는 걸로 알았지." "제가 애깁니까? 어리광 피우게요." "그런데 사람을 그렇게 놀라게 해." 김현미, 민병두, 박영선 의원이 당시 김한길 총선기획단장 밑에서 일한 실무자들이었는데, 김현미 의원이 선거 끝나고 그러더라고요. 처음에는 말도 안 되게 졌는데, 여론조사 한 번 할 때마다 10퍼센트씩 팍팍 오르더라고. 자기들끼리 "애 좀 봐라, 애 좀

61

봐라" 하면서 대단하다고 그랬답니다. 특별히 그 상황 말고는 서운한 것이 없었어요. 엄청 당황했지. 서운하다기보다는. (웃음)

누구와
정치를 시작했는가

지 준비를 제대로 못한 상태에서 의원이 되신 건데요. 계속 청와대에 있을 거라고 생각하셨을 거잖아요.

서 그렇죠. 출마 자체를 생각 안 했으니까요. 준비도 안 했지. 그래서 함께 선거 치를 사람도 구하지 못해 얼마나 애를 먹었는지 몰라요. 하지만 선거 경험이 좀 많잖아요. 밖에 나가서 네 다리로 뻘뻘 기어 다니든지 뭘 하든지 열심히 했습니다. 그때는 모든 게 예쁘다고 할 때였으니까요. 마흔두 살에 청와대 밖으로 나왔는데, 얼마나 생생할 때예요. 정책이나 공약뿐 아니라 연설도 제가 제일 나왔어요. (웃음)

지 그러니까 당선이 되셨겠죠. (웃음) 평소에 준비가 되어 있었던 거네요.

서   제가 보좌관으로서 대통령을 수행하면서 보고 배우고 토론하고 체득한 것들이 제 몸에 스며들어 있었던 거죠. 지금까지도 그것으로 먹고살고 있는 거예요. 기본 베이스는. 다른 분야도 마찬가지이지만, 특히 정치인은 처음에 누구랑 같이했는지가 제일 중요하다고 생각합니다. 1992년도에 처음 정치권에 들어와서 지금까지 수많은 사람들, 집단들, 흥망을 거듭한 많은 당과 계파들, 그리고 지도자들을 거의 30년 동안 지켜봤습니다. 노 대통령은 DJ에게 가장 신임 받는 선거 참모였기 때문에 늘 제가 모시고 동교동에 갔습니다. 지하에 있는 서재까지는 못 들어가지만, 문간방에는 갔습니다. 매일 보게 되는 사람들이 초·재선 의원도 아니고 당시 정치권의 최고 지도자들이었습니다. 그때가 서른 살 무렵이었는데, 제일 많이 본 정치인들이 김원기, 이해찬, 유인태, 김부겸 같은 사람들이었죠. 김부겸은 국회의원은 아니었지만 똑똑하고 열심히 할 때였고 마당발이었지요. 또 권노갑, 조세형, 한광옥, 박지원, 홍사덕, 김옥두, 김홍일까지 이른바 당대 3김 시대의 한 축을 형성하던 DJ 사단의 핵심 멤버들을 보았죠. 반대 진영의 YS 사람들도 왔다 갔다 하면서 봤습니다. 겉으로만 본 게 아니고 회의 자료들도 다 보았습니다. 그런 것을 본 사람들이 얼마나 되겠어요?

1992년 대선 패배로 당이 붕괴되자, 이듬해 전당대회를 통해 노무현 의원이 최고위원이 되어 당을 추스르는 데 앞장섰습니다. 그때 저와 이광재 씨가 최고위원 비서로 일했죠. 최고위원은 당의 최고 지도자인데, 이때 정치라는 구체적인 행위를 직접 보면서 많은 것을 체득할 수 있었지요.

지 보좌관으로서 정말 많은 일들을 경험하고 공부했겠네요.

서 노무현 대통령이 해수부 장관 하던 시절에는 매주 수요일 국무회의를 마치면, 그날 아주 특별한 일이 없는 경우, 점심을 같이 먹으면서 한 주일 동안 있었던 일들을 브리핑해주셨습니다. 국무회의에서 누가 무슨 말을 했고, 본인의 생각까지 말씀해주셨죠. "그 사람 정말 너무 하더라" 하는 말까지. (웃음)

생각해보세요. 솔직히 말해서 얼마나 많은 공부가 됐겠습니까? 수행이라는 게 단순히 수발만 드는 게 아닙니다. "옆으로 오게." 이게 그저 옆자리에 앉히는 형식적인 배려가 아니라는 거죠. 김종필 총리에게 갈 때도 집무실까지 따라 들어갔어요. 김대중 대통령을 만나실 때만 빼고 나머지는 전부 배석했습니다. 예를 들면, 부산의 녹산공단 처리 문제 같은 몇 가지 부산의 현안들을 해결하기 위해 당시 김종필 총리와 건교부 장관, 그리고 나서 강봉균 청와대 경제수석, 김한길 정책기획수석까지 만나러 갔어요. 강봉균 수석을 제일 마지막에 만났는데, 역시 청와대라는 권위가 있더라고요. 다른 데는 당연히 따라 들어가서 옆자리에 배석했는데, 그 자리는 왠지 따라 들어가면 안될 것 같은 느낌이 들더라니까요. (웃음) 그게 청와대의 권위인 것 같습니다. "들어와, 이 사람아. 안 들어오려면 뭐 하러 여기까지 왔어, 괜찮아" 해서 들어가니까 강 수석과 두 분이 반갑다고 인사하더니 저를 한동안 빤히 쳐다만 보는 거예요. 심리적 시간이 5초 이상 걸린 거예요. 아주 어색하잖아요. (웃음) 노무현 대통령이 "제 보좌관인데, 공부 좀 시키려고 데리고 왔습니다"라고 하니까 그제야 손 내밀고 악수했죠. 덕분에 많은 얘기를 들었습니다. 저를 데리고 다니면서 공부를 시켜주신 거예요. 그러면 대통령은 얼마나 편해요. 단순한 심부름이 아니라 본인 대신 일을 하는 거잖아요. 이광재 씨도, 안희정 씨도, 저도 마찬가지였습니다.

지 그게 노무현의 리더십이네요.

서 그렇지요 소통과 배려 그리고 공유의 리더십이라고 할까요. 당신이 편한 거예요. 저에게는 그게 큰 힘이 되었지요. 노 대통령은 한 번도 우리한테 이런저런 일을 시켜본 적이 없어요. 물론 시킨 적도 있었겠지만, 그걸 시켰다고 생각해본 적이 없습니다. 우리가 먼저 제안하고, 이렇게 저렇게 하자고 했죠. 저도 2002 대선 때 스스로 광주로 내려가 경선 준비하고 일을 찾아서 했죠. 각자 알아서 하는 거죠. 회의해야 할 것은 회의해서 처리하고. 그러니까 아주 특별한 사안이 아닌 한 생각의 차이가 거의 없었습니다.

지 계속 서로 대화하고.

서 계속 공유하니까. 청와대를 나와서 국회의원을 하면서도 대통령이 무슨 말씀을 하시면 '아, 저건 맥락이 이런 거다'라고 생각해서 틀린 적이 없습니다. 왜냐하면 노 대통령은 엉뚱한 일은 안 하시니까요. 당신도 그 말씀을 하신 적이 있어요. 제대로 생각하지 않은 것을 말씀하신 적은 없습니다. 연정도 끊임없이 우리한테 얘기했던 거거든요. 예전부터. 계속 "안 된다, 안 된다"고 했는데, 결국 말씀하시더라고요. (웃음) 우리한테는 몇 번 그 말씀을 하셨어요. "연정으로 가야 되는 것 아니냐", "너무 리스크가 큽니다. 당에서 수용하지 못합니다. 안 됩니다", "그러면 언제까지 이렇게 갈 거냐"고 계속 말씀을 하세요. 검경 수사권 독립 문제, 언론 책임 등도 마찬가지예요. 어느 날 갑자기 나온 것이 아닙니다. 다 그런 식인 거죠.

말과 행동이
일치하는 정치인

지 노무현 대통령에게 가장 많이 배운 것은 무엇인가요? 리더들이 자기가 하는 일을 감추거나 아랫사람들 모르게 하는 경우들도 종종 있는데, 노무현 대통령은 일을 진행할 때 같이 다니면서 일을 배우라고 한 것 같은데요.

서 리더가 과연 뭐냐고 생각해보면 리더십론이 중요한 게 아니라, 결국은 자기와 함께하는 사람들, 참모들과의 관계를 어떻게 맺고 유지해 나가느냐, 거기에서 모든 것이 결정되는 것 같아요. 대부분 일이 매개가 되어 인위적으로 관계가 만들어지죠. 노 대통령님과 함께해서 참 다행이고 행운인 것은 같이 일을 하지만, 내가 노무현의 일을 하고 있다, 이런 생각은 별로 해본 적이 없다는 점입니다. 노무현 의원을 만들기 위해, 노무현 장관을 만들기 위해, 노무현 대통령을 만들기 위해, 그분이 정치 활동을 잘할 수 있도록 분초를 아껴가면서 열심히 일했지만, '나는 저 사람을 위해서 일한다'는 생각은 별로 해보지 않은 것 같아요. 그렇다고 나를 위해서 하는 것도 아닙니다. 그런 생각은 할 필요도 없었죠.

지　공동의 가치를 위해서.

서　결국 우리를 위해서 하는 것이고, 우리가 원하는 세상을 만들기 위해서 하는 것이죠. 우리가 젊은 시절에 가졌던 꿈과 이상, 간절함 이런 것들을 그 사람과 함께 이룰 수 있겠구나, 하는 믿음이 있었기 때문에 가능했을 거라고 봐요. 그러면 그 믿음이 어떻게 생기느냐 하는 것이 결국 중요한데, 저도 그랬고 다른 사람들도 마찬가지였습니다. 노무현 본인의 말과 행동, 일, 이 모든 것이 일치한다는 거죠. 다르지 않다는 거예요. 사람은 일을 같이하면 어쩔 수 없이 싫고 좋은 점이 보이잖아요. 100퍼센트 다 좋을 수가 있겠습니까? 그런데 최소한 일을 해나가면서 싫은 것은 별로 없었던 것 같아요. 몰라요. 제가 맹목적이어서 그랬는지도 모르겠는데요. (웃음) 서로의 이상이 일치했다는 거죠. 일치된 이상을 실현하기 위해 사소한 것조차 거짓이 없었다는 거죠. 내가 아는 노무현이라는 사람은 거짓말을 아예 못해요.

지　하더라도 얼굴에 드러나겠죠. (웃음)

서 말과 행동, 자신의 꿈이 하나로 가잖아요. 그랬어요. 그러니 일을 하면서도 기분이 좋았죠. 그리고 그런 것들을 함께 논의하며 했어요. 대체로 우리가 해야 할 일들은 함께 토론하고 의논했습니다. 노 대통령은 좋은 리더였죠. 신뢰라는 말이 사전 속에만 있는 공허한 단어가 아니라 직접 일상 속에서 확인할 수 있는 것이었습니다. 신뢰라는 단어가 살아 있구나, 하고 확인할 수 있는 시간이었죠. 노 대통령과 함께한 시간이. 그게 전부입니다. 끊임없이 의문을 가지고 질문하고, 또 그 질문에 대한 해답을 구하기 위해 서로 노력하고 토론하고 그 속에서 공감대가 만들어지고, 또 신뢰와 믿음을 확인하고 그러는 거죠. 그다음엔 끊임없이 도전하는 것이죠. 그 도전 정신도 크죠.

지 기득권의 반발 때문이든 어떤 면에서는 노무현 대통령 스스로도 실패한 부분이 있다고 생각하셔서 '이 시대의 진보를 새롭게 고민해보자'고 하셨을 겁니다. 그것을 성취시키거나 넘어설 수 있는 서갑원의 비전이 있어야 할 텐데요.

서 넘어서는 비전이 있을지, 발전시켜야 할 것이 있을지, 있다면 그 자체를 뛰어넘어서 뭘 한다기보다 어쨌든 준비해나가는 과정에서 우리가 정권을 잡았잖아요. 누구나 다 그럴 거라고 봐요. 문재인 대통령이든 유명한 정치 지도자든, 완성된 상태에서 시작하지는 않았으니까요. 역사는 끊임없이 진보하고 발전해나가는 과정입니다. 저 역시 그 바탕 위에서, 그 과정을 통해 신뢰를 주는, 그러면서 더불어 성과를 내는 정치인이 되고 싶고, 그걸 실천하는 정치인이 되고 싶습니다.

지 노 대통령에 대한 사람들의 오해가 있죠.

서 네, 노 대통령에 대해 사람들의 오해가 많지요. 저는 그 이유 중 하나가 함께한 시간이 적었기 때문이라고 생각해요. 그분을 관찰할 시간이 적었어요. 하지만 그분은 정치를 오래했죠. 10년도 넘게 했지만, 지도자로서 주목해서 본 시간은 불과 2~3년밖에 안 되잖아요. 그조차도 지도자로 인정하고 싶어 하지 않았습니다. 비주류들도 마찬가지였고. 마지막 순간에 열렬하게 응원했지만, 일종의 '팬덤'을 빼놓고는 오해한 면이 있었죠. 그분의 책을 봤겠어요. 글을 읽어봤겠어요. 연설 정도 듣고 잘한다고 생각했겠지만, 그 내용이나 과정을 구체적으로 고민해봤을까, 싶습니다.

노 대통령은 강연문이나 연설문 같은 텍스트를 만드는 데, 제가 유심히 봤지만, 보통 6개월 정도 걸려요. 처음에 연설문 하나를 완성하기 위해 작성을 시작합니다. 그다음엔 자신도 의견을 내고, 우리 의견도 반영합니다. 그걸 가지고 계속 얘기하시는 거예요. 심지어는 밥을 먹을 때도, 식사 후 소주 한잔하면서도 20~30분 동안 얘기하세요. 다른 사람들은 모르지. 노무현 대통령이 자기 생각에 대해 이야기하고 있구나, 하면서 서로 공감하고, 얘기도 하는데요. 그게 대부분 연설문이에요. 상대방의 반응을 봐가면서 이리 붙이고 저리 빼고 계속 이런 과정들을 반복하죠. 그러니까 연설을 잘한다는 것은 결국 본인이 직접 연설문을 만든다는 거예요. 내 것으로 만든다는 거예요. 연설문을 만드는 과정에서 완벽하게 내 것으로 체화시키고 그것을 신념화시킨다는 거죠. 내적 확신이 강하니까 자기 것으로 되니까 상대방에게 말할 때도 힘이 생기는 것 아니겠습니까? 그 힘이 전달되니까 사람들도 열렬히 환호하는 거죠. 신뢰감도 생기고.

정치인들의 정치 행위는 결국 말과 글과 행동으로 이루어지는 건데요. 그런 면에서 노무현은 부단히 노력하는 정치인이었습니다. 신뢰를 확보하기 위해, 그 신뢰를 바탕으로 부단히 노력하고 자기를 갈고닦아서 결국 그 자리까지 간 거죠. 이런 것이 중요하다고 생각합니다. 마지막 순간에도 약속을 지키려고 노력을 한 거구요. 내 얘기를 하다가 노무현 대통령 얘기로 또 샜네요. 저도 열심히 해야죠. (웃음)

의전비서관
서갑원

지 노 대통령님을 오래 보좌한 이광재, 안희정, 서갑원 세 분 중에서는 대중들에게 덜 알려진 편인데요. 그것에 대해 섭섭하신 적은 없나요? 세간에서는 '좌희정, 우광재'라고 하잖습니까?

서 둘은 동갑이에요. 오래된 친구고, 재능이 있었고, 각각의 역할들이 조금씩 달랐죠. 저는 사실 노무현 대통령이 당선되고, 청와대에 들어가서도 제 자신을 드러내길 꺼려했어요. 드러내지 않겠다고 작심했습니다. 그리고 제가 맡은 일도 좀 그랬고요. 세 사람이 같이 있었고 함께 일했지만, 그 과정에서 서로 경중을 따진 적은 없습니다. 각자의 역할이 있었던 거죠. 예를 들어, 이광재 씨는 기획력이 좋고 아이디어가 풍부하죠. 안희정 씨는 따뜻하고 비교적 좀 치밀한 편이었어요. 부지런한 것은 다 똑같고요.

지 노 대통령님 밑에서는 부지런하지 않으면 안 되는 거 아니었나요? (웃음)

서 그렇죠. 안희정 씨는 주변 사람들을 잘 챙겼어요. 살림살이도 잘 챙기고. 이광재 씨와 둘만 있을 때는 제가 안희정 씨가 했던 그런 역할들을 주로 했지요. 안희정 씨가 오고 난 다음에 저는 대외적인 일들을 많이 했어요. 다른 팀들에 비해 구성원들 간의 경쟁 관계는 만들어지지 않았던 것 같아요. 게다가 제가 그 사람들보다 한두 살 더 많거든요. 그건 뭐 큰 의미는 없잖아요. 제가 나이가 가장 많으니까 대장 노릇을 해야 됩니까? (웃음) 그런 것은 아니니까 서로 각각의 역할들을 수행했고, 언론에 잘 나서지 않아서인지 제가 무슨 일을 하는지 드러나지 않았죠. 하지만 상대적으로 덜 나왔을 뿐이지, 저도 하는 일이 많았습니다. (웃음)

지 동료 의식 말고 선의의 경쟁의식 같은 건 없었나요?

서 지나친 경쟁의식은 없었던 것 같아요. 예를 들면 이런 거죠. 노무현이 대통령 후보가 된 후, 이광재 씨가 기획팀장을 하겠다고 해서 당연히 그래야 된다고 생각했어요. 안희정 씨는 정무팀장을 하겠다고 하더라고요. 저는 별로 생각을 안했는데, 의전팀장을 맡으라고 하더군요. 그런데 생각해보니, 저는 뭘 해도 상관이 없었습니다. 한 예로, 2002년 대선 민주당 광주 국민경선을 앞두고 제가 팀을 꾸렸어요. 양길승 부속실장을 실질적인 책임자로 하고, 저는 왔다 갔다 하다가 나중에는 아예 짐 싸들고 광주로 갔습니다. 어쨌든 형식적으로는 양길승 선배를 설득해서 캠프를 꾸린 거죠. 그때 광주 경선이 혁명의 출발이었잖아요. 그런 선거 조직을 꾸리는 거니까 대단히 중요했습니다. 그 당시 분위기로는 노무현이 거의 대통령이 된 거나 마찬가지였거든요. 양길승 선배에게 제 자리를 주는 것이 좋겠더라고요 그래서 "양길승 선배를 의전팀장으로 하는 게 좋겠습니다"라고 말씀드렸죠. 그러니까 "왜 그러냐?"고 걱정을 하시더라고요. 그래서 제가 설명을 했죠. "광주 경선에서 이러저러했는데, 팀장급에서 자리가 마땅치는 않은 것 같습니다." "할 일이 많은데 자리가 왜 없겠어." "우리 내부 핵심에 있는 사람들이 그 역할을 맡아서 하는 거잖아요. 그런 것들에 대한 상징성이 있어야 된다고 생각합니다." "그러면 자네는?" "저야 무슨 일을 하던 상관이 있겠습니까? 정무 특보를 하면서 필요하면 비서 업무도 챙기면 안 되겠습니까?" "그게 만만치 않을 텐데" 하고 걱정하시더라고요. 결국 제가 잘 의논해서 그렇게 하겠습니다, 하고는 양길승 선배가 의전팀장을 하도록 했습니다.

그런데 의전팀장이라는 것이 비서실팀장이잖아요. 일단은 히스토리를 잘 알아야 됩니다. 예를 들어, 누가 면담하러 온다고 하면 경중을 가려야 하고, 순간순간 판단할 것들이 많아요. 각 부서별로 그런 판단을 해야 합니다. 결국 나중에 한 달 정도 지나서 후보가 저에게 "갑원 씨, 자네 다시 오게" 하더라고요. (웃음) 그게 안 됐던 것 같아요. 신신당부를 좀 했죠. "후보께서 걱정하신다, 실제로 이 업무가 그렇다. 조금이라도 어려우면 저와 상의를 해라. 그러면 도움을 주겠다"고 했습니다. 하지만 일을 하다 보면 쉽지 않습니다. 당장 후보 입장에서 불편한 거죠. 그래서 제가 복귀를 했어요. 그 상황에서 어쩌겠습니까, 오라고 하는데. (웃음) 그 형은 다시 내려가서 광주 팀을 맡았습니다.

지 보이지 않는 곳에서 아주 중요한 역할을 하신 거네요.

서 그건 대통령이 되고 나서도 똑같았어요. 대선이 끝나고 내부에서 얘기를 하는데, 저는 항상 가만히 있었습니다. 그건 노 대통령이 국회의원이셨을 때도 마찬가지였어요. 이광재 씨가 보좌관을 맡고, 안희정 씨가 연구소를 운영하고, 지구당 사무국을 맡을 사람이 필요하게 되니 제가 종로 지구당 사무국장을 맡은 거죠. 노 대통령이 부산 간다고 선언한 다음에 종로 지구당 철수를 앞두고 "자네가 국회로 들어오게" 해서 제가 보좌관으로 가고, 이광재 씨가 '자치경영연구원'이라고 지방자치 실무연구소를 확대·개편해서 안희정 씨와 함께 일했어요.

청와대 들어가기 전 인수위 때도 이광재 씨가 기획팀장, 안희정 씨가 정무팀장을 했고, 저는 당연히 의전팀장을 맡았습니다. 인수위 의전팀장은 힘이 세잖아요. 부속실도 없을 때니까. 당선자 일정, 수행, 경호까지 의전팀장이 총괄합니다. 그렇게 정신없이 바쁠 때인데, 비서실장이 인선되면서 다른 선후배들도 있지만, 우리 세 사람의 역할을 정해야 할 때가 됐습니다. 저는 늘 그랬듯이 가만히 있었어요. 너무 바쁘고 잠시도 틈이 없기도 했고, 생각할 겨를도 없었습니다.

어느 날인가 일하고 있는데, 비가 많이 왔어요. 그날 대통령이 제 자리로 와서 "약속 있는가?" 하고 물어보시더라고요(꼭 그렇게 제 자리로 오셔서 물어보시죠). 있어도 없다고 해야 되는데, 실제로 없었고, 외부 약속을 잡을 수가 없었어요. (웃음) "없는데요" 했더니 저녁이나 먹자고 하시더라고요. "둘이요?" "그래. 둘이." 그래서 정부종합청사 뒤편 도렴빌딩 지하에 있는 '금강산 오리집'이라는 곳에 갔습니다. 국회의원 때부터 단골이었어요. 종로 선거캠프가 도렴빌딩에 있었거든요. 여택수 씨가 수행을 하고 있어서 셋이 갔습니다. 밥을 다 먹고 나서 갑자기 물으시더라고요. "자네는 왜 아무 말이 없어?" "뭘요?" 제가 그런 식으로 대답을 잘했어요. '뭘요?' 하고. (웃음) "이 사람아, 다른 사람들은 뭘 하겠다고 얘기하는데 자네는 왜 말을 안 해." "바빠서 제가 뭘 해야 될지 생각할 틈이 없었습니다. 그리고 제가 생각한다고 다 그대로 됩니까?" "그래도 조금이라도 생각을 해봤을 것 아닌가?" "생각 안 해봤는데요. 그럴 겨를이 없었습니다. 아시잖아요?" "그래도……" 이런 대화가 계속 이어졌어요. (웃음)

그런데 세상이라는 것이 참 묘해요. 안 그래도 의전비서관을 했을 거라고는 생각하는데, 실제는 달랐던 것 같아요. 국민의 정부 청와대에서 행정관으로 있었던 김형욱 씨가 인수위로 찾아왔어요. 차 한잔 하면서 이런저런 이야기를 했습니다. "김대중 대통령 때 청와대를 개혁하고 손질을 많이 했지만, 아직 개혁이 되지 않은 부분이 있다. 심각하다." 그러면서 서 팀장이 그 자리에 가면 맞을 것 같다고 해요. "뭔데" 하니까 의전비서관이래요. "그게 뭐하는 자린데" 하고 물으니 이렇게 설명하더군요. "일정을 잡고 심지어는 배석자들까지 정하는 일인데, 이게 도대체 정무적 판단이 어려워서 아무리 해도 안 된다. 이건 반드시 개혁해야 한다. 그걸 외무부 대사들한테 맡기면 안된다. 서갑원이 적격이다. 그 자리를 맡아라. 그래야 청와대가 바뀌지. 그렇지 않으면 노무현 대통령 때도 안 바뀐다. 똑같다. 큰 문제가 생긴다"고 하더라고요. 그러면서 "도대체 정무적인 판단이 안 되는데, 자기들 마음대로 해버리고, 실제로 그렇게 행사를 하게 되면 효과가 반감된다"라고 해서 "그래" 그러고 말았죠. 사실 의전비서관이 그런 일을 한다고 짐작했고, 저도 생각을 안 했던 건 아니었죠. '부속실장을 해야 되나' 하고 생각한 적도 있는데 그런데 저는 부속실장은 하고 싶지 않았어요.

지 왜요?

서 YS 때도 그렇고, DJ 때도 부속실장들이 사고만 치고 이미지가 안 좋았잖아요. 자기 능력으로 일하기보다 측근 같은 이미지가 강하고. 그래서 저는 안 하고 싶었습니다. 그 친구가 의전비서관 얘기를 했지만 그냥 지나쳤어요. 결국 대통령께서 "그래도 생각해봤을 거잖아" 하시길래 "김형욱이 와서 이렇게 얘기하던데요"라고 했죠. 그 얘기가 다 끝나기도 전에 대통령이 너무 좋아하시는 거예요. 얼굴이 확 펴지면서 "야, 잘됐다. 그거 자네가 해라"라고 하시더군요. 그러면서 바로 "그럼 부속실은 없애면 되겠네. 따로 두지 말고 자네가 두 개를 합쳐서 같이하면 되겠네"라고 말씀하시는 거예요. 제가 고민하고 걱정했던 부분을 대통령께서도 걱정하셨던 것 같아요. 저한테 부속실장을 하라고 안 하셨잖아요. 저도 하고 싶다는 말은 따로 안 했어요. 저는 그런 생각을 안 했지만, 노 대통령님 입장에서도 어차피 제가 부속실장을 해야 되는데, 그 부정적 이미지를 걱정하시고 또 측근을 내세우느냐는 비판을 고민하셨던 것 같아요. 그러면 그냥 "열심히 하겠습니다" 하고 가만히 있으면 되는데, 그러면 안 될 것 같더라고요. 제가 "너무 큰데요. 너무 복잡한데요"라고 그런 겁니다.

그게 YS 때까지는 의전수석이었습니다. 의전비서관, 부속실장을 자세히 들여다보지는 않았어도 순간 그런 생각이 들더라고요. 비서관 자리 두 개를 묶어 하나로 하면 그게 수석이지 뭐예요. 하지만 저는 계속 "안 될 것 같아요. 딱히 그것까지는 생각해보지 않았습니다"라고 말하면서 시간을 벌려고 했죠. 그런데 대통령께서 계속 밀어붙이자 이렇게 말씀드렸습니다. "생각해보십시오, 대통령님께서 청와대를 너무 다운사이징 하셨습니다. 더군다나 비서관 자리가 몇 개 되지도 않는데, 부속실장까지 없앨 필요가 있나요? 뭐든지 제도를 만든 것은 다 이유가 있을 겁니다. 의전비서관은 굳이 따지고 보면 대통령의 수발을 드는 비서인데, 왜 의전비서관과 부속실장을 나눴겠습니

• 청와대 집무실로 이동하는 짧은 시간에도 보고를 해야 할 정도로 숨가쁜 의전비서관
  시절.

까? 의전비서관은 '퍼블릭 시크리터리'이고, 부속실장은 '프라이빗 시크리터리' 아니겠습니까? 그러면 공식적인 일정이라든가 공적 업무를 담당하는 사람이 의전비서관이고, 개인적인 심부름, 관저 업무, 개인 면담 등 사적인 업무를 처리하는 사람이 부속실장인데, 너무 복잡하지 않을까요? 그래서 두 자리를 나누었다고 생각합니다." 하지만 대통령의 대답은 "그러니까 여택수와 문용욱을 데리고 자네가 그 일을 하면 되지 않겠는가"였습니다. 더 이상 제가 뭐라고 하겠어요?

하지만 제가 나름 창의적인 사람이에요. 고집도 세. (웃음) 이렇게 말했어요. "기왕에 대통령님께서 부속실장 자리를 그렇게 생각하시면 그 자리를 저한테 선물로 주십시오. 저한테 주라는 건 아니고요. 전라도 사람들한테 선물 하나 주시라는 겁니다." 그게 무슨 얘기냐고 하시길래 "전라도 사람들에게는 광주 경선이 결국 대통령을 만든 혁명인데, 제가 책임을 맡아서 한다고 했지만 형식적으로는 양길승 선배가 책임자 아니었습니까? 대통령님께서 기왕 부속실장을 그렇게 생각하시면, 양길승 선배를 부속실장으로 임명해 대통령님께서 필요한 일들을 챙기게 하시고, 나머지 부족한 일들은 제가 알아서 챙기겠습니다. 그렇게 해주시면 안 되겠습니까? 전라도 사람들 입장에서도 '노무현은 정말 의리 있는 사람이다' 하지 않을까요. 대통령께서 부속실장 자리를 그렇게 생각하시니까 드리는 말씀입니다." 그러자 대통령이 "자네. 그런 생각을 어떻게 했어. 그거 좋은 생각이네"라고 흡족해 하셨어요. 그렇게 해서 부속실장은 양길승 선배가 된 겁니다.

과거에는 결재 업무를 부속실장이 했는데 그런 것들은 의전비서관인 저한테 넘어오고, 초창기에는 많은 일들을 제가 했지만, 부속실장도 그 자체로 일이 많아요. 그렇게 차츰차츰 적응해나가면서 자기 자리를 찾아간 겁니다.

인사는 만萬 사람을 만나고
만萬 리를 걸어야 한다

지　자리에 맞는 인물을 찾고, 어떤 역할을 맡긴다는 것이 생각보다 굉장히 어려운 일이네요.

서　제 자리를 고민하신 것처럼, 다른 사람들 자리도 똑같이 걱정하셨어요. 이병완 씨가 나중에는 비서실장까지 했지만 처음에 정무비서관을 했습니다. 사실 그분이 DJ 때도 이미 비서관을 했고, 나이와 급도 있어서 수석을 했어야 될 상황이었어요. 하지만 첫 인사라는 것이 그런 겁니다. 판을 짜다 보니까 아귀가 안 맞아요. 끼어들 자리가 없었습니다. 지역도 나누고, 사람도 나누고. 그러다 보니까 마땅한 자리가 없어진 거예요. 노 대통령이 고민을 하시더라고요. 그 양반이 후보 시절에 연설문 담당을 실질적으로 했어요. 밤 12시에도 정책 본부에서 올라온 것들이 대통령의 생각과 안 맞는

다거나 "이런 것은 대통령의 생각과 방향이 다릅니다. 이래서는 대통령이 안 읽습니다" 하면 밤새도록 고쳐서 줘요. 지금 강원도 경제부지사로 있는 정만호 씨가 정책비서관을 했고, 제 후임으로 의전비서관도 했는데, 우리 둘이 그 얘기를 했어요. 이병완 선배가 수석이 아니라 정무비서관을 하기엔 아무래도 마음에 걸린다고. 그래서 제가 한번 얘기를 해야 되겠다고 생각하던 차에 대통령께서 이병완 선배에 대해 말씀하시더라고요.

"그렇지 않아도 나도 그것 때문에 고민이네. 자네가 가서 얘기를 해보게." 그래서 제가 "형님, 대통령께서 얘기 좀 들어보고 오라는데요"라고 했더니 "우리가 원하는 정권 재창출을 했고 대통령이 되셨는데, 내가 수석을 하면 어떻고, 비서관을 하면 어떻고, 뭘 하든 무슨 상관이냐. 뭐든 대통령이 잘되면 나는 무슨 일을 해도 상관이 없다, 아무 걱정하지 마시라고 하게"라고 했습니다. 그 상황에서는 사람 말이 아 다르고 어 다르잖아요. 그대로 대통령께 전해드렸죠. 정말 고마워하셨죠.

지 이낙연 총리가 그 당시 대통령 당선자 대변인을 하셨죠.

서 네, 사실 대통령은 이낙연 대변인을 홍보수석으로 하고 싶어 하셨어요. 일을 잘하셨거든요. 저에게 "한번 찾아가서 내 생각을 얘기하게" 하셔서 갔어요. 그때는 형님이라고 부르기도 했습니다. "형님, 아무래도 대통령님께서 같이 일하고 싶으신 모양인데요," 저도 조심스럽죠. "아시다시피 대통령이 직접 말씀드리지 못하는 이유가 있습니다. 대통령께서는 세상의 모든 자리 중 제일 큰 것이 국회의원이라고 생각합니다. 실제로 그래요. 국회의원은 임명이 아니라 선거를 통해 선택받은 건데, 그것을 포기한다는 건 만만치 않죠. 하지만 대통령이 자리를 제안하는데, 직접 거절하기가 만만치 않잖아요. 청와대 수석은 국회의원직을 사퇴해야 되니까 그 부분을 직접 말씀드리기가 조심스러운 것 같았습니다." 그랬더니 이낙연 대변인이 "나도 같은 생각이네. 대통령께서 혹시나 직접 말씀하실까 봐 걱정했네, 다행히 그렇게 배려해주셔서 고맙지만, 나도 조심스럽네" 하면서 완곡하게 말씀하시더라고요. 이낙연 대변인은 대통령께서 좋아하셨던 분이었죠.

그다음에 김한길 의원은 우리 인수위 때 기획 간사를 했죠. 대통령 취임식 준비단장도 했습니다. 대통령께서는 일에 대한 김한길 의원의 능력만큼은 인정하셨어요. 청와대에서 같이 일하고 싶어하셨죠. 그런데 대부분 반대를 했어요. 노 대통령은 사람들의 의견을 존중합니다. 다들 반대한다고 걱정하시면서 저한테 김한길 의원에 대해서 조사를 좀 해오라고 하시더라구요. 그래서 그 사람과 일했던 사람들을 중심으로 만났습니다. 국민의 정부 시절, 장관을 했잖아요. 그런데 진짜로 신기한 것이 반대의 이유가 다 똑같아요. 공을 나누지 않고, 혼자 독차지한다는 거예요. 노 대통령께 말씀드렸더니 "자네 생각은 어떠냐?"고 해서 "저는 같이했으면 좋겠습니다"라고 했어요.

지 다들 반대하는데 왜죠?

서 사람들이 반대하는 건 김한길 의원이 DJ 때 일하는 모습을 보고 하는 이야기인데. 노 대통령 정부에서는 다를 거라 생각했기 때문이죠. 사실 김대중 대통령과 노무현 대통령의 리더십은 좀 다르지 않습니까, 김대중 대통령은 절대적 카리스마를 가지고 있는 만기친람형의 리더십이면, 노 대통령은 그렇지 않죠. 저는 그 차이가 아주 크다고 생각합니다. 김 대통령님은 일대일로 보고 받고, 지시하고, 필요에 따라서 일들을 시키시고, 물론 토론도 하시지만, 노 대통령님은 리더뿐 아니라 팀원들과도 논의하는 과정을 거치지 않습니까? 그래서 노무현의 참모와 김대중의 참모는 전 다르다고 생각합니다.

김한길을 반대하는 분들의 걱정은 공을 독차지한다는 불만인데요. 노 대통령님과 일을 해오면서 어느 누구도 그런 경우는 없지 않았습니까? 우리가 일하는 방식은 맨 처음 제안자가 누구인지, 보고할 때 밝힙니다. 그다음 누가 정리를 한 건지, 그 과정을 다 이야기합니다. 그러니까 그게 공이 독차지가 안 되잖아요. (웃음)

"대통령님께서는 일을 그렇게 해오지 않았습니까? 다른 사람들이 걱정하는 김한길 의원의 일하는 스타일을 우리는 걱정 안 해도 되지 않겠습니까?" 하니까 "딴은 그렇네" 하시면서 웃으시더라구요. (웃음) 어쨌든 "대통령님도 그의 일 능력은 높이 보고 계시고, 우리 모두가 첫 시작인만큼, 출발은 경험이 좀 있고, 일솜씨가 있는 사람들이 보좌를 해서 같이 일했으면 좋겠습니다." 그랬더니 "한 바퀴 더 돌고 오라"고, (웃음) "한 번 더 조사해오게" 하신 거죠. 그런데 똑같아요. 결국 관철을 못 시켜냈어요. 이처럼 인사 후보에 대해 알아보라는 일들이 많이 있었습니다. 하지만 인사 논의 과정에 제가 들어가지는 않았어요. 앞에서 세 사람이 같이 일했는데, 이광재, 안희정은 세상이 다 아는데, 왜 서갑원은 잘 모르냐고 하셨잖아요. (웃음)

지 꼭 그런 얘기는 아니었습니다. (웃음)

서 경제팀을 어떻게 하면 좋을까, 조사하라고 해서 교수, 경제인, 언론인, 관료들도 두루 만났습니다. 네 편 내 편 나누지 않았어요. 약간 보수적인 사람들도 만났습니다. 회계법인 대표도 만나고, 경제학 교수도 만났습니다. 대체적인 얘기가 주니어가 했으면 좋겠다, 새 술은 새 부대에 담는다고 노무현 시대에는 노무현 시대에 맞게 하라는 거예요. "꼭 시니어가 아니어도 된다, 관료들 중에서 주니어도 훌륭한 사람 많다." "주니어가 누군데요?" "김진표도 괜찮고, 박봉흠도 괜찮고, 권오규도 괜찮다." 그 정도 능력과 역량이 된다는 겁니다. 굳이 시니어들이 계속 안 해도 괜찮다는 얘기였어요. 저는 그렇게 정리해서 보고를 했죠. 공교롭게도 김진표 재경부 장관, 박봉흠 기획예산처 장관, 권오규 정책수석, 그렇게 경제팀이 짜였어요.

민주당 대선 경선에서 후보로 확정된 날, 점심 먹고 오후에 특별한 일정이 없었어요. 후보께서 "좀 쉬자"고 그러시더라고요. 피곤하니까 쉬는 게 맞죠. 그렇다고 집권당 대통령 후보가 당선 직후에 곧바로 집에 가서 쉴 수도 없잖아요. 그래서 제가 "경제 현황 전반에 대해 브리핑을 받으시면 어떻겠습니까?" "누가 할 사람 있느냐?"고 하셔서 "제가 알아보겠습니다"라고 했죠. 그래서 권오규 선배에게 "두세 시간 정도 경제 브리핑을 좀 합시다"라고 했고, 권오규, 조원동, 노대래 세 사람이 왔습니다. 이미 며칠 전에 그분들께 부탁해놓았거든요. 나중에 박근혜 대통령 때 노대래는 공정거래위원장을 했고, 조원동이 경제수석을 했죠. 경제 관료로서 에이스들입니다. 조선호텔 회의장을 빌려 세 시간 정도 브리핑을 받았습니다.

지 서 의원은 보좌관 시절부터 엄청난 마당발이셨네요. 그런데 대통령 후보나 재임 시절 말고 해수부 장관 시절은 어떠셨나요?

서 제가 한번은 해수부 장관실에 갔어요. 차 한잔하면서 "장관 일이 재밌으신가 봐요" 했죠. "재밌네. 재밌어." 저는 다른 목적이 있어서 간 거잖아요. (웃음) "평생 장관만 하시렵니까?" "이 사람아, 무슨 소리야. 일이 재밌다는 거지." "해수부 장관으로서 이제 하실 일은 다 하셨잖아요." 그때 공무원 다면평가제도를 최초로 도입했습니다. 센세이션을 일으켰어요. 청와대부터 관가가 뒤집어졌어요. 그것이 보도가 되지 않고 평가를 받지 못해서 그렇지, 대한민국 정부 인사에서 최초로 다면평가제도를 도입했습니다. 그걸 해수부 장관 때 했어요. 굵직한 프로젝트도 많이 했어요. "하실 만큼 했고 큰 프로젝트도 다 완수했으니, 이제는 예산만 잘 확보해서 일이 원활하게 진행되도록 하면 됩니다. 우리나라는 삼면이 바다이고, 인천부터 동해시까지 갈 데가 많고, 해양경찰청까지 있으니까 한 바퀴 돌아도 몇 달 걸립니다. 장관이 그래도 한 바퀴는 돌아보고 오셔야 하지 않습니까? 자꾸 일에만 매달리시면 안 됩니다"라고 말씀드렸죠. "그러면 어떻게 하나?"고 하셔서 차관을 교체하자고 했습니다. 실력 있는 경제 관료로 재경부나 기획예산처 중에서 찾아보겠다고 했습니다. 그러곤 1번 김진표, 2번 박봉흠을 후보로 올렸습니다. "김진표, 서울 법대 출신, 말술, 언론 친화적, 세제실장 출신, 금융실명제 도입 실무. 박봉흠, 국회 예결위 수석전문위원, 최고의 예산 정책통, 단점은 경상도 출신, 시너지 효과가 크지 않음." 이렇게 보고하니까 "1번이 2번보다 낫다는 거지" 하세요. (웃음) 김진표 차관으로 내정되었고, 나중에 본인에게 통보까지 되었거든요.

그런데 나중에 절 부르시더라고요. "보따리 다시 풀라고 했다. 차관한테 통보했는데, 보따리를 너무 잘 싸는 거야. 또박또박 인수인계도 잘하고. 보따리를 잘 싸고 챙기는 걸 보니까 그만하면 괜찮겠다 싶었네. 자네 말마따나 내가 장관을 하면 얼마나 더 하겠나, 새로 차관이 와서 손발을 맞추는 것보다 저 양반이 더 잘 알고 할 수 있겠다는 생각이 들었네." 그 말이 맞죠.

지 노무현다운 결정이네요.

서 그 판단은 잘하신 것 같아요. "그러신가요? 그런데 대통령에게 이미 보고가 된 것 아닙니까?" "어쩌겠냐. 정권 말에 해수부 차관으로 오는 것보다는 더 안 낫겠나?" 그래서 보류됐죠. 나중에 한 얘기지만 김진표는 "그때 관료 생활이 끝났다고 생각했다"는 거예요. 사실 모두 정권 재창출이 어렵다고 봤거든요. 하지만 가라는 데 안 갈 수도 없고, 다들 가지 말라고, 특히 이용섭 광주 시장이 결사반대하더라는 거예요. "죽으려고 가는 것이냐, 못 가겠다고 하십시오" 하면서 말렸다고 하더라고요. 사실 맞죠. 제일 잘 나가는 경제 관료였으니까, 다음 정권을 누가 잡든 계속 일할 수 있는 사람이었죠. 그걸 서갑원이 한지 아무도 몰라요. 제가 결정하지는 않았지만, 데뷔할 수 있는 단초는 마련해준 거 아닌가요? (웃음)

지 당시에는 몰랐던 의외의 이야기네요.

서 또 있습니다. 정찬용 인사수석 이야기인데, 당선자 시절에 대통령께서 저를 부르시더라고요. 인사보좌관을 전라도 사람으로 시켜야 되겠다고 하세요. 그때는 수석이 아니고 보좌관이었습니다. 민정 수석은 경상도 사람으로 문재인, 인사 보좌관은 전라도 사람으로 해야겠다면서 "그게 안 낫겠나. 추천을 안 하면 검증도 못 하는 거 아닌가?"라고 하시더라고요. 일단 맞잖아요. "누가 했으면 좋겠나. 광주에 자네 팀이 있지 않나?" 하시더군요. 광주에서 시니어는 아니고 대통령 또래, 예를 들어 순천 YMCA 총무를 했던 이학영 의원, 한겨레 국장급 광주 주재 기자였던 박화강 선배, 예전에 《페다고지》를 번역했던 김수복 선배가 있었어요. 정향자, 돌아가신 윤한봉 선배, 또 민청학련 사건으로 감옥에 갔다 온 박형선 사장 등 학생운동과 민주화운동을 한 선배들이죠. 광주 가면 저녁에 소주 한잔하면서 한 번씩 만나고 오는 사람들인데, 그 그룹을 제가 만들었죠. 그분들 도움을 받고 광주 경선을 치렀어요.

그런데 사실 정찬용 선배는 그 팀이 아니었습니다. 몇 번을 도와 달라고 해도 마지막 순간까지 마음으로만 성원해주셨지, 실질적으로 도와주신 분은 아니에요. 하지만 모임에는 왔어요. 그래서인지 대통령께서는 정찬용 선배도 우리를 도왔다고 알고 있어요. 굳이 제가 안 도왔다고 얘기할 필요는 없잖아요. "대통령님은 다 아실 텐데, 누가 하면 좋겠습니까?" "가서 의논해보라는 걸세. 누구라고 정해놓지는 않았네." 대통령은 이학영 의원을 좋아하셨어요. "이학영 같은 사람도 괜찮지 않으냐"고 그러시더라고요. 그런데 이학영 선배는 인사보좌관을 하기에는 너무 리스크한 것이 남민전 사건이 있어서.

지 독립군 군자금 모으듯. (웃음)

서 그게 사실은 민주화운동이었지만, 다른 자리도 아니고 청와대 인사보좌관을 한다고 하면 나라가 뒤집어지겠죠. (웃음) 그건 서로가 못 견딘다고 생각했어요.

앞서 말했지만 정찬용은 우리를 도와준 사람은 아니었습니다. 서

91

울대를 나왔고, 광주 YMCA라는 조직의 총무를 했어요. 그것도 잘했죠. 그만큼 교류의 폭도 상대적으로 넓고요. YMCA라는 조직이 진보도 아니고 보수도 아니고. 약간 보수적인데. 그 단체에서 비교적 많은 사람들을 다각도로 만났죠. 그리고 말도 조리 있게 잘하고, 사고나 판단력도 그럴 수 있다고 생각했죠. "그래도 정찬용 씨가 제일 낫지 않을까요"라고 이광재 씨가 그러더라고요. 저도 그렇게 생각했고. 그렇다고 우리가 바로 결론을 낼 수는 없잖아요.

그 전에 제가 광주 서구청장으로 있는 서대석 선배를 만났습니다. 광양 사람이고, 2년 선배인데, 대단히 정의롭고 판단력이 좋은 사람이었어요. 그 선배와 박화강 기자를 따로 좀 보자고 했습니다. 박화강 선배는 균형 감각 좋고, 사심도 없고, 판단력이 좋은 사람이에요. 셋이서 모인 자리에서 대통령의 의중을 전하니까 깜짝 놀라더라고요. 당연히 안 놀라겠어요. 박화강 선배가 좋아하고 고마워하면서도 "야, 없다, 없다" 그래요. (웃음) 마땅한 사람이 없는 거예요. "형은 어때?" 그러니까 "나는 그렇게 할 수도 없고, 능력도 안 되고, 그렇게 하면 안 된다"고 해요. 그래서 제가 "찬용이 형은 어떠냐?"고 했더니 "나도 솔직히 찬용이 생각을 했다"고 하더라고. 저랑 똑같은 얘기를 해요. 거의 만장일치로 정리가 됐어요. 그렇게 해서 정찬용 선배가 인사보좌관을 한 거예요.

대통령께서는 알고 계셨지만, 당시 제가 한 역할에 대해서는 단 한 줄도 기사로 나온 것이 없습니다. 그런 거죠. 이광재 씨가 아마도 인사 회의에서 추천을 했을 겁니다. 그러니까 이광재 씨가 추천한 사람들이 된다고 하니까 다 실세로 알고, 그 안에 있는 멤버들도 '이광재가 최고 실세야, 이광재가 다 해' 했겠죠. 권오규 정책 수석도 마찬가지입니다. 그때까지 권오규의 파이프라인은 저예요. 지금도 저하고 술친구이지만. (웃음) 벌써 저랑 직접적으로 연관된 청와대 수석만 두 사람이잖아요. 그것도 제일 중요한 정책 수석과 인사 수석인데, 그러면 그게 적지 않은 지분이죠. 그런데 제가 주변에 말한 적도 없고, 그 사람들한테도 그런 얘기를 안 했습니다. 권오규 부총리는 알고 있었지만. 재미있는 이야기 아닙니까? (웃음)

지 네, 흥미로운 얘기네요. 의전에서 정무적 고려의 중요성도 늘 말씀하셨는데요.

서 외교관이 의전비서관일 때는 정무적으로 고려할 필요가 없잖아요. 알지도 못하고. 대통령의 특성을 모르니까요. 그러나 안다고 해서 서열을 무시하고 배석자를 결정할 수는 없거든요. 외교관이 아니고 저를 최초로 의전비서관으로 임명한 이유가 거기에 있다고 봤습니다. 정무적 판단을 하라고. 저는 거기에 충실했습니다. 정책적 참모가 아니라 정무적 참모였죠. 그러니까 자네가 가서 "경제팀을 어떻게 꾸렸으면 좋은지 조사해오게" 하는 것은 그 사람이 무엇을 전공했는지, 이런 것을 원한 게 아니잖아요. 마지막 단계에서 이게 정무적으로 옳은 건지 판단하라는 거죠.
그다음에 교육부 장관을 못 정하고 있었는데요. 그 사람만이 아니라 팀을 짰죠. 장관은 이 사람으로 하고, 차관은 저 사람으로 하고, 마지막까지 우리 인사팀에서 못 찾아왔어요. 그래서 제가 "이렇게 하면 어떻겠습니까?" 하고 교육부 관료 출신의 차관, 국립대 총장 출신의 장관으로 한 팀을 짜서 왜 그래야 되는지, 이 사람을 어떻게 생각했는지 그림을 그려가면서 설명했더니 너무 좋아하시면서 지시를 했는데, 우리 인사팀에서 뒤집어버린 거예요. 두 번을 대통령님이 그렇게 했는데요.

나는 지금도 그때 그 팀으로 갔으면, 장관 차관을 그렇게 짰으면 교육부 정책이 좀 달라졌을 거라고 생각해요. 대통령님은 어마어마한 능력과 교육 이론을 가지고 화려한 교육 정책을 만들어갈 사람을 원하지는 않았습니다. 교육행정정보시스템NEIS 같은, 대통령님이 생각하시는 교육 정책을 펼치는 데, 내부적으로 동요를 막고 외부적으론 여론을 구하고 발로 뛰어다녀서 사람들을 설득할 수 있는 인물을 원했지, 기존의 교육부 장관 스타일을 원한 것은 아니었습니다. 교육부 내부를 탁 틀어쥐고, 대통령님의 미션을 수행할 수 있는 사람, 그런 사람을 한 팀으로 만들어서 추천했죠. 못 찾으시니까, 너무너무 좋아하시더라고. 그런데 안 됐어요. 차관은 했죠.

실체 없는
호남 홀대론

지 항간에 노무현 대통령께서 전국 정당에 집착하느라 호남 분들에게 상처를 준 부분이 많았다는 평가들도 있었잖아요. 광주에 가서 "내가 좋아서 찍었나, 이회창이 싫어서 찍었지"와 비슷한 뉘앙스의 발언을 하셨다고 언론에 나가기도 했고요.

서 그건 지극히 일종의 조크 같은 건데요. 예를 들면, 그 유명한 '이러다가 대통령 못 해먹겠다'와 비슷한 맥락입니다. 5·18 1주기 때 망월동을 갔는데, 남총련 학생들이 정문에서 드러눕는 바람에 대통령이 후문으로 들어갔습니다. 대형 사고잖아요. 경찰 입장에서는 다 구속시켜야 되잖아요. 안 시킬 수가 없죠. 그래서 5·18재단부터 광주 지역 시민사회단체들이 찾아왔어요. 제가 의전비서관을 할 때인데, 면담의 핵심이 대신 사과하고 선처를 부탁한다는 내용이었습니다. 사실 그 자리가 얼마나 민망한 자립니까? 진짜 민망했어요. 접견실에서 뵈었는데, 반가워해야 할 자리가 아주 어색한 자리가 된 겁니다.

그래서 대통령께서 웃으면서 이렇게 말씀하셨어요. "이러다가 대통령 못 해먹는 거 아닌지 모르겠어요." (웃음) 그 자리에서 빵 터진 거야, 그러면서 어색한 분위기가 쫙 풀리고 서로 편하게 얘기하게 된 겁니다. 그게 무슨 푸념이나 불평불만을 말씀하신 게 아니거든요. 그분들이 편안하도록 배려한 겁니다. 그게 대통령 못 해먹겠다는 소리는 아니거든요. 저는 그 상황을 다 지켜봤잖아요. 하지만 노무현 대통령 어록 중에서 그게 1번일 겁니다. 그 맥락을 떼어놓고 다른 순간에 달랑 지면으로 나가니까 진짜 어이없는 대통령이 되고, 허약한 대통령이 되고, 무책임한 대통령이 되고. 뭐든 갖다 붙이면 통하는 말이 됐잖아요. 제가 그 자리에 있었지만, 그거야말로 가장 노무현다운 인간적인 말이에요. 상대방에 대한 배려인거죠. 그거야말로.

지 그 5·18 행사 때 후문으로 가자고 말씀하셨다면서요.

서 노 대통령은 정문으로 가자고 하셨지만 이러다 시위대에 차량이 포위되면 큰일이고, 그렇다고 시위대 때문에 되돌아간다면 다음 날 일부 언론에서 1면 톱기사의 제목을 '광주가 노무현을 버렸다'는 식으로 악의적으로 뽑을지도 모르고, 그 순간 후문을 생각해냈죠. 뿌듯해요. 순간순간 그런 큰일을 많이 경험해봤고 그런 관리들을 잘해왔던 것 같아요.

지 위기 때마다 종합적인 상황 판단이 필요하겠죠.

서 그중 핵심이 정무적 판단이죠. 왜냐하면 대통령이기 때문에, 그 일이 미치는 파장을 생각해야 되잖아요. 저는 그게 어려운 부분이라고 생각합니다. 우리 때도 그런 게 많았지만, 결국 대통령과 정부 각료들도 그런 판단이 가장 중요하다고 생각합니다. 정무적으로 더 효과를 거둘 수 있도록 하는 것, 왜냐하면 그게 국민들의 신뢰를 얻는 길이니까요. 모든 정책, 대통령의 발언 하나하나가 국민들의 신뢰를 깨뜨리면 안 되잖아요. 그 신뢰를 바탕으로 좀 더 큰 효과를 낼 수 있어야 되는 거 아닙니까?

지 호남 인심이 시간이 지날수록 돌아선 부분이 있잖아요. 열린우리당 일부 의원들의 책임도 좀 있는 것 같은데요.

서 그때는 열린우리당이 만들어지고, 이른바 호남의 주류 정치 세력이 정치 일선에서는 물러났지만, 그렇다고 완전히 은퇴한 것은 아니었잖아요. 호남의 정치 주류를 바꾸지는 못했습니다. 오히려 앙시앵레짐ancien régime (구체제)이 강하게 작동하고 있었죠.

지 탄핵까지 이어졌으니까요.

서 제가 출마할 때, 언론에서 전라도 사람 다 죽인다고 난리가 났어요. 만나는 사람마다 다 그래요. 제가 결재를 관리했잖아요. 삼부 인사와 고위 공직자부터 대통령이 하는 모든 인사를. 제가 2003년 취임한 첫해에 대통령이 한 인사를 각 지역별로 통계를 내라고 했어요. 전라도 사람이 50퍼센트가 넘었습니다. 그래도 전라도 사람 다 죽인다고 억지를 부리는 거예요.

언론에 그런 식으로 나오고 욕하고 공격해대는데 따지면 맞잖아요. 오히려 역설적인 푸념일 수 있거든요. '내가 못한 게 뭐 있습니까?' 이런 얘기거든요. 따지자면 "내가 좋아서 찍어준 것은 아니지 않느냐?"는 해서는 안 되는 얘기죠. 그런데 반대로 할 수 있는 얘기이기도 하죠. 그 난리를 치는데. 당선자 시절에 광주 '아시아 문화의 전당' 얘기를 했습니다. 단순히 그것 하나가 아니고 큰 그림은 광주를 아시아의 문화 수도로 만드는 것이었습니다. 문화 중심 도시, 문화 중심 센터 속에 문화의 전당도 하나 들어가 있습니다. 전체 사업이 2조 가까이 됩니다. 그걸 줬어요. 거기에 문화 산업까지 다 포함되어 있습니다. 전남대학교에서 연설을 하셨는데, "광주를 애니메이션, 캐릭터, 디자인 등 문화 산업의 중심 도시로 만들겠다"는 비전을 천명했습니다. 요새 말하는 4차 산업혁명 아닙니까? 광주를 그 중심지로 만들겠다는 거였습니다. 처음부터 구체적으로 수백만 대의 자동차 생산 공장과 캐릭터 산업의 세계 시장을 비교하면서 시장 논리로 설명했습니다. 그 제안을 받지 않았습니다.

지 왜 안 받은 건가요?

서 제가 알기로 당시 광주시는 어등산 개발 계획을 주장하고 있었죠. 광주시는 시대로, 시민단체는 단체대로 논란만 분분했습니다. 노 대통령의 구상은 광주에 아시아 문화 중심 도시 조성 사업을, 전라남도에는 서남 해안 관광벨트 개발 사업을 하려는 것이었어요. 그런데 당시 전남도지사는 F1 유치를 위한 경기장 건설 인허가에만 관심이 있었습니다. 안 해주면 이것도 안 받겠다는 거예요. 골프장 하나 짓고 말았잖아요. 그게 1조 5,000억 원이 넘는 프로젝트입니다. 인수위 전에 발표했던 사업인데, 수용하지 않았습니다.

지 대선 공약으로 발표했던 건가요?

서 네, 대선 공약이었고, 당선자가 광주로 가서 직접 발표했습니다. 솔직히 첫해에 청와대 인사수석과 경호실장이 전라남도 출신이었죠. 그다음에 나종일 안보실장, 박주현 국민참여 수석은 전라북도잖아요. 국무총리는 고건이었잖아요. 국방부 장관, 통일부 장관, 공정거래위원장, 농림부 장관, 해수부 장관도 있고. 인사 쇄신은 할 만큼 했습니다. 각 지역별로 균형 맞춰서 했는데, 전라도가 많았죠.

청와대에서는
숨 쉬는 것도 공부였다

지   청와대 생활을 통해 가장 많이 얻은 것은 어떤 부분인가요?

서   지금까지 살면서 국회의원을 하던 대학 총장을 하던 어떤 사안에 대한 문제 해결 능력을 청와대 일을 하면서 많이 배웠습니다. 길지 않은 기간을 의전비서관과 정무비서관을 했는데, 그 시기에 제가 할 수 있는 평생의 공부를 모두 한 것 같습니다. 마인드라고 하죠. 법과대학에 들어가면 제일 처음에 '법대생은 리걸 마인드를 키워야 된다'고 배웁니다. 법적 사고력을 키운다는 것인데, 모든 일이 마찬가지죠. 경제학도 그렇고, 사회학도 그렇고, 법을 공부하지만 수백 수천의 법전을 어떻게 다 외울 수 있습니까? 일관되게 관통하는 법의 정신을 이해하는 게 중요하죠. 그 법의 정신을 이해하고 나면 법의 제정과 입법 취지를 이해할 수 있고, 이 법을 어떻게 적용하고 판단할지는 하나하나 구체적인 법조문을 봐야 하지만, 전체적인 흐름과 맥락은 이해할 수 있다는 거거든요.

대통령에게 전달되는 수많은 정부 정책 보고서들을 봤고, 늘 대통령이 주재하는 회의는 물론 정상회담까지 대통령이 가는 모든 자리에 95퍼센트 이상 배석했습니다. 미국 백악관에서 정상회담을 할 때도 그 자리에 앉아 있었습니다. 수석 이상 장관급들이 수행하는 정상회담에서 비서관으로서 공식 수행은 의전비서관이 유일해요. 실제로 대통령의 국정 운영 과정에 처음부터 끝까지 직접 참여한 거죠.

국회의원이나 대학 총장직을 수행하면서 나도 모르게 그런 것들이 몸에 배어 있다는 사실을 실감하게 되었습니다. 저 문제는 이렇게 조정하면 된다, 이 문제는 두 개의 부서가 복잡하게 얽혀 있는데 제3의 부서도 관련되어 있어서 이러저러한 사람들이 조정하면 된다. 그렇게 해서 한 번도 실패해본 적이 없습니다. 지금도 청와대에서 대통령이 하는 일들을 보면 제가 '저 문제는 이렇게 저렇게 갈 것이다' 라고 예측하는데, 크게 다르지 않아요. 그건 정치인으로서만 아니라 한 사람의 국민으로서 어떤 일을 하든지 대단히 중요하고, 또 엄청난 자산인 거죠. 그건 책에도 나오지 않아요. 과외 한다고 될 일이 아닙니다. (웃음)

지 실무 경험이니까요.

서 국회 회기가 끝나면 수백 개의 법안이 밀려와요. 대통령이 서명해야 공포가 되는 거잖아요. 대통령에게 결재를 받으러 갑니다. 예를 들면, "이 법안이 식품 안전 위생과 관련된 것인데, 이러저러한 취지에서 결정을 했습니다." 그러면 "야당들은 반대가 없었는가." "야당에서는 이렇게 주장하고, 여당 입장은 이러한데, 결론은 이렇게 냈습니다." 대통령이 질문할 때 "제가 검토하고 별도로 보고하겠습니다"라고 할지언정 세 번째 예상 질문까지는 보고서를 읽으면서 미리 확인해야 합니다. 그래도 안 되면 별도로 표시해 놓고. 그게 모두 공부가 되었습니다. 인사도 마찬가지였죠, 이 사람은 이렇게 쓰니까 탈이 생기는구나. (웃음) 장관을 쓸 때는 이런저런 측면뿐만 아니라 아주 사소한 것까지 살펴봐야 되는구나. 그것보다 더 큰 경험, 학습, 교육이 어디 있겠습니까.

지   청와대 생활을 조금 더 했다면 좋지 않았을까, 하는 생각을 하신 적 있나요?

서   한 1년 정도 더했으면 진짜 좋았을 텐데, 바쁘게 일만 하다가 나왔습니다. 청와대 생활을 즐기지는 못했죠. 물론 즐길 게 뭐가 있겠습니까만, 밖에 나가서까지 사람들을 만나고 업무 범위를 넓혀가는 거죠. 또 그 사람들과 함께 일하는 틀을 얼추 다 만들었습니다. 그렇게 일할 만하니까 나온 거예요.

지   첫해는 뭔가 긴장감도 높았을 것이고……

- 2003년 5월 한미정상회담 당시 미국의 부시 대통령과 함께. 수석 이상 장관급들이
  수행하는 정상회담에서 비서관으로서 공식 수행은 의전비서관이 유일하다.

서 정신이 없었어요. 밖에서 제대로 밥 한 끼 못 먹었어요.

지 1년 지나 여유도 생기고, 나름 공부도 할 수 있는 상황인데, 출마를 하게 되신 거네요.

서 그렇죠.

지 대통령께 "저는 좀 더 있고 싶습니다" 하셨어야 되는 거 아닌가요? 그 말을 기다렸을지도 모르는데요. (웃음)

서 제가 "조사해보고 검토해서 보고드리겠습니다"라고 말씀드렸는데, "그럴 필요 없어. 가서 출마해" 그러셨잖아요. "안 하고 싶습니다"라는 답만 있는 게 아니잖아요. "다시 조사하고 검토해서 보고드리겠습니다" 하는 말은 "한 번 더 생각해주십시오"라는 의미인데. 그런데 그럴 필요 없다고 하신 거잖아요. (웃음) 그런데 결론적으로 보면 잘한 거죠. 사실은 1년 했으면 다한 거예요. 청와대라는 곳이 워낙 독한 데라 1년이면 에너지가 전부 소진돼요. (웃음) 내가 가지고 있는 재능을 그동안 다 쏟아부은 거예요.

지 청와대 생활을 통해 굉장히 많은 것을 학습하고 얻은 부분도 있지만, 잃어버린 부분도 있으신가요?

서 진짜 미안한 것은 도와준 분들에게 제대로 인사조차도 못한 겁니다. 초창기에는 하루에 전화가 100통 가까이 온 것 같아요. 이게 A4 용지라고 쳐요. 여비서한테 이 종이를 세로로 삼등분해서 줘요. 그렇게 전화 온 것을 간단한 내용과 전화번호를 메모해서 가져와요. 이게 보통 하루에 세 장 넘습니다. 대략 70~100건입니다. 물리적으로 전화를 다섯 통 이상 회신하기가 쉽지가 않습니다. 집에서 아침 6시에 나와 6시 반에서 7시 사이에 청와대로 출근합니다. 대부분 저녁 8시 넘어서 9시가 다 되서 퇴근합니다. 밖에 나와서 저한테 오는 전화들은 별도지요. 아무리 많이 해도 회신할 수 있는 전화가 10통 이상 되지 않습니다. 사람들이 서운해하지 않았겠습니까?

지 '권력이 생겼다고, 사람이 변했네' 하는 사람들도 있었겠네요. 그렇게 해서 인간관계가 소원해지기도 하구요.

서 많았죠. 얼마나 서운하겠습니까? 목소리 한번 들어보겠다고 전화했는데. 하지만 노 대통령과 청와대에 있을 때도 그렇고, 국회의원 할 때도 그렇고, 별다른 것이 없었거든요. 권력을 누리거나 행사하거나 그렇게 살아오지를 않았습니다.

지 청와대의 누군가를 사칭하는 사기 사건들이 늘 벌어지는데요. 별의별 얘기들이 다 있었을 것 같은데, 그런 얘기들을 어떻게 구분해서 들으셨나요?

서　얘기를 하다 보면 그런 청탁들은 결국 구분이 돼요. 한 단계 확인해보면 됩니다. 그 절차가 아주 중요합니다. 국회의원 보좌관으로 일하고, 내 선거가 아니어도 선거를 치러보고, 청와대에서 전체적으로 바라보면 판단할 수 있는 능력이 생깁니다. 앞서 얘기했듯이 그런 경험들이 좋은 자양분이 되었던 거죠. 옳고 그름, 혹은 시시비비를 가릴 수 있는 판단 능력과 해결 능력이 배양됩니다.

지　어떻게 보면 정치는 사람에 대한 이해가 필요한 행위니까요.

서　결국 사람의 마음을 얻는 거잖아요. 사람의 마음을 얻지 못하면 표를 받지 못하죠. 어떤 형태로든지.

지　오만해지거나 붕 떠서 비서관들 중에 사고가 나는 경우도 있고요.

서　그렇죠. 사고가 날 수 있죠. 다행인지 불행인지 모르겠지만 저는 그럴 틈이 없었던 거죠. 내부적으로 그런 것들에 대해 서로 짚어가면서 얘기를 많이 했었으니까요. 저는 미안하기도 했지만, 한편으로는 그런 전화를 받을 틈이 없었고, 만날 여력이 없었습니다. 생각해보면, 청와대에서는 숨 쉬는 것도 공부라고 느낄 만큼 긴장 속에서 많은 일을 하고 열심히 경험의 폭을 넓혔던 거죠.

3

때로는 망원경으로
때로는 현미경으로

시간 2019년 8월 11일 오전 10~12시
장소 순천 루카스카페

청와대보다
국회가 체질에 맞다

지 지금까지 정치를 하면서 가장 보람 있었던 일은 어떤 건 가요?

서 저는 제가 참 일을 잘한다고 생각했어요. 국회의원으로서 우선 교과서적으로 법을 만드는 입법 활동을 하고, 그다음에 정부 정책을 비판·감시하는 역할도 나름대로 잘했고 보람도 있었습니다. 지역 대표로서의 입장에서도 다양한 지역 예산을 확보하고, 지역 발전을 위해 인재도 챙기고, 사람과 사람 간의 네트워킹도 활발하게 해서 능력 있는 순천이나 다른 전라도 사람들이 최소한 불이익은 당하지 않게 역할을 했다고 자부합니다. 야당일 때도 마찬가지였습니다. 성과도 많이 냈고요.

경향신문 1면에 톱으로 났지요. 중앙에서 보면 썩 좋은 뉴스는 아니지만, 지역에서 보면 아주 큰 뉴스였죠. 지역 예산을 많이 가져간 세 명의 의원 중 한 사람으로 소개되었습니다. 예산 확보는 개인의 이익을 위해서가 아니라, 순천 시민의 공공성을 위한 일이었어요. 일자리 창출을 위한 기업 유치도 확실하게 했지요. 포스코 마그네슘 공장을 순천 해룡산단에 유치했습니다. 포스코 신소재 연구팀의 연구원이 찾아와서 팁을 주더라고요. 포스코 연구원에서 이번에 마그네슘 판재를 세계 최첨단 공법으로 개발했다고. "세계에서 가장 앞선 판재 기술입니다. 이것으로 미래 산업이 엄청나게 커질 건데, 가전뿐만이 아니고 비행기 소재로까지 각광받는 소재입니다. 이것을 포스코 연구원에서 개발했습니다. 그런데 그 공장을 포항에 세우려고 합니다." 그러면서 이걸 우리 지역으로 가지고 오라는 거예요. "어떻게 가지고 옵니까?"라고 하니까 신소재 기술 지원 센터가 설립되는데, 자신이 소장으로 오게 되었답니다. 그런데 그게 공장이 같이 와야 협업을 할 수 있고, 그래야 지원 센터가 자리를 잡을 수 있다는 겁니다. 신소재 기술 지원 센터가 만들어지는 데 저도 역할을 좀 했거든요.

지 어떻게 하셨나요?

서 고민하다가 제가 산자위(산업자원통상중소벤처기업위원회) 소속이었는데, 산업통상자원부 장관을 만나서 "포스코 이구택 회장하고 식사하면서 소주나 한잔하면 안 될까요?"라고 했죠. "무슨 일 있으세요? 저한테 얘기하세요. 필요하신 일이 있으면 도와 드릴게

요.""아니, 그냥 식사 자리 한번 만들어주십시오.""그럽시다."그래
서 시내 호텔 식당에서 만났습니다. 포스코 회장과 사장이 나왔습
니다. 장관과 차관이 같이 나왔고, 저까지 다섯이었죠. 밥 먹고 술
을 잔뜩 먹었어요. 모처럼 화기애애한 자리였습니다. 제 생각을 준
비한 대로, 마그네슘 이야기를 쭉 했어요. 모른 척하고. 그랬더니 막
자랑을 하더라고요, 완전히 크게 키울 거라고. "대단하시네요."이
렇게 칭찬하고는 다른 얘기를 하다가 "근데 포스코 포항 공장 내에
여유 부지가 있습니까?"했더니 없다고 해요. 당연히 없을 거 아닙
니까? (웃음)

계속 모른 척하고 물었습니다. "그러면 마그네슘 공장은 어디에
짓습니까?""인근에 부지를 사야 됩니다.""땅값이 제법 비쌀 텐데,
평당 100만 원 합니까?""서 의원님 세상 물정 모르시네. 100만 원
짜리 땅이 어디 있습니까?""공장 부지도 200만 원씩은 해요. 아니,
200만 원 가지고도 안 돼요. 300만 원은 되어야 합니다.""신규 투자
를 하는 공장을 그렇게 비싼 돈을 주고 지어서 되겠습니까? 일이백
평 할 것도 아닐 텐데⋯⋯""사오만 평은 해야죠.""신규 투자를 너
무 무리하게 하는 것 아닙니까?""그렇지만 어쩔 수 없습니다."그러
면 제가 듣고자 하는 답이 나왔잖아요. 낚시에 걸린 거죠. (웃음) 제
가 "우리 지역에 광양제철소도 있잖아요"하니까, 산자부 장관이 깔
깔깔 웃으시더라고. "이 회장 큰일 났다, 저분이 보통 사람이 아닌데.
당신 뭔가 큰일 난 것 같다"고 웃으면서 얘기하더라고요.

그런데 광양에도 부지가 없대요. 우리 순천이 바로 거긴데, 같은 광

양만인데. 포항제철소 예정 부지도 멀리 떨어져 있다는 것까지 제가 다 확인했습니다. "거긴 외곽이라고 하는데, 우리는 차로 10분 거리입니다. 잘 아시지 않습니까, 율촌산단에 평당 30만 원에 드리겠습니다. 그냥 우리한테 달라는 게 아닙니다. 전남 순천과 경북 포항이 공개 경쟁(비딩) 하도록 해주십시오"라고 했습니다. 그러면서 정색하며 말했죠. "포스코가 주식회사 아닙니까. 제철소 인근에 땅이 있는데, 한군데는 30만 원이고, 한군데는 300만 원 아닙니까? 그러면 땅값만 열 배가 넘는데, 자칫하면 배임이 될 수도 있습니다"라고 했지요. (웃음)

지 일종의 협박이네요. (웃음)

서 아, 그런 건 결코 아니고요. 다만, 이렇게 말했습니다. "제가 원하는 것은 비딩입니다. 순천과 포항을 비딩 시켜서 그 결과에 따라 경영자로서 합리적으로 판단하여 결정해주십시오. 공개 입찰을 하는 것이 도와주는 겁니다. 공개도 안 된 사안이고, 아직 결정되지 않았잖습니까?" "그런데 그걸 어떻게 아셨어요?" "어떻게 알았는지는 중요하지 않습니다." "알겠습니다. 검토하겠습니다." 그렇게 그날 자리를 마쳤습니다. 그다음 전남도지사에게 전날의 과정을 얘기하면서 포스코에서 연락이 올 것이니 율촌산단에 부지를 마련하자고 의논을 드렸지요. 그런데 중소기업이 입주하는 해룡산단에 땅도 공짜로 주고, 연구원 숙소도 그냥 지어주었더라고요. 그럴 필요까지는 없었는데. 어쨌든 그렇게 포스코 마그네슘 공장을 유치했어요. 그런데 제가 이걸 힘으로 유치한 것은 아니잖아요. 물론 장관한테 저녁 식사 자리를 마련해달라고는 했지만, 그 정도는 할 수 있거든요. 하지만 대통령을 움직여서, 권력을 이용해서 한 것은 아니잖아요. 제가 합리적으로 했어요. 포스코 입장에서도 좋은 거구요. 국회의원이 그런 식으로 공장을 유치했던 것은 아마 제가 알기로 없었던 것 같아요.

지 또 다른 활약상도 많을 것 같네요.

서 현대 스틸이라는 철 구조물 회사가 있습니다. 현대건설 자회사인데요. 울산에 있다가 당진으로 간다고 백옥인 경제자유구역청장이 저한테 알려주더라고요. 율촌산단으로 와야 된다고. 그래서 백 청장님과 함께 현대건설 사장을 만났지요, "나 좀 도와주십시오." 조만간 여수 엑스포가 유치될 것이고, 전라선 고속철도도 공사 중이고, 그다음 목포-광양 간 고속도로, 목포에서 부산 가는 경전선 철도까지 모든 SOC가 이쪽에서 이루어지고 있는데, 굳이 그쪽으로 갈 필요가 뭐가 있습니까, 울산에서 철수하는 것은 확정이 된 거고, 결국은 유치했어요. 경제구역청장과 둘이서 현대건설 사장 만나서 설득했죠. 요즘 하는 기업 유치, 고용 창출이죠. 그게 얼마나 큽니까?

그다음에 현대하이스코가 있죠. 현대제철에 합병된 회사인데, 노사 분규가 났어요. 하청업체 노동자들 30~40명이 천장을 뚫고 들어가 농성을 시작한 겁니다. 그때 부산에서 에이팩APEC 정상회의를 앞두고 있었어요. 당시 경찰청장이 정상회의 시작 전 2주일 전까지는 해결이 되어야 한다는 거예요. 천장을 뚫고 들어가서라도 강제 진압을 해야 된다는 겁니다. 노동자들도 결사적인 상황인데, 그러면 되겠어요. 경찰이나 노동자들에게 자칫 사고라도 나면 어떻게 되겠어요. 그래서 제가 금속노조 위원장을 만났습니다. "1980~90년대 노동쟁의가 들불처럼 일어날 때도 여기는 공장 하나 없어서 노사 분규의 '노' 자도 없었다, 지금도 그렇다, 기업하기 좋은 도시라고 홍보하고 다니는데, 또 지역 주민들이 모두 걱정하고 있는데, 이런 것들이 사실상 얼마나 힘드냐. 아니, 그걸 떠나서 사람부터 살리자, 나도 노력하겠다"고 간신히 설득했어요. 경찰청장한테도 참으라고 말렸습니다. 내가 책임지고 어떻게 해서든 설득하겠다, 순천대 앞에 있는 KT 건물 1층 사무실에서 노사간 협상을 시작했어요. 몇 번 결렬됐는데, 결국 마지막에 협상장으로 끌어냈어요. 교황 선출하듯이 합의해서 나오라고 밤새 그 앞에 철제 의자를 놓고 기다렸습니다. 결국 새벽 4시쯤 합의를 했어요. 합의하고, 악수하고, 노동자들은 나오고, 주동자는 감옥을 가야 되잖아요. 그래서 제가 얘기했어요. "책임질 사람들은 지고, 나머지 사람들은 다치지 않도록 노력하겠다." 회사도 고용 보장을 하겠다고 하고, 저는 노사 간에 중재를 했습니다. 하지만 포토라인에는 안 섰어요. 시장한테 오시라고 해서 넘겼죠. 인도스endors (보증)는 기본적으로 시장이 해야 되는 거잖아요.

큰 사건이었고 깔끔하게 처리했지만 사람들은 제가 한지도 모르죠. 당사자들만 알지. 중요한 건 해결이니까 몰라도 상관없습니다. 그게 정치라고 생각해요. 막혀서 더 이상 해결책이 나오지 않을 때 법과 규정, 그 무엇으로 해도 되지 않을 때 정치가 작동되어야 하는 것 아닙니까? 막힌 것을 뚫고, 꼬인 매듭을 풀고. 무엇을 위해서? 공동체의 이익을 위해서죠. 서로 간에 누가 일방적 피해를 봐서는 안 되잖아요. 그건 합의가 아니라 양보니까요. 양보할 것은 양보하더라도 피해를 최소화하는 것. 뭘로 합니까? 신뢰를 가지고 하는 거죠. 신뢰가 없으면 말에 힘이 안 생기잖아요. 믿질 않습니다. 그래서 마지막까지도 그 사람들을 어떤 형태로든 고용하도록 최선을 다했습니다. 보람이 있는 일이었습니다.

사회적 약자가
눈에 밟히다

지 화상 경마장을 저지시킨 일도 있으셨잖아요.

서 순천 시민들과 함께한 일이지요. 순천 시민, 역전시장 상인들, 시민단체 분들 모두가 함께 고생했습니다. 화상 경마장이 들어오는 걸 막기 위해, 제가 농림위원회 국정감사 증인으로 나가겠다고 신청했지만 증인이 아니라 참고인으로 출석했습니다. 국회의원이 국정 감사를 하는 사람이지 무슨 증인이냐는 핀잔까지 받으면서. 거기서 화상경마장 설치에 따른 폐해와 순천 시민이 반대하는 이유를 적극 설명했습니다. 길고 긴 싸움 끝에 어렵게 화상 경마장 설치를 백지화시켰습니다. 그 뒤로도 복잡했어요. 감사원까지 동원해서 순천에서 취소하고, 덕분에 원주에서까지 취소했어요. 28만 명의 중소 도시에 화상경마장이 들어오는 것은 원칙적으로 맞지 않습니다.

　나는 화상경마장이 원천적으로 잘못됐다고 얘기하지는 않았어요. 왜냐하면 마사회의 합법적인 영업 행위였고, 이미 순천시에서 시장 명의로 마사회에 신청을 했기 때문이었죠. 현재 서울과 지방에 몇 군데 있는데, 모두 100만 명 이상 도시에 있습니다. 그런데 경제자립도가 20퍼센트도 안 되는 곳이고, 대부분이 농사짓는 사람들, 중소자영업자, 임금노동자들이 사는 동네입니다. 서울이나 부산, 광주는 레저산업이 될지 모르겠지만, 순천에 들어오는 화상경마장은 도박장이라고 생각했습니다. 국회의원 배지를 뗐으면 뗐지, 용납을 못하겠다고 해서 결국 저지시켰습니다. 경마장과 관련해 시민들과 시민단체들에서 항의 시위도 많이 하고, 격렬하게 반대해왔지만 단 한 군데서도 마사회가 물러선 적이 없습니다.

　저는 행정절차가 잘못됐다는 것을 지적했습니다. 진짜 군사작전 하듯 했습니다. 여기서 일정 시기까지 허가 조건을 이행하지 않으면 안 되는데, 건물주가 두 번이나 이행하지 못했습니다. 마사회에서 임대하는 것인데, 그것을 제가 잡아냈습니다. 마지막 세 번째까지 기다렸어요. 한 번 더 통보했지만 그래도 순천시 허가 조건을 이행하지 못했습니다. 그러면 더 이상 안 된다고 허가 취소를 요구했지요. 우리가 하지 말라는 것도 아니다, 마사회 측에서는 허가 받으면 그걸로 계약이 성립하는 건데, 민주주의 국가의 경제활동에서 계약하고 허가까지 났는데 다시 취소한다는 것은 신뢰의 원칙에 어긋나는 것이다, 하지만 세 번이나 유예를 해줬는데 받지 못했지 않느냐, 이번에 못 받으면 안 한다고 하지 않았느냐, 그렇게 했습니다. 저는 억지로, 허술하게 하지 않았어요. 마사회 회장과 마사회 변호사들, 법무팀장들, 그리고 순천의 시민단체 분들까지 다 있는 데서 두 시간 동안 법리 논쟁을 해서 제가 이겼습니다. 결국 결정을 받아냈습니다. 지역을 위해 그렇게 했고요. 힘없고 돈 없는 사람들 눈에서 피눈물 나지 않게 사회적 약자를 위해 일하겠다는 약속을 지켜냈지요.

지 '부도 공공임대주택 임차인 보호를 위한 특별법'을 제안하고, 만들어낸 것도 드라마틱하던데요.

서 그것도 제 아이디어입니다. 제가 직접 만든 법입니다. 정부안이 아니고요. 나중에 청와대에 있던 후배 하나가 "형님. 진짜예요? 어마어마한 일을 형님이 직접 하신 거예요. 대통령께서 국무회의에서 화를 내시며 '이게 정부냐, 정부가 있느냐, 해결책을 내놓으라'고 다그쳐도 2년 동안 답이 없다고 했던 일입니다. 엄청난 건데, 진짜 형님이 하셨어요?" 제 자랑이 되고 마는 거라 말씀드리기 좀 그렇지만, 대통령님도 못한 일을 제가 했습니다. (웃음)

순천의 임대아파트 금강 메트로빌 750세대가 부도나서 사람들이 거리로 나앉아야 하는 상황이 되었다는 소식을 들었습니다. 저는 그 소식을 듣고 안타까웠지만 방법이 없다고 생각했어요. 입주민 대표들이 제 사무실로 찾아와서 하소연할 때에도 "아파트 같은 공공임대주택에 사는 사람들은 그나마 처지가 나은 사람들입니다. 반지하에서 사는데, 주인이 부도내고 야반도주해버리면 정부에 데모하고 국회의원 찾아가서 떼인 돈 받아내라고 얘기할수 있겠습니까? 여러분들은 공동주택에 사니까 집단의 힘으로 대처할 수 있지만, 여러분들보다 훨씬 더 어려운 사람들도 있지 않습니까? 안타깝지만 그게 우리 사회의 현실입니다. 그래서 이걸 해결해드리겠다고 약속해줄 수는 없습니다. 안 되는 것을 어떻게 약속하겠습니까? 그러나 집 없는 사람의 설움을 저도 압니다, 저도 박봉인 하급 철도공무원의 아들로 태어나서 중학교 때까지 셋방에서 살았고, 셋방 사시면서 어머니가 서럽게 우시는 모습도 어려서부터 봤습니다. 여러분들의 힘들고 어려운 일들을 제 가슴속에 넣어두고, 혹시나 방법이 있는지 찾아보겠습니다. 여러분과 똑같은 심정으로. 하지만 지금 당장 여러분에게 뭘 해드리겠다고 약속을 못 하겠습니다"라고 했습니다.

부도난 임대아파트가 전국에 3만 5천 세대가 넘었습니다. 사시사철 여의도에서 과천에서 데모를 하고 있더라고요. 그분들의 어려움을 해결할 방법이 없을까. 가슴속에 품고 있었는데, 어느 날 갑자기 생각이 나더라고요. (웃음) 지금도 임대주택기금으로 임대아파트를 짓고 있잖아요. 다 못 지어요. 반도 못 짓습니다. 남습니다. '사랑으로' 부영이 그걸 했던 유일한 기업이었어요. 자고 나면 아파트값이 올라서 하나만 분양받아도 수천만 원씩 떼돈을 버는데, 누가 임대아파트를 짓겠어요. 그 뒤로 주택 시장이 나빠지자 임대주택 쪽으로 가면서 부실기업이 생기고 그 난리가 난 거예요. 큰 틀에서 보면 정부 입장에서도 책임이 없다고 할 수 없죠. 정부를 믿어서 그런 일이 생겼는데요. 고의는 아니지만, 어쨌든 관리 책임은 있는 거죠. 그래서 제가 "아니 군이 꼭 임대주택을 새 아파트로만 지어서 공급하라는 법이 없잖아요. 주택공사가 임대주택사업자가 되어서 부도난 아파트를 싼값에 인수할 수 있잖아요. 부도난 금액이 얼마 되지 않습니다. 그렇게 계약 만료로 나갈 사람에게 돈 돌려주고, 들어올 사람 받으면 주택공사는 공기업으로 신뢰성이 있으니까, 그러면 되지 않습니까? 한 방에 문제가 해결되고 돈도 얼마 들지 않습니다"라고 했습니다.

돌아가신 강봉균 장관이 군산 국회의원이고, 우리당 정책위 의장이었습니다. 장·차관만 해도 대여섯 번인가 할 정도로 대한민국에서 그보다 더 잘난 경제 전문 관료가 없다고 할 정도였는데요. 군산에 4,000세대가 부도가 났습니다. 그것도 3, 4년이 넘었습니다. 제일 먼저 찾아갔죠. "장관님, 이런 일이 있는데요." "그건 대통령이 아니라 하느님이 와도 안 돼요. 수십조 돈이 들어가는데, 누가 어떻게 한단 말이오?" "그러면 그 사람들은 어떻게 합니까? 그래도 정치인이 돼서 뭔가 같이 해결하려고 머리를 맞대야 되는 것 아닙니까?" "서 의원은 안 그러는 줄 알았더니 마찬가지네. 서 의원도 그런 생각을 하고 있어?" 하면서 막 야단을 치더라고요. (웃음) 저랑 친하거든요. "그래도 힘든 사람들을 모른 체할 수는 없지 않습니까?" "안 되는 건 안 되는 겁니다."

그래서 나중에 다시 찾아가서 해결 방안을 말씀드렸지요. 저를 뻔히 쳐다보면서 "서 의원, 그 방법을 어떻게 찾아냈어?" "제가 기도해서 하느님이 준 선물이에요"라고 했습니다. (웃음) 그러니까 기도에 관한 유명한 책을 하나 주더라고요. 어쨌든 처음에는 추병직 국토교통부 장관도 못하겠다고 했습니다. 이해를 못하니까, 나중에 시행하기로 결정한 후에 장관이 왔습니다, "대통령님께 제가 보고를 하면 안 되겠습니까?"라고 하길래 "대통령한테 장관이 보고하는 거지, 국회의원이 보고합니까? 하루라도 법이 빨리 만들어져서 힘든 사람에게 도움이 되어야죠"라고 답했습니다.

그런데 이게 통과가 되려면 정부에서 오케이 사인이 나야 합니다. 예산이 들어가기 때문에 정부에서 반대하면 못합니다. 제가 그렇게 했죠. 나중에 대통령님께 자초지종을 말씀드렸더니 "용하네"라고 하셨습니다. (웃음) 반신반의하셨겠죠. 그런 절차였습니다. 그때 민주노동당이 제 법을 그대로 베껴서 냈더라고요. 그다음 신한국당에서도 내 것과 똑같은 법안을 내고. 어차피 이건 논란을 일으킬 필요가 없고, 생색낼 것도 아니고, 내가 건교위도 아니었으니까. 그 속에 발의자 이름으로는 들어가 있지만, 최종 통과되면 위원회 안으로 나와요. 서갑원 이름으로 안 나와도, 그렇게 도용해가도 "각자 알아서 빨리 합시다" 해서 만들었어요. 순천 사람들은 몇 달 고생 했지만, 다른 지역은 3년 넘게 여의도와 과천으로 가서 한여름 아스팔트 위에서 빨간 조끼 입고 띠 두르고 데모하고, 엄동설한에도 그랬습니다. 그 전까지는 그 사람들이 누군지 제 눈에 들어오지 않았습니다. 저한테 누가 설명해주지 않으면 그게 뭔지 모르니까요. 일일이 다 관여를 할 수 없잖아요. 우리 순천에 그런 일이 생기고 나서 보니까, 그게 그 사람들만의 일이 아니고, 우리들의 일이고 나의 일이더라고요.

지 그분들의 어려움을 가슴에 품고 계셨다고 했는데, 결국 해내셨네요.

서 집 없는 사람들의 서러움과 고통을 저도 알고 있으니까요. 내 가슴속에 묻고 고민하겠다는 그 말을 듣고 하느님께서 아이디어를 주신 거죠. 대통령이 국무회의장에서 장관들을 다 모아놓고 "정부가 있느냐 없느냐" 하면서 난리를 쳐도 안 된다고 한 일입니다. 수십조가 들어가는 일이라고. 하지만 돈 몇 푼 안들이고 다 해결했죠. (웃음) 지금도 순천의 할머니 할아버지들이 제 손을 잡고 "삼사천만 원 가까운 돈을 서 의원 때문에 지켰어. 그때 고마웠어. 우리가 잊지 않고 있어" 하십니다. 그게 우리 순천에서도 시행되었고, 광양에서도 시행되었습니다. 다른 국회의원들은 다 자기가 했다고 하지만, 그게 무슨 상관입니까? 저 때문에 집에서 쫓겨나지 않은 분들을 보는 것, 그분들이 감사의 말을 전하는 것만으로도 얼마나 보람 있는 일입니까? (웃음)

지 '장애인기업활동촉진법'도 통과시키셨잖아요. 그게 17대 국회 열린우리당 당론 1호 의원입법이었다고요.

서 제가 어릴 때 업어주고 목욕시켜주던 고모는 말도 못하고 듣지도 못한 청각장애인이었지만 참 좋은 분, 따뜻한 분이셨어요. 또 어릴 때 저녁밥 먹고 심심하면 놀러갔던 이웃집의 친한 형이 시각장애인이었는데, 눈은 어두워도 기억력이 비상했고 머리가 참 좋은 형이었지요. 그래서인지 장애인 문제에 대해서는 참 마음이 많이 쓰였어요. 제가 국회의원 하면서 우리 비서들한테 장애인 문제와 여성 문제는 "상임위와 상관없이 공적 업무로서 국회의원이 해야 할 최소한의 의무로 여러분들이 생각해달라"고 요청했습니다. 그런데 어느 날 누가 나한테 법안을 하나 가지고 왔습니다. 16대 때도 안 됐던 건데, 지금은 벤처중소기업부로 바뀐 중소기업청 소관의 '장애인기업활동촉진법'이라는 법입니다. 장애인들 기업 활동의 지원 근거를 만들어주는 법이에요. 법안을 보니까 취지가 좋더라고요. 장애인들이 복지의 일방적인 수혜 대상이 아니라, 기업 활동을 통해 적극적으로 당당하게 돈을 벌고 수입이 생기면 세금도 내는, 그래서 당당한 시민으로 살아갈 수 있도록 한다면 그보다 더 좋은 장애인 정책이 어디 있습니까?

　그런데 이 과정에서 복지부, 노동부, 기획재정부까지 문제가 뭔지는 아는데, 다 안 된다고 했습니다. 자기 영역 침범이라는 겁니다. 장애인 문제는 자신들의 소관이라는 거죠. 중소기업청 외에 모두 반대하는 겁니다. 그래서 제가 담당 국·과장들을 모두 불러서 "나는 이걸 해야겠다. 도와주라, 반드시 시행한다"고 그랬습니다. (웃음) "내가 국회의원으로서 행사할 수 있는 모든 권한을 동원해 반드시 법안을 통과시켜서 장애인들이 당당한 시민으로서 권리를 누리며 살아가도록 작은 힘이 되고 싶다, 그렇게 한번 길을 열어주고 싶다, 도와주라, 우선 각 부처별로 일주일이고, 열흘, 다음 번 우리가 모여서 회의할 때는 원론적으로 '이렇게 하면 됩니다. 안 됩니다'가 아니라 어차피 해야 될 것이니까 이걸 했을 때 생기는 부작용들을 다 파악해서 알려달라. 복지부는 복지부대로, 기재부는 기재부대로, 노동부는 노동부대로 문제를 가져와라, '우리는 이런 것들 때문에 안 된다'는 점을 구체적으로 논의해보자, 진짜로 안 되는 거면 할 수 없지만, 우리가 서로 머리를 맞대고 이런 정도는 이렇게 저렇게 해체하고 정리할 수 있으면 기왕이면 해보자, 진짜로 안 되면 할 수 없지 않느냐, 그러나 해보지도 않으면 안 되는 것 아닌가, 이런 논의는 한 번도 안 한 것으로 안다, 어쨌든 나는 죽기 살기로 할 것이다, 어떤 어려움이 있어도 그런 의지로 이겨내자." 그렇게 모두 정리했어요. 이게 17대 국회 여당인 열린우리당의 1호 당론 입법이었습니다. 통과시켰어요.

예산도 확보하고 건물까지 마련하고 사업도 잘 진행되었는데, 현재는 생각보다 원활하지 않은 것 같습니다. 잘 챙겨보아야죠. 어쨌든 의미 있고, 보람된 일이라고 생각했습니다. 제가 자랑스럽게 생각하는 것은 100퍼센트 우리 팀이 한 일이지, 정부나 유관 기관에서 만들어온 것에 제 이름만 올려놓지 않았다는 겁니다. 장애인기업활동촉진법은 기본적으로 작업해왔던 소스가 있었죠. 그러나 그것만 가지고는 안 됩니다. 아이디어만 있었기 때문에 내용을 다시 만들어야 했습니다. 새롭게 조사한 내용도 많고요. 그런 일들이 국회의원으로서 해야 될 기본 책무가 아닐까요.

여수 엑스포를 위해
정경이 유착하다

지 여수 엑스포 유치 활동 얘기도 좀 해주시죠.

서 우리 순천 일도 일이지만, 순천 것만 챙기지는 않았습니다. 전라남도와 동부 지역 우선으로 여수, 순천, 광양이 하나가 되어야 한다고 생각했거든요. 그러기 위해서라도 여수 엑스포는 할 수 있는 한 최선을 다해야 되겠다고 생각했습니다. 제가 여수 엑스포 유치 특위에 들어갔고, 간사까지 맡아서 했어요. 지역 국회의원이니까. 엑스포가 유치되면 여수만 잘되는 게 아니잖아요.

그때 현대그룹의 정몽구 회장의 역할이 정말 컸습니다. 실제로 노 대통령님께서도 도와달라고 직접 부탁을 하셨고. 그래서 유치 위원회 명예위원장을 맡으셨죠. 본격적으로 직접 함께 다닌 것은, 기아자동차 슬로바키아 공장 준공식을 위해 국회 산자위원장과 같이 갔을 때입니다. 야당 의원이 위원장이고 제가 간사인데, 국회에서는 여야 의원 몇 명이 갔습니다. 그런데 갑자기 현대 비서실에서 터키를 좀 같이 가자는 거예요. "왜요?" 하니까 사실 엑스포 유치 때문에 터키 대통령에게 면담 신청을 해놨다는 겁니다. 대통령의 의전 프로토콜은 다르기 때문에 주승용 의원한테 같이 좀 가자고 했는데, 일이 있다고 못 간다고 했다는 거예요. 김병준 실장한테도 부탁을 했는데 못 간다고 하고, 위원장도 마찬가지고. 자기 일이 아니잖아요. 그래서 저한테 같이 가달라고 요청했습니다. 청와대에도 있었고, 대통령 측근이고 하니까 자기들은 더 좋다고 생각했대요.

결국 전용기를 타고 같이 갔어요. 그때 모로코 탕헤르와 여수가 경쟁했는데, 이슬람 국가라서 터키는 모로코를 지지하기로 했고요. 그런데 그것을 뒤집었어요. 이틀인가 있다가 지지한다고 연락이 왔더라고요. 한 시간 넘게 만났는데, 저와 정몽구 회장과 터키 대사 셋이 대통령궁으로 들어갔어요. 대사는 배석하고. 정몽구 회장이 대규모 지하철 공사를 위해 현대로템 현지 공장 건설을 수주했더라고요. 또 문 닫고 있던 현대자동차 공장을 북아프리카와 러시아 쪽 기지로 리뉴얼하는 행사들도 함께 예정되어 있고. 정몽구 회장은 그런 이야기를 하고, 엑스포 얘기는 저보고 좀 해달라고 했어요. 저도 의전비서관으로 대통령님 모시고 정상회담 등 다니면서 다 보고 배웠으니까요. 대통령궁을 나오면서 정몽구 회장이 진짜로 좋아하더라고요. 어떻게 그렇게 외교를 잘하냐고. (웃음)

그다음부터는 현대자동차에 VIP만 오면 비서실장이 저에게 찾아

● 2012년 여수 세계박람회 유치위원회에서 국제박람회기구BIE 대표단을 초청해 엑스포 여수 개최를 지지해줄 것을 요청했다. 정몽구 명예위원장, 로세르탈레스 BIE 사무총장과 환담하는 모습.

와 참석을 부탁했고 결국은 13개국을 같이 다녔어요. 현대그룹 비즈니스도 하고, 그 과정에서 엑스포 유치 활동도 했는데, 그건 정몽구 회장과 제가 역할 분담을 했죠. 실제로 언론에서도 여수 엑스포 유치 공로자로 정몽구 회장, 김재철 위원장, 전남 도지사, 여수 시장, 정치권에서는 저를 보도하기도 했습니다. 열심히 했죠. 다른 것도 다 포기하고. 저는 그게 여수뿐만 아니고 동부 전남의 역사를 바꾸는 가장 큰 프로젝트라고 생각했습니다. 실제로 그랬습니다. 결과적으로 여수에 1년에 1,200~1,300만 명이 온다잖아요. 그러면 비단 여수만 좋은 것이 아니지요. 최소한 순천을 비롯해 동부 전남도 함께 동반 성장을 하는 거죠.

지 혹시 전남지사를 염두에 두고서. (웃음)

서 그런 생각은 안 했어요. 정치하는 사람으로서 나중에 결과적으로 어떤 수혜가 있을지 모르겠지만, 제가 나서서 결과물을 독식할 의도도 없었고, 그렇게 할 일도 아니지요. 그건 언론에서 그렇게 한 거지. 그러나 여수 순천 광양이 하나로 통합되어야 한다는 신념이 있었고, 그전에 신뢰 확보가 중요하다는 생각으로 열심히 일했지요. 내 할 일은 내가 하는 것이고, 그것을 내 스스로 알리려고 하지는 않았어요. 그래서 맨날 저한테 우리 지역 분들이나 사람들이 "정치인이 돼서 한 일을 홍보해야지, 일만 하면 뭐하나?"고 하는데, 진짜 그렇더라고요. (웃음)

지 중요한 일이잖아요. 성격상 못 하시는 건가요?

서 저도 하기는 했죠. 의정 보고서를 내기도 했지만, 그런 게 제가 한다고 되는 것이 아니잖아요. 게다가 지방자치 시대가 되면서 어디나 약간의 견제가 있어요. 정치인이니까요. 공이 드러나지 않고 오히려 오해를 받기도 하고 섭섭한 일들이 생기기도 하지요.

지 그런 견제가 지나친 경쟁의식들 때문인가요?

서 아무래도 그런 점이 있죠. 그래도 국회의원은 지역의 리더들과 서로 사이좋게 지내고, 협력하고, 함께 순천시와 시민들을 위해 일하는 사람으로 이해되어야 한다고 생각해요. 제가 도덕군자여서가 아니라, 저만의 방식으로 제가 할 도리는 다 하고 싶다는 거죠.

지 노력하신 만큼의 선의와 다르게 해결되지 않는 일도 있으셨겠네요.

서 열심히 순천 밖에서 순천 안을 살찌우기 위해 예산을 따서 가져오는데, 그게 실행되지 않을 때가 있기도 합니다.

지 국회의원이든 시도의원들이든 자기가 따온 예산은 자기에게 권한이 있다고 생각하는 경향이 있지 않나요?

서 저는 그 권한이 없다고 생각했습니다. 제가 예산을 확보해주지만, 집행은 시에서 해야 된다고 생각했어요. 그건 제가 원칙으로 정한 일이었습니다. 결과적으로는 그게 맞더라고요. 노무현 대통령님에게 보고 배운 것이 그겁니다. 곁에서 같이 일하면서.

일은 동기와 명분으로
이루어진다

지 서갑원이 일하는 방식을 알려줄 수 있는 일화를 하나 들려주세요. 전남대학교 병원에 의생명과학융합센터를 만들어주셨다고 하던데요.

서 순천에 대학병원이 있었으면 좋겠다는 요구가 있었습니다. 있으면 좋겠지만, 정부 정책으로 순천에 의과대학을 당장은 설치할 수 없는 상황이었고. 그러다 제가 전남대학교 강연을 한번 갔는데, 전남대 총장이 전남대학교 의과대학의 의생명과학융합센터 자료를 보여주더라고요. 이거 하나 있으면 우리 학교 의과대학이 획기적으로 발전하고 병원의 질도 확 좋아진다는 거예요. "학생들한테 큰 혜택이 돌아갈 수 있는데 말할 데도 없다"면서 혼자 중얼중얼해요.(웃음) 나한테 해달라는 것도 아니고 "이런 게 있다"고만

하는데, 해달라고 해야 "알아보겠습니다" 할 수 있잖아요. 답답하다고 하소연만 하더라고요. 제가 보건복지위도 아니고 교육위도 아니니까, 초선 의원이니까 안 되겠지, 생각했을 수도 있죠.

저도 그걸 잊고 살았는데, 제가 예결 위원이 되면서 계수조정소위원을 했습니다. 그런데 그 당시 재밌는 것은 정부에서 예산을 편성하는데, 국회에서 심의를 하니까 예산 배정 내용에 국회 몫이 있었다는 사실입니다. 국회에서도 각 정당별 현안 사업이 있을 거 아닙니까? 여야별로 그 몫이 좀 있어요.

그래서 계획에도 없던 강진군 마량면에 있는 이순신 장군 전적지 도로 예산까지 해줬어요. 그 도로 때문에 강진에서 제주도로 가는 배도 뜬다고 하더라고. 황주홍 의원이 그때 군수였습니다. 물론 우리 순천에는 더 이상 할 것이 없었어요. 30년 묵은 것을 그때 다 처리했습니다. 경향신문 1면 톱에 났어요. 자기 동네로 예산을 많이 가져갔다고. 비난하는 기사였죠. (웃음) 그러면 어때요. 여태까지 예산 못 가져간 동네에서 그렇게 한 건데. 그래도 남은 것이 있더라고요.

지 그래서 전남대 총장의 부탁을 떠올리셨군요.

서 제가 전남대 총장한테 전화를 했어요. 지난번에 얘기했던 거 아직도 그렇게 생각하시냐고. "해주실 수만 있으면 도와주십시오." 빨리 팩스로 보내라고 해서 내용을 받았지, 전남대학교 의과대학의 500억짜리 사업인데요. 500억이라고 얘기했지만, 490억을 신청해야 됩니다. 500억을 신청하면 그 예산을 못 받아, 그런데 전남대학교만 의과대학이 있느냐, 부산대학교, 경북대학교, 충남대학교, 충북대학교, 전북대학교, 강원대학교도 다 해달라고 할 거 아닙니까? 그래서 예산 부서 입장에서 보면 이런 것이 최악의 사업이에요. 하나 해주면 왕창 다 해줘야 하는 것이라 악성 사업이라고 안 해주는 거죠.

이거 한번 해봐야겠다, 하고 예산실장을 만났어요. 우리 지역구 사업은 아니죠. 전남대학교 병원이 화순에 있습니다. "광주 전남에서 계수조정소위에 나 혼자 들어와 있습니다. 광주 전남 의원의 공통 민원 사항이에요." 제가 그렇게 평계를 만들었어요. 그러니까 "의원님, 이거 아시지 않습니까, 이거 안 되는 사업이잖아요." "뭐가 안 돼요. 왜 안 됩니까?" 하니까 앞에 했던 그 얘기를 하는 거예요. "한번 해봅시다" 하니까 역시 안 된대요. "의원님 아시다시피 심의할 때 보셨잖아요. 국립대 의대니까 교육부 예산으로 나가요. 교육부 예산 중 이번에 신규 예산이 단 한 군데도 없지 않습니까?"라고 해요. 실제로 없었어요. "모든 학교에서 해달라는 거 다 자르지 않았습니까?" "진짜? 있을 것 같은데." 없대요.

제가 준비를 했지만 안 내놨죠. "만약 있으면 어떡할까요?" 역시 없대요. "좋아요, 없다고 쳐요. 내가 한 군데라도 찾아오면 어쩔래요?" 그래도 없대. (웃음) "나랑 내기합시다, 내가 찾아오면 어떻게 할 거예요. 찾아오면 이 사업 해줄래요." 그러니까 해준대요. "하지만 없으면요." "내가 포기하겠습니다. 그런데 찾아오면 해줄 거죠"라고 해놓고

선, 밑에 있는 국장들을 모두 불렀어요. 정해방 예산실장이라고 정말 훌륭하고 능력 있는 공무원인데, "내가 정 실장하고 내기했는데, 교육부 내년 예산에 신규 사업비가 단 한 군데도 들어간 곳이 없으면 내가 화순병원의 의생명과학융합센터를 포기하고, 10원이라도 신규 사업비로 들어가 있으면 이 사업을 해주기로 했다, 맞죠?" 하니까 맞대요. (웃음) "여러분들이 증인입니다, 있으면 이 사업 해주는 것이고, 없으면 내가 포기하는 겁니다." 모두 확인받고, "이틀 후에 봅시다, 내가 찾아올게요"라고 했습니다. 사실 내가 갖고 있었어요. (웃음)

이틀 후에 다시 모여서 한 번 더 확인했죠. "이게 있으면 전남대병원 사업을 해주는 것이고, 없으면 내가 포기하는 거 맞죠. 정 실장님. 지난번에 다 확인했죠. 정 실장님 모교, 서울대학교는 좋겠어요, 여기서 챙겨주고 저기서 챙겨주고, 서울대학교에 있던데" 하니까, 없대요. "알고 있잖아요. 이거" 하니까 난리가 났어요. 그 유명한 황우석 프로젝트, 황우석 센터를 만들기로 한 예산이 반영되어 있었어요. 의과대 신규 사업이지, 정 실장은 이게 도대체 어떻게 서울대 예산이냐고 항변해요. "아시다시피 대통령님께서 지시한 대통령 프로젝트 아닙니까? 형식적으로 서울대 의대로 가는 것이지, 황우석 프로젝트는 국가적 사업이고, 같이 연동되어 있어서 서울대로 가는 것이지, 어떻게 교육부 예산이라고 볼 수 있습니까? 대통령 프로젝트지."

"대통령 프로젝트인 것은 저도 압니다. 예산서에 서울대라고 되어 있고, 정 실장님이 그렇게 대통령, 대통령 하는데 대한민국 예산서에서 대통령 예산 아닌 것 있으면 하나만 대보세요. 대통령 중심제 국가에서 대통령이 정부의 수반이고 행정부의 총책임자인데, 예산 중에 대통령 예산 아닌 걸 하나만 내놔보세요. 전부 대통령 결재 받아서 온 거잖아요. 대통령 예산을 각 부처별로 편성해서, 행정부에서 편성한 것을 제대로 잘해왔는지 국회에서 심의하느라고 이 고생을 하고 있는데, 이걸 가지고 교육부 예산이 아니라고 하면 어떻게 합니까? 제가 국회의원인데, 그게 분간도 안 되겠어요? 국무회의에서 심의 의결해서 대통령이 서명하고 국회의장한테 보내서 국회에서 우리가 심의하고 있는데요. 대통령 예산이라는 게 대통령실 예산을 얘기하는 거죠. 지금 그러면 교육부에다 숨겨서 왔다는 건데요. 책임질 수 있어요? 그러면 내가 국회 본회의장에 가서 문제를 제기해도 됩니까? 행정부에서 우리 국회를 속이고 숨겨서 들어왔는데, 예산이 잘못 들어왔다. 예산 실장이 그랬다. 국회의장에게 보고하고, 정식으로 문제를 삼겠습니다"라고 하니까 미치려고 하는 거죠. (웃음)

"꼭 해야 되는 사업인데, 당신들이 하도 안 된다고 하니까, 내가 이런 황당한 짓까지 하면서 이 난리를 치고 있는 겁니다. 예산은 있는데, 안 된다고 하고, 나는 이걸 해야겠다는 마음은 간절하고. 우리 전라도에, 의료 사각지대에 있는 어려운 사람들이 서울 가서 치료받을 때 고생 좀 덜하고 돈도 덜 들게 하려고 그럽니다. "의원님. 그렇다고 해도 이게 아시다시피 얼마나 나쁜 예산입니까?" 다시 그 얘기를 하는 거예요. "뭐가 나쁘다는 거예요?" "의원님도 인정하시는 거잖아요. 대한민국의 모든 대학에 다 해줘야 되는데, 이보다 나쁜 사업이 어디가 있습니까? 아무런 목적 없이 다 해줘야 되는 이 사업이 정상

적인 사업입니까?" 그래서 제가 그랬어요. 현장에서 순식간에 일어
난 일이에요.

지 갑자기 어떤 말씀을 하셨나요?

서 "정 실장님, 지금 노무현 대통령 정권의 공무원 맞습니까?
참여정부의 예산실장 맞아요. 맞느냐고요? 노무현 대통령의 국정
3대 목표가 뭔지 아십니까? 첫 번째가 균형 발전입니다. 공장 많고
산업 시설 많고, 이것만 균형이 아니고, 내가 볼 때 일반 국민들한
테 제일 불균형한 것이, 전국 팔도 다 가장 평등하지 않고 불균형한
것이 의료 복지라고 생각합니다. 대한민국에서 우리 순천에 살든,
부산에 살든, 제주도에 살든, 전국의 암 걸린 사람들이 자기 동네
병원에서 치료받는 사람들을 봤습니까? 돈이 없어서 어쩔 수 없는
사람들조차도 전부 다 서울대 병원에 한번 가는 것이 소원입니다.
삼성병원, 아산병원에 가서 진단받고, 치료받는 것이 소원입니다.
형편이 안 되서 못가는 것이지, 그런데 실제로 가잖아요. 논밭 팔아
서. 무엇 때문에 그래요. 균형 발전이 안 되어 있으니까 그런 거잖
아요. 전남대, 부산대, 경북대, 제주대, 강원대 병원이 서울대 병원
의 70퍼센트도 안 된다고 생각하니까 그런 거잖아요. 아산병원, 삼
성병원보다 못하다고 생각하니까 서울로 올라오는 것 아닙니까?
그러면 그게 단순하게 수술비 문제가 아니고, 수술 받고 왔다 갔다
하는 경비는 어떻게 하며, 간병은 어떻게 하며, 시간은 어떻게 합니

까? 그 불편함과 비용을 모두 감수하고 서울로 올라오는 이유가 뭡니까? 동일하다고 생각하지 않기 때문에 오는 것 아닙니까? 그런데 대한민국 예산이 얼만데, 이 돈 500억으로 전남대 병원이 서울대 병원의 70~80퍼센트만 유지가 된다면 이게 낭비입니까? 전남대 총장이 그 정도는 할 수 있다고 합니다. 전남대 병원에서 몇 년 성과를 내면 다른 곳에서 해달라고 하지 않더라도 해줘야 하는 것 아닙니까? 이게 지역 균형 발전의 핵심 사업이라고 생각합니다." 그러니까 마지못해 해줬습니다. (웃음)

지 정말 간절한 호소를 통해 예산을 따셨네요.

서 전남대 화순 병원에 가면 있어요. 제가 초선 때 그랬는데, 그러고 나서 잊고 있었어요. 나중에 중국 갔다 와서 문병을 갔어요. 확인해보았더니 거의 모든 대학에 하나씩 있더라고요. 또 요즘은 교통이 너무 좋지 않습니까? 예를 들어 전대 화순병원은 우리 순천에서도 40분이면 갑니다. 여수에서도 한두 시간이면 갑니다. 목포에서도 한 시간. 신안 등 섬에서 배 타고 나오는 곳을 제외하면 광주 전남 전역에서 아무리 멀어도 한 시간이면 갈 수 있는 거리입니다. 서울에서 삼성병원, 아산병원 가려면 보통 웬만한 지역에서 한 시간 이상 걸립니다. 그 동네 사람들 아니면. 다른 대학 병원들도 마찬가지라고 생각합니다.

결국 거점 중심 병원이, 똘똘한 병원들이 있고, 나머지 로컬들이 함께 기능해야 되는데요. 각 시 단위마다 의과대학이 있을 수는 없잖아요. 저는 의료의 균형 발전은 그렇게 만들어진다고 믿고, 그렇게 가야 된다고 생각했습니다. 자원과 예산은 한정되어 있고, 각 지역 인구가 감소하고, 교통은 날로 좋아져서 도로가 어마어마하게 잘 발달되어 있는데요. 30~40분이면 다 가는 거리거든요. 그 정도면 별문제가 없잖아요. 그래서 개인 병원이 할 수는 없는 일이니까 국립대 의대 생각이 나서 그렇게 아이디어를 모으고 정책적으로 입안해서 반대하는 관료들과 힘겨루기까지 하면서 그것을 해준 겁니다.

4

순천의 반보 뒤에
서는 정치

시간 2019년 8월 15일 오후 7~11시
장소 국민대학교 법학관 213호

반보 뒤에 서는
정치를 시작하다

지 이번 총선은 개인적으로 쉽지 않을 것 같은데요. 어떻게 치르실 생각이신가요?

서 그동안 정치적 시련으로 아팠고 상처도 남았지만, 그 시련을 거쳐 조금 더 단단하게 익어간다는 생각이 들었어요. 익어간다는 것은 고개 숙일 줄 아는 사람이 된다는 것이겠지요. 진심으로 순천 시민을 위해 초심初心을 잃지 않고 하심下心으로 뚝심 있게 뛰려고 합니다.

지 언론 보도나 그런 것을 통해 적대감을 가지거나, 오해를 하시는 분도 있을 텐데요.

서 서로 반대 진영에서 선거를 치르다 보면 본의 아니게 적이 되잖아요. 그래서 생기는 오해도 있고, 뭐 여러 가지가 있지만, 어쨌든 저는 고장 난 부분은 빼내고 고쳐서 새것으로 갈고, 닦을 것은 닦아내고, 고칠 것은 고치고, 조일 것은 조이고, 새것처럼 만들어서, 어쩌면 새것보다 손에 익고 더 편하게, 성능도 좋게 해서 내놔야 합니다.

지 순천 지역뿐만 아니라 전라도에서 지난 총선 때 판이 확 바뀌었잖아요.

서 지금 민주당이 없어요. 실질적으로 사람들이 없습니다. 지금까지 지역적으로 전라도가 가장 중요한 정치의 계절인 선거 시기에 전략적인 정치적 판단을 잘해왔고, 또 실질적으로 진보 진영과 민주주의 발전에 커다란 역할을 해왔습니다. 그런데 지금 전라도에는 정치가 부재한 상황이죠. 물론 이낙연 총리가 차세대 주자 1번으로 부상했지만, 실제로 DJ 같은 정치 지도자나 정치인이 없는 거나 다름없잖아요. 지역의 정치가 사라진 거예요.
정치를 하는 사람으로서 지역 주민들한테 미안하고, 또 그만큼 사명감도 큽니다. 저도 이제 어느덧 중진이 되었습니다. 우리 또래들이 중진 반열에서 차세대 리더로서 정치적 역할을 하고 있고, 당대표를 제외하고는 사무총장도 그렇고, 원내대표도 그렇고, 장관들도 그렇고, 지역을 발전시켜야 하는 일꾼으로서도 그렇고 그간의 경험과 역량을 발휘할 때가 되었다고 생각합니다. 선배들이 그러더라고요. 다시 복귀만 가능하다면 중간에 한 번 쉬는 것도 나쁘지 않다고. 저도 재선을 거쳐 삼선을 향해 가는 건데, 그사이에 잠깐 쉬었잖아요. 하지만 어디서 뭘 하던 제가 하고 있는 일과 제가 만나는 사람의 기준은 그것이 순천에 필요한 일인지, 순천에 도움이 되는 사람인지 하는 거였습니다. 늘 제 생각의 도착지는 순천이었요. 그냥 쉬는 것이 아니고, 저한테 많이 도움이 되었고, 제삼자의 입장, 국외자 입장, 시민의 입장에서 들여다보니까 제가 뛰던 링이 더 잘 보이더라고요.

지 아무래도 바둑을 둘 때 옆에서 보면 더 잘 보이죠. 어떤 면에서 그런 건가요?

서 현상에 매몰되어서 지엽 말단에 있는 것만 봐왔는데, 진짜로 국민들이 피부로 느끼고 원하는 정치를 해야겠다는 생각이 들었습니다. 아주 사소한 것에 매몰되어 싸웠더라고요. 국민들은 아무 상관도 없는 일을 가지고, 저희들끼리 맨날 치고 박고, 그런 것이 눈에 보이기 시작한 거예요. 진짜로 본질적인 것은 코피가 나도록 싸워야겠죠. 그게 정치니까요. 그렇지만 본질적이지 않은 것은 이렇게 가나 저렇게 가나 별 차이가 없어요. 그렇게 싸우면서 날치기니 뭐니 하지만 나중에는 같이 가요. 아무 상관없잖아요. 우리가 죽기 살기로 안 된다고 했던 것들 중에 대세에 지장이 없는 일들이 많습니다. (웃음) 국민들을 향한 것들이 아니기 때문입니다.

진영 논리는 진영 논리대로 무시할 수는 없지만, 가치의 문제, 철학의 문제, 이념의 문제가 없지는 않지만, 상당수 국민들에게 필요한 것은 결국 대화하고 타협해서 최대 공약수를 찾아가야 하는 것 아닙니까? 그러니까 100 대 0이 아니고 51 대 49의 게임이에요. 그러면 설사 49라도 0보다는 나은 거잖아요. 정치에서 국민을 위한 협상을 하는 데 '전부 아니면 전무'가 어디 있겠습니까? 49 대 51이지. 그러면 비록 소수여서, 지금은 야당이라고 해도 우리가 하고자 하는 것을 다 관철시킬 수는 없겠지만, 49의 게임은 할 수 있다는 거죠. 제가 국회의원 할 때 원내 수석으로 홍준표 대표와 협상하면서 한 얘기가 55 대 45로 하자는 거였습니다. 밖에 있으니까 그게 더 분명해지더라고요. 우리는 '전부 아니면 전무'라는 식으로 게임을 해요. 죽기 아니면 살기로. 정치에서 그런 게 어디 있습니까? 전쟁입니까? 정치는 타협과 협상이라는 거죠.

그렇다고 원칙을 다 깔아뭉개고 가자는 말은 아닙니다. 본질적인 것은 지켜야 합니다. 그건 전쟁을 치러서라도, 목숨을 걸고라도 지켜야죠. 민주주의를 훼손하는 세력들에 맞서 헌법적 가치를 지키고, 그 가치를 수호하기 위해서는 목숨을 걸고서라도 해야 되는 일이 있고요. 그러나 국민들의 삶과 직결되는 것이 대부분인데, 그런 일까지 우리가 '올 오어 낫싱' 게임을 할 수는 없다, 그건 정치가 아니다. 그렇게 정치를 복원해야 합니다. 그건 국가 간에도 마찬가지 아니겠습니까? 좀 더 지혜롭게, 좀 더 크게, 그러면서도 치밀하게 하나하나 챙길 것들은 챙겨야 하죠. 그런 시각이 더 분명해졌습니다.

지 예전에 유시민 의원이 재밌는 얘기를 했는데요. 원숭이는 나무에서 떨어져도 원숭이인데, 국회의원은…… (웃음)

서 떨어지면 아무것도 아니죠.

지 떨어지고 나서 가장 불편한 점은 어떤 건가요?

서 이렇게 얘기하면 거짓말처럼 들릴 것 같은데요. 저도 비교적 젊은 나이에 국회의원이 됐습니다. 그 세계를 많이 경험했습니다. 국회의원은 아니었지만, 노무현 대통령을 모시고 정치를 배웠습니다. 10년 동안 국회의원이 아닌 상황에서도 정치를 하고 살았습니다. 그러다 보니까 제가 그 안에 있을 때도 별로 마음이 편하지 않았고, 좋은 것도 없었습니다. 개인적으로는. 그러면 사람들이 욕하겠죠. 거짓말을 한다고 할 텐데요. 실제로 특권을 누린 것은 아니거든요.

지 국회의원이 사실 제대로 일을 하려고 하면 끝이 없잖아요.

서 현재 제가 국회의원이 아니라고 해서 그렇게 불편하지는 않아요. 단지, 정치가 잘못 가고 있거나, 지역에서 이런저런 부탁을 하고 불편한 일들을 얘기하거나, 우리 지역에서 해야 될 정책이나 법안, 또는 억울하다고 하소연하는 일들을 국회의원 시절에는 보좌관들과 상의하고, 직접 장관들과 이야기하고, 또 필요하면 법을 발의하거나 예산을 확보하기 위해 뛰어다니고, 국정 감사나 국회의원의 권한을 통해 하나하나 밝히고, 바로잡을 것은 바로잡았는데, 그게 어느 순간 내가 직접 할 수 없는 일이 되어버렸다는 것입니다. 다른 사람한테 부탁을 해야 되잖아요. 그런 것이 불편하죠.

지 국회의원이면 직접 할 수 있는데.

서 그게 제가 지금까지 해오던 것들인데요. (웃음) 유시민 선배는 이제 정치하고 담을 쌓은 사람이고, 저는 정치권으로 되돌아가야 하는 사람입니다. '다시 어떻게 해서든지 정치를 해야 된다. 나보다 잘할 수 있는 사람이 없다'는 마음가짐으로 제가 제일 잘할 수 있는 것을 준비하고 또 준비했습니다. 그런 것 외에 사소하게 개인적으로 편리하거나 불편한 일들은 그렇게 썩 저에게 다가오지 않았습니다. 특권이 많다고 하는데, 사실 저는 잘 모르겠습니다. 그건 아마도 국회의원 자체를 특권으로 여기는 인식 때문이 아닐까요?

지 노무현 대통령과 함께할 때부터 정치를 한다고 생각하셨고, 직책 같은 것과 상관없이 정치라는 큰 영역 안에 있었다는 말씀이네요.

서 그런 틀 속에 있었기 때문에 특별하게 불편하거나, 소외

감을 느끼거나 하지 않았어요. 처음부터 그랬습니다. 한 10년 남짓 그런 역할을 했고, 지금 한 7년 밖에서 이러고 있는 것 아닙니까? (웃음) 또 다시 들어갈 것이고, 제가 그 일을 할 것이고, 큰 틀 속에서 보면 정치를 계속하고 있는 거죠. 대통령 선거도 정권을 교체하기 위해서 최선을 다했고, 지구당 위원장으로서 일하고 있고, 최근 1년 반 동안 대학총장을 했으니까 조금 다르다고 하지만, 큰 틀에서 보면 정치의 연장선상입니다.

지 생활은 어떻게 하셨나요?

서 아내도 일을 했습니다. 좀 내성적이라 국회의원 부인들 모임에도 잘 안 갔는데, 재선 때 수석 부대표를 하니까, 원내대표 부인이 부인회 회장이 되고 수석 부대표 부인은 총무가 되는 거예요, 그래서 부인들 모임에 가게 되었습니다. 총무니까 만나서 이런 저런 얘기를 듣게 되었죠. 다른 국회의원들도 다 그런 줄 알았대요. 10원 한 푼 가져다주지 않는다고. 맨날 돈 때문에 허덕거리고 사니까, 어떤 때는 집에서 돈을 타다 쓰고 그랬으니까요. 국회의원은 그런 줄 알았는데, 한 사람도 그런 사람이 없다는 거예요. "월급을 가져다준다는데, 당신은 도대체 뭐냐?" (웃음) 실제로 후원금이라든지, 세비를 다 사무실에서 관리했거든요. 저는 다른 사람들도 대체로 그런 줄 알았어요. 노 대통령도 그러셨던 것 같은데요. (웃음)

지 그것도 배우신거네요. (웃음)

서 국회의원 임기 1년 남았을 때인가 집에서 하도 어렵다고 해서 사무실에 얘기해서 1년 정도는 집에 돈을 보내줬던 것 같아요. 몹시 서운했나 보더라고요.

지 다시 국회의원이 될 경우, 의정 활동의 목표로 삼은 부분이 있나요? 순천 지역 문제도 있고, 여의도 정치도 있을 텐데요.

서 저도 어느덧 삼선이 되는 거네요. 정치인으로서의 역량을 나름대로 발휘했죠. 재선 때는 원내 수석 부대표를 했고, 정개특위 간사도 했고, 예결위 간사도 했어요. 예결위도 재선 동안 계수조정 소위도 두 번인가 했고요. 예결 위원을 세 번 했습니다. 저만큼 많이 한 사람도 드물 거예요. 전에 보좌관 했던 친구가 언젠가 나한테 그러더라고. "의원님 그거 아세요? 의원님이 우리를 얼마나 일을 많이 시켰는지, 의원님이 간사를 열 번을 했습니다"라고 해요. "뭘 열 번을 해?" 하니까 세어 봤대요. 열 번을 했다고 그러더라고. 진짜 열심히 했어요. 초선, 재선 때 간사를 열 개 했다는 것은 그만큼 역할들이 많았다는 것 아닙니까? 도당 위원장도 하고, 재선 때까지 정치적 역량도 발휘하고, 국회의원으로서 능력도 발휘했으니 그만큼 검증도 됐다고 생각해요. 당의 평가도 좋았고, 여러 의정 활동 지수를 봐도 전체 의원들 중에서 몇 손가락 안에 들어갈 정도로 좋은 평가를 받았습니다. 이제 중진이 됐는데, 정치적·정책적 역량이나 네트워킹, 야당과의 관계에서 정치력을 발휘할 수 있는 내용들을 착실하게 준비해왔고, 또 그런 능력을 발휘할 수 있으면 좋겠어요. 지금 그게 필요할 때 아닙니까? 여당이든 야당이든.

지역적으로 보면 앞서 얘기했듯이 지금 호남 정치가 부재한데, 호남 정치를 다시 복원시키고 부활시켜야 합니다. 호남이 진보 진영의 본산이자 거점 아닙니까? 그 지위와 역할을 다시 찾아야 한다고 생각합니다. 제가 그 중심 역할을 하고 싶고. 지역에서 보면 그간에 과거 민주노동당과 현재 자유한국당에서 의원을 배출하여 나름대로 지역 발전을 위해 열심히 했다고는 하지만, 다른 지역에 비해 상대적으로 공백이 많다고 생각합니다. 더군다나 순천과 전남 동부 지역이 다른 곳에 비해 산업적 기반이나 재정 자립도가 상대적으로 취약하지 않습니까? 복지 지원도 그렇고, 교육 지원도 그렇고, 상대적으로 지자체의 재정이 취약하니까, 소외 계층에 대한 예산 지원도 그렇고, 상대적으로 떨어집니다. 절대적으로 부족합니다. 청년 취업, 지역 경제 발전, 교육이나 복지 같은 분야들에서 좀 더 비전을 가지고 역할을 해야 되겠다고 생각해서 착실하게 준비해왔습니다.

지 지역의 맹주가 되기 위한 야심을 가지고 계신 건가요? (웃음)

서 이 시대에 맹주가 어디가 있겠습니까? 그러나 그 논의를 해나가는 과정에서 중심을 잡는 일을 해야 한다고 생각합니다. 정치적·정책적 역량이나 네트워킹, 각 분야별로 제가 뒤지지 않는다고 생각합니다. 공백기에도 그런 역량을 쌓기 위해서 애를 써왔고요.

지　의원으로서, 정치인으로서 가장 큰 장점은 뭐라고 생각하십니까?

서　추진력, 그다음에 조정하고 통합하는 능력이 남다릅니다. (웃음) 야당하고도 대화가 잘됩니다. 소통하고. 소위 '꼴통 의원'들과도 대화가 잘됩니다. (웃음) 그러니까 재선 시절 원내 수석 부대표로서, 예결위와 정개특위 간사로서 함께 일했던 파트너들과 지금도 개인적으로는 친하게 지냅니다. 치열하게 싸웠어도, 서로 반목하거나, 그러지는 않았습니다. 그런 능력이 좀 있는 것 같습니다.

지　친화력이 있으신 거네요.

서　그런가요? (웃음)

21대 총선을
전망하다

지 내년 총선 자체가 의원님도 그렇지만, 당으로서도 중요한 선거인데요. 총선 전망은 어떻게 보십니까?

서 국민들이 촛불로 부당한 대통령을 탄핵하고, 촛불로 탄생한 문재인 정권인데, 결국은 의석수가 절대적으로 부족해서 국가 개혁이 어려운 현실입니다. 우리 국민들이 그 사실을 너무 잘 알고 있지 않습니까? 의회 권력이 수반되지 않는 행정 권력은 반쪽이라는 것을 우리 국민들도 절감하고 있다고 생각합니다. 남북문제도 그렇고, 민생 문제도 그렇고. 우리 국민들이 정치권보다 더 지혜롭잖아요. 그래서 이것을 좀 바로잡아 줄 거라고 생각해요. 지금 야당이 대안 세력으로서 자기 역할을 잘 수행해 나가고 있지 않기 때문에, 그리고 과거 자기들의 과오를 처절하게 반성하고 성찰해서 새롭게 비전을 제시하고 있지 않잖아요. 지금 생떼를 쓰는 모습들을 우리 국민들이 똑똑히 기억하고 있을 거라고 봅니다.

지 당 차원에서 총선 전략을 어떻게 세워야 한다고 보십니까? 어떤 구도를 만드는 것이 전략일 텐데요.

서 큰 틀에서 당 전략을 고민해보지는 않았지만, 국가적으로 보면 경제와 남북문제 두 가지 아니겠습니까? 지금 일본의 아베 수상이 경제 보복을 통해 불장난을 하고 있지만, 이런 갈등은 시간문제일 뿐 서로 조정해나갈 것이라고 봅니다. 우리 국가적 차원, 특히 여당 입장에서 보면 국민이 먹고사는 문제, 경제와 실업 문제가 여전히 중요한 이슈죠. 남북문제도 미국과 북한이 관련되어 있지만, 결국 우리가 얼마만큼 슬기롭게 설득하고 그 과정에서 얼마나 주도적인 역할을 해내는지가 중요합니다. 그런 것들이 이번 총선에서, 또 그 이후 그런 판을 주도할 역할을 하기 위해서라도 의석수가, 의회 권력이 필요하다고 생각합니다. 그런 것들을 국민들과 같이 고민하고 설득해야 되겠죠. 꼼수를 부린다고 될 일은 아니지 않습니까?

지 지금쯤이면 유력한 차기 대선 주자가 나와야 되는 것 아닌가요?

서 예전에도 지금쯤 유력한 차기 주자가 나왔었나요?

지 유력하다고 보이는 사람들은 있었던 것 같은데요.

서 여당과 야당은 좀 다르니까, 이번 총선 과정을 거치면서 차기 대권 후보들이 부각되겠죠. 지금도 이낙연 총리나 박원순 시장, 김부겸 의원 등 여러 사람들이 거론되고 있고, 야당도 황교안 대표 등이 있지만, 여야 공히 이번 총선을 거치면서 좀 더 분명해지지 않을까 생각합니다. 지금은 다 고만고만해 보이지만, 그 후보들 중에서 새로운 리더가 총선을 거치면서 윤곽을 드러내겠죠. 총선이라는 것이 그런 계기가 되는 것 아니겠습니까? 이미 확고한 지위를 가지고 그것을 굳혀나가는 경우도 있지만, 총선을 통해 그것을 확인받는 경우도 있다고 봐야 되겠죠. 지금으로서는 우리가 집권당으로서, 대통령이 만 2년이 지나 3년 차로 가고 있는데, 절반 정도 지난 것 아닙니까? 집권 여당의 특성상 차기 리더십을 공개적으로 얘기하기에는 아직 이르다고 생각합니다.

지 큰 정치적 이벤트니까 그걸 통해 MVP 후보가 드러날 수 있다는 거네요. (웃음)

서 전국 선거라는 것이 그런 과정이지요. 외국처럼 대통령이 나서서 지원 유세를 할 수 있는 그런 헌법 질서가 아니잖아요. 그런 측면에서 자연스럽게, 총선을 통해 차기 리더가 분명히 드러나겠죠. 총선을 잘 활용해서 리더로 부상해야, 진정한 리더십을 확보할 수 있는 게 아닐까요?

지   구체적으로 총선 이슈는 뭐가 될까요? 자유한국당은 경제 문제 등을 들어서 정권 심판을 이야기할 텐데요.

서   결국은 좀 더 개혁이 되어야 된다, 개혁이 필요하다, 적폐 청산을 또 들고 나설 것은 아니지만, 좀 더 정권에 힘을 실어달라고 해야 되는 것 아니겠습니까? 그렇게 해서 남북문제도 잘 풀어나가고, 경제도 살릴 수 있도록 하겠다, 그 틀을 지금 만들어가고 있으니까요. 그다음에 복지 문제도 그 틀 속에 있는 거죠. 그리고 검찰 개혁은 너무나 당연히 이루어져야 합니다.

지   개혁의 대상은 어떤 사람이 되어야 한다고 생각하십니까? 적폐 청산의 대상. (웃음)

서   자유한국당 의원들 아닌가요? (웃음) 어떻게 해볼 수 없는 무풍지대에 놓여서, 청산되어야 될 사람들이 적반하장도 유분수지, 오히려 주인 행세를 하고 있는 것 아닙니까? 기존 정치권이야말로 적폐 청산의 대상 아닌가요? 박근혜 정권은 말할 것도 없이 그 정권과 당이 일체화되어서 움직였잖아요. 행정부는 청산이 됐지만,

정치권은 아직 숙제로 남아 있습니다. 그 사람들이 더 호가호위하던 사람들 아닙니까? 장관도 했고, 국무총리도 했고. 오죽하면 홍준표 전 대표가 탄핵 정부에서 총리를 한 사람이 당대표가 되어서야 되겠느냐고 얘기하잖아요. 저는 그게 이번 총선의 가장 큰 이슈라고 생각해요. 청산 대상들이 그 속에 오히려 안주하고, 큰소리치고 있는, 이거야말로 아이러니 중에 아이러니 아닌가요? 모순 중의 모순이고.

지 적폐를 청산하려고 해도 이쪽의 세력이 있어야 될 텐데요.

서 총선을 통해 국민들이 질서를 세워줄 거라는 거죠. 과거 독재 국가들처럼 조작해서 할 수도 없잖아요. 결국 선출된 권력은 선거를 통해서 교체할 수밖에 없는 건데요. 민주주의의 기본 원리이기도 하지만, 민주주의의 맹점이기도 합니다. 그러나 그것을 무시할 수는 없는 것이죠.

지 아까 말씀하신 대로 적폐 청산의 대상은 자유한국당 의원들이니 주체는 더불어민주당 의원들일 수밖에 없다는 건가요? (웃음)

서 국민들일 수밖에 없다, 국민들이 선거를 통해 그 적폐를 청산해주시겠죠. (웃음)

지 켄 로치의 〈보리밭을 흔드는 바람〉이라는 영화가 있잖습니까? 대사 중에 "우리는 혁명을 위해 싸우긴 했지만, 이걸 통해서 만들 세상이 어떤 세상인지에 대한 고민이 부족했다"는 부분이 나오거든요. 혁명을 할 때는 뭔가 타도할 대상이 있고, 그것 때문에 어떤 에너지가 생겨서 갈 수 있는데요. 막상 성취하고 나면 '우리가 어떤 철학이 있었지' 하는 생각이 들 수도 있습니다. 개혁으로 이루어야 될 목표는 어떤 것이라고 생각하십니까?

서 민주주의의 기본 원리가 정상적으로 작동되는 체제를 공고히 하고, 그것이 정상적으로 작동하고 있다는 믿음을 얻어야 한다는 거죠. 결국 우리가 이것을 제대로 하지 않으면 안 되겠다, 똑같은 거죠. 말씀하신 영화 〈보리밭을 흔드는 바람〉에 나오는 그 대사와 마찬가지로 우리도 일제강점기가 끝나고 나서 독립운동 지도자들이 했던 그 걱정이 현실로 다가온 것 아닙니까? 일제 잔재가 제대로 청산되지 않으니까 다시 그 일제에 부역했던 앞잡이들이 독립군들을 감옥에 넣는 모순, 그래서 반공으로 위장해서 친일이 다시 또 해방된 공간에서 이 나라의 주인과 주류로 행세하는 부조리, 민주주의가 완성됐다는데 군사독재를 타도하고 나서 그 잔당들이 제대로 정리되지 않는 상태에서 3당 합당이라는 기이한 야합 체제를 만들어 독재의 후예들이 정치권력을 다시 장악하는 부조리, 이것이 우리의 민주주의 역사 아닙니까?

그래서 우리가 다시 민주주의 이후의 민주주의를 고민하게 됐습니다. 정치권력이 아무리 정치권에서 고민을 해도 해결이 안 되다가 촛불을 통해, 탄핵을 통해 국민들이 다시 한번 '이 부조리를 청산하라'는 명령을 내린 것 아닌가요? 적폐를 청산해나가고 있는 과정인데요. 이것도 지금 국회에서 번번이 막히고 있잖아요. 이번 총선에서 우리 국민들의 힘으로 이 세력들을 청산해야 한다고 생각합니다. 그래야 우리 대한민국의 미래와 민주주의에 발전이 있는 것이고, 국민들에게 작은 희망이라도 생기는 것 아니겠습니까? 이번 기회를 놓쳐버리면 이런 기회가 또 올까요? 그러니까 우리가 지금, 아니 세상에 아베가 이 대명천지에 전쟁판을 벌여놓았는데, 자기들의 출신 성분을 벗어나지 못하고 오히려 거꾸로 아베에게 심정적 동조를 보내고 있는 저 야당의 행태를 보면서 우리가 얼마나 치욕스럽고 분노를 느낍니까? 우리 국민들이 그런 상황 아닙니까?

지 선거를 많이 치러보셨는데요. 지역 선거와 수도권 선거는 좀 다른 면이 있는 것 같습니다. 지역에서는 찾는 사람도 많고, 아이돌 같은 느낌도 있던데요. (웃음)

서 지역이 소외되고 경제적으로도 약간 차별을 받고 있습니다. 탈출구가 없습니다. 경제적으로도 어렵습니다. 그래서 지방 어디나 지역 발전 요구가 있습니다. 수도권에 비해 지역 경제를 발전시키고, 또 지역 개발을 해야 한다는 욕구가 많죠. 약간의 소지역주의 욕구인데, 그것을 충족시키고 반영시켜줘야 합니다. 사실 그것이 중요합니다. 수도권 논리, 중앙 논리로 보면 그것을 소아적·지역적 이기주의로 몰아가는데요. 국가라는 큰 틀 속에서 지역 불균형을 해소하고, 지역 균형을 이루는 정책들이 나오면 뭐 하러 그러겠습니까? 빈 곳이 생기기 마련이거든요. 단순히 경제 논리뿐만 아니라 결국 지역에서 살아가기 때문에 받을 수밖에 없는 다양한 불평등, 불이익, 차별이 있거든요. 당장에 교육 복지, 의료 복지, 그다음에 소외 계층까지 다 지역 문제잖아요. 의료 불균형, 교육 불균형, 취업 불균형이 있습니다. 일자리가 없잖아요. 당연히 경제적으로 불균형이 있을 수밖에 없고, 이것을 해소시켜 달라는 당연한 요구를 무시할 수 없죠.

지 세금이 잘 걷히는 구는 독립시켜달라고 하죠. (웃음)

서 그런 것들이 대단히 중요하다고 생각합니다. 국회의원이 그 역할을 제대로 수행하지 않으면 누가 할 겁니까? 예산이 정부에서 편성되어 오는데, 국회에 예산심의 권한이 있습니다. 정부에서 예산을 편성해서 국회로 보내면 그것이 정치적으로 합리적으로 형평에 맞게 배분되어 있는지 심의하라는 것 아닙니까? 눈을 부릅뜨고 지혜롭게 감시하고 재조정해야죠. 그것은 지역 이기주의가 아닙니다. 지방의 논리와 중앙의 논리가 다르고, 중앙 정부의 이익과 지방 정부의 이익이 다릅니다. 이 예산은 지방으로부터 건의를 받지만, 중앙 정부에서 편성을 해요. 100퍼센트 잘됐다고 하면 뭐 하러 국회에서 심의할 필요가 있습니까? 대단히 중요한 기능이거든요. 그게 국회의 역할이고, 정치의 역할입니다. 합리적 배분이 이루어지고 있는지, 우선순위는 잘 결정되어 있는지, 지나치게 형평성을 잃지는 않았는지 잘 살펴보아야지요.

성찰 없는 과거는
미래 없는 나라를 만든다

지   광주항쟁에 대한 역사적인 평가가 끝났다고 생각했는데, 아직도 무리한 주장들을 하는 사람들이 여전히 많습니다.

서   서글프죠. 아무리 가치 체계가 다를지라도 우리가 보편적 가치들을 가지고 서로 대립할 수는 없는 것 아닙니까? 어떤 이유에서든지 정부 공권력의 총구가 국민들을 향할 수는 없는 것 아닙니까? 법을 통해 단죄를 해야 하는 것이 민주주의의 기본 원칙 중의 원칙이지요. 그런데 그런 절차들을 무시하고, 어떤 이유든 간에 총으로 자기 국민을 학살하고 정권을 잡은 것은 부정할 수 없는 잘못 아닌가요? 그걸 부정하고 정치적으로 사실까지 왜곡해서 억지 주장을 펴는 그들이 도대체 무슨 생각으로 어떤 목적으로 그러는 것인지, 참으로 분통 터지고, 분노를 넘어서 서글픈 생각마저 듭니다.

어떠한 이유로도 해석이 안 되고, 설명이 안 됩니다. 아무리 전쟁 중일지라도 비무장 민간인들을 향해서는 총격을 가할 수 없잖아요. 하물며 자기 나라 국민들한테 '돌격, 앞으로' 해서 총검을 휘두르고, 총을 쏘고, 심지어는 헬기로 공중에서 기총소사를 해댔습니다. 그런데 무슨 변명이 필요합니까, 거기에 무슨 억지 논리가 필요하고, 거기에 어떤 판단이 더 필요합니까?

지 어쨌든 그런 사람들도 설득하고 가야 될 텐데요.

서 설득이 되겠습니까? 그 사람들이 그렇게 하는 것도 화가 나는데, 문제는 정치권과 일부 언론에서조차 비슷한 반응을 보이고 동조 세력이 생기니까 더 기승을 부리고 있는 것 아닙니까? 서글프다는 것도 그런 거구요. 한줌도 안 되는 사람들이, 어느 사회나 일탈 세력이 있죠. 그들의 수가 많든 적든, 문제는 기성 정치권에서조차 그런 것들에 직간접적으로 동의하고, 동조 주장을 펼친다는 데 있습니다, 지금 자유한국당이 그렇잖아요. 우리 대한민국 보수가 왜곡되고 출발부터 잘못되었다는 것이 그냥 반공 논리로 모든 것을 뭉뚱그려서, 자기들의 과거를 그 속에 집어넣고 면탈을 받으려는, 그러면서 정치적·경제적으로 이득을 얻으려는 세력이라는 점입니다. 그런 일탈 행위들을 정치적으로 이용하는 세력들이 있을 때, 그게 문제가 되는 것 아니겠습니까?

지 아직도 세월호로 인한 정치적 갈등들이 해소되지 않고 있는데요. 세월호 배지만 봐도 폭력을 행사하시는 분들도 계시구요.

서 우리나라는 세계에서 유례를 찾아볼 수 없을 만큼 급속도로 빠른 시간 안에 민주주의와 경제 발전을 동시에 이뤄냈습니다. 그러니까 성장 지체가 있고, 성장통도 있는 거죠. 그 성장통 중 하나가 사회적 모럴의 문제죠. 사회적 모럴이 국민소득 1만 달러 시대, 2만 달러 시대, 3만 달러 시대와 어느 정도 속도를 맞춰가면서 형성되어야 하는데, 고민할 틈도 없이 경제 발전과 민주주의가 빠른 속도로 진행되어버린 거예요. 그 속에서 모럴의 지체 현상이 생긴 거죠.

유럽은 아직도 나치의 죄를 단죄하고 있잖아요. 아직도 끝나지 않았습니다. 현재 진행 중이고요. 우리는 모두 용서하고, 잊어버려야 된다, 그 많은 애들을 살릴 수 있었음에도 바닷속에서 죽게 만들었는데, 그걸 아무도 책임지지 않고 그냥 잊고, 모든 것을 없는 것으로 덮고 가야 된다고 합니다. 보상이나 해주고 그러면 끝이라고. 그게 일제강점기에 대한 잘못된 청산, 독재 시대에 대한 잘못된 청산과 뭐가 다른가요. 한국의 기존 보수 지배집단들이 해온 잘못은 모두 용서 받아왔습니다. 그러면서 이에 대해 비판을 하면 편을 가른다고 공격을 해대고 있습니다. 적반하장이죠.

지 세월호 사건, 그렇게 많은 아이들이 죽었는데, 아무도 책임지지 않았다고 하셨잖아요. 탄핵에는 세월호 사건에 대한 분노가 많이 작용했다고 생각되는데, 정작 탄핵 사유에는 세월호 문제가 빠졌습니다. 문재인 정부 들어서 세월호와 관련된 많은 의혹이 해소되고 단죄가 이루어질 거라고 기대했는데요. 다른 문제가 많아서 그럴 수도 있겠지만, 다소 실망스러운 것도 사실이거든요.

서 그런 문제들을 사법부는 사법부대로 검찰은 검찰대로 좀 더 국민적 요구에 따라 해소하려는 노력이 필요합니다. 그런 요구가 아니어도 실체적 진실을 밝히기 위해 사회 각 분야에서 좀 더 다양한 역할을 해줘야 합니다. 민주주의 제도에 의해, 헌법과 법률이 규율하는 대로 움직일 수밖에 없는데요. 결국 국회에서 특별법도 못 만들고 있잖아요.

지 그것도 역시 다음 총선에서. (웃음)

서 핑계가 아니고, 결국 그렇습니다. 그렇다고 해서 우리 사회를 움직이는 민주주의의 또 다른 큰 축인 언론이 자기 역할과 사명을 다해주고 있느냐 하면, 아직 그렇지 못하잖아요. 그런데 심지어 국회도 제 기능을 할 수 없고, 책임져야 될 사람들이 다수파가 되어 있으니까. 그러니 뭐 핑계처럼 되어버렸는데, 현실이 그런 걸 어떻게 합니까?

지　국회선진화법을 좋은 의도로 만들었는데, 잘못 사용되는 경우도 있지 않나요? '비토크라시Vetocracy'(상대 정파의 정책을 모조리 거부하는 파당 정치)라고.

서　민주당 의석이 과반이 아닌데요. 선진화법이 있으니 그나마도 다행이죠. 선진화법이 없으면 더 못합니다. (웃음) 결국은 정권을 잡아도 의회 권력을 확보하지 못하면 아무 일도 할 수 없다는 강한 반증이죠. 민주주의 국가에서. 우리 국민들이 뼈저리게 느낄 거라고 생각합니다. 물론 우리 민주당에서 노력하고 있지만, 국민들에게 얘기 안 해도 알거라고 보지만, 민주당이 그런 점에서 좀 더 노력해야 합니다. 그렇다고 울고 다닐 수도 없고, 징징거리고 다닐 수도 없잖아요. (웃음)

지　의회 활동을 하면서 후회하신 적은 없으신가요? 아쉬웠던 점이나.

서　저는 국회의원 하면서 개별 의원으로서 아쉬웠던 점들은 큰 틀에서 그렇게 많지 않은 것 같아요. 물론 내가 어떤 역할들을 해나가는 데 있어, 중간에 좌절해서 연속성을 가지고 하지 못한 아쉬움들은 있지만, 의회 활동을 하는 동안은 최선을 다했기 때문에 후회는 없습니다.

지 정치를 해오는 과정에서 어떤 특정 시기로 돌아가 바꾸고 싶은 부분이 있으신가요? 타임머신을 타고 과거로 갈 수 있다면. (웃음) 가장 후회되는 지점이 있을 것 같기도 한데요.

서 우리 국민들이 노무현 대통령의 부당한 탄핵에 대한 분노로, 큰 틀에서는 민주주의에 대한 열망으로 과반이 넘는 의석을 확보해줬습니다. 하지만 열린우리당 내의 지리멸렬로 국민들의 바람을 '하나도' 해결해주지 못했잖아요. 하나도, 라는 말에 어폐가 있지만, 실제로 그랬죠. 맨날 집안싸움만 하다가 말았잖아요. 초선이어서 어쩔 수 없었다, 가 아니고요. 아…… 결국은 정말 뼈아프고, 국민들에게 미안한 시간이었다고 생각해요. 정권을 빼앗긴 건 말할 것도 없지만. 결국은 의회 과반 의석을 넘게 확보해줬는데, 집권 세력이 결국은 자멸한 것 아닙니까? 아무리 초선 의원이어서 어쩔 수 없었다고 해도 말 그대로 다시 돌아간다면 좀 더 적극적으로 나서서 그런 역할들을 해야 되지 않을까, 할 수 있다면 얼마나 좋을까, 이런 생각을 합니다. 국민들한테 미안하죠. 무슨 낯으로 국민들의 얼굴을 볼 수 있겠어요.

결국 2007년 대선은 우리가 힘들기도 했지만, 이미 정해져 있는 선거였죠. 이명박이 됐든 박근혜가 됐든 선거는 정해져 있었던 것 아닙니까? 그 대선에서 표를 달라고 할 수가 없더라고요, 솔직히. 나름대로 열심히는 했지만, 부끄럽고 미안하더라고요. 결국 국민이 정권을 주고, 의회 권력까지 줬는데……. 물론 우리가 전혀 한 일이 없는 건 아니었습니다. 지방 분권과 균형 발전을 위해 혁신 도시 사업도 펼쳤고, 여러 가지 정치 개혁도 이루어냈고, 나름대로 역할을 많이 했습니다. 그래서 노무현 대통령에 대해 여러 국민들이 아쉬워하고, 많은 사랑을 보내는 것이지요? 그런 성과가 없었으면 과연 좋아하고 추모하겠습니까?

하지만 국회의원의 한 사람으로서는 "우리가 집권 세력으로서 책무를 다하지 못했다"고 말할 수밖에 없습니다. 지리멸렬해버린 거죠. 바람 잘 날이 없었습니다. 전부 자기가 대장이었지, 뭐. 질서 없이, 아무런 목표가 없지는 않았겠죠. 그러나 집권 세력이 국민들을 위해 무엇을 해야 할지, 좌표가 불분명했던 것은 사실인 것 같습니다. 당의 역할이 뭔지, 이런 것들에 대한 좌표, 목표, 전략, 전술이 다 부재했죠. 결정적으로 당내 리더십도 없었고. 우리의 목표가 무엇인지, 우리의 책무가 어떤 것인지, 어떤 전략과 전술을 구사해야 될 것인지, 4대 개혁 입법을 하나로 묶어 무리하게 밀어붙이다가 맨날 얻어터지기만 하고 우왕좌왕하고 말았잖아요. (웃음) 아쉽죠. 청와대는 청와대대로 힘들고, 대통령은 대통령대로 힘들고, 국민들이 보기에는 오합지졸처럼 느껴지고. 그러니까 준엄한 심판을 받아서 정권도 빼앗기고, 다음번 의석은 3분의 1도 못 얻었잖아요. 야당 역할도 제대로 할 수 없게 만들어놓았지요.

스타일은
신념이다

지 예전에 칼국수에서 바퀴벌레 반 마리 나온 얘기를 하신 적 있는데요. 보통 비위가 좋아서는 안 되는 거잖아요. 화부터 내는 사람도 많을 거구요.

서 그러면 어쩌겠어요. 제가 비교적 대책 없이 긍정적이라 는 소리를 들어요. 긍정적으로 살려고 노력하는 편입니다. 난들 비 위가 상하지 않겠어요. 기왕 깨물어버렸는데, 주방에 가서 화를 낼 겁니까? 서빙 하는 아줌마들한테 욕을 하겠습니까? 악을 쓰겠습니 까? 밥은 먹어야 되는데, 입 헹궈내고, 견디기 어렵지만, 어쩌겠습 니까? 할 수 없지. 계속 먹었죠. (웃음)

지 항의는 안 하더라도 보통 그냥 나가지 않습니까?

서 저는 본질이 중요해요. 식당에 가서 밥을 먹는데, 어때야 되느냐, 맛이 있어야 해요. 좀 불친절해도 상관없어요. 친절하면 말할 것도 없이 좋죠. 좀 깔끔하지 않고 불친절해도, 맛없는 집보다는 낫다는 거예요. (웃음) 음식점의 본질은 맛있어야 한다는 겁니다. 다소 덜 깔끔하고, 다소 덜 친절해도 맛있으면 되는 거죠. 맛있으면 용서가 되고, 맛있으면 갑니다. 아무리 깔끔하고, 아무리 친절해도 음식이 맛없으면 안 가는 거죠.

지 미식가라고 해야 되나요?

서 미식가는 아닌데, 누구나 그렇지 않습니까? 전라도 사람들이 음식에 대해서는 예민하다고 해요. 저도 보니까 그런 것 같더라고요. 어디 가서 이게 맛이 있네, 없네, 이런 얘기는 안 해요. 맛이 없으면 그냥 안 가죠. 맛있는 집은 단골이 되는 거구요. 우리는 한번 가기 시작하면 끝까지 가요. 그 집이 없어질 때까지.

지 정치인으로서 그런 면이 장점이 될 수도 있겠네요. 예민하면 사람들과 부딪히고, 식당에서 바퀴벌레 나왔다고 화를 내면. (웃음)

서 노무현 의원님 모시고 연구소를 할 때인데, 그때는 정치를 한다는 생각은 안 했습니다. 학교 다닐 때도 그랬어요. 기준이라

169

• 청와대 경호실에서 노무현 대통령이 상석이 아닌 옆자리에 앉아 담소를 나누시며 티타임을
  가지고 있다.

는 것이 늘 절대적인 것은 아니잖아요. 모든 것이 절대적으로 정해져 있는 것은 아니니까. 상황에 따라 형편에 맞게, 같은 것이라도 저 때 다르고, 이때 다르고, 그러잖아요. 모든 것이 상황 논리로 가서는 안 되겠지만, 결국 본질이 뭐냐, 그 훈련을 하기 위해 나름대로 노력했던 것 같습니다. 저 사람이 나를 선의로 대하는 것인가, 어쩔 수 없이 대하는 것인가, 아니면 나한테 악의로 대하는 것인가. 선의는 아니어도 악의만 아니면 되는 거잖아요. 식당에서 "에라, 처먹어라" 하고 바퀴벌레를 넣지는 않았을 거 아닙니까? (웃음)

지   인간관계에서도 악의적인 것이 아니라면 이해해주는 폭이 넓으시겠네요.

서   뭐, 될 수 있으면 상대방 입장에서 생각하려고 노력합니다. 그러니까 노 대통령님이 나한테 두 번인가 그 말씀을 하시면서 칭찬하신 적이 있는데요. "자네는 무슨 걱정으로 사는가?" 그러시더라고요. (웃음) "별로 걱정 안 하는데요." "글쎄, 그런 것 같아서." "의원님, 걱정한다고 문제가 해결됩니까? 뭐 하러 걱정을 해요. 걱정할 시간 있으면 문제를 해결하면 되지." 그랬죠. 왜 걱정을 안 하고 살겠습니까, 고민이 없는 사람이 어디 있겠습니까, 고민하죠. 어떻게 그렇게 안 하고 살 수가 있겠어요. 사람이, 인간으로 태어나서, 내가 하느님도 아닌데요. 그렇게 노력하는 거죠. 단순화하려고, 단순하게 보려고, 될 수 있으면 의심하지 않고, 치명적이지 않으면. 저

는 자연인 서갑원과 국회의원 서갑원은 모든 것이 달라야 한다고
생각했습니다.

지 정치인으로서 장점이기도 하지만, 뒤집어보면 자기 홍보
도 잘하고, 전투력도 있고, 권력 욕구도 있어야 할 것 같은데요.

서 있어요, 나도. 그건 그것이고, 이건 이거죠. 내가 죽기 살기
로 하는 거예요. 단지 내가 열심히 하면 되는 거죠. 열심히, 열심히.
원칙대로. 내가 잘하면 되는 것이라고 그렇게 생각했는데, 그런 것
들이 아쉬운 점도 있더라고요.

지 정치인으로서 단점이라고 생각하는 부분이 있으신가요?
보완하고 싶은 점이나?

서 잘 모르겠네요. 진짜로. 약점이라고 생각하면 진짜 약점이
될 수도 있을 것 같고, 약점이 있어도 얘기를 하면 안 되잖아요. (웃
음) 큰 포부를 갖지 않는다고, 그렇게 얘기할 수는 없잖아요. 나는
진짜 잘했어요. 초선 국회의원 때, 재선 때, 또는 앞으로도. 다 역할
이 다르다고 생각합니다. 초선 때는 배우는 사람의 입장에서, 시작
하는 입장에서 중앙 정치를 굳이 크게 생각하지 않아도 되잖아요.
아까 다시 돌아간다면 열린우리당이 당시에는 초선 의원끼리라도
그런 역할을 했었어야 한다고 생각하지만, 내가 해야 될 일들을 딱

정해놓고 했었습니다. 결국은 제 시간 배분이잖아요. 그다음엔 제 비전과 목표이고. 나는 초선 의원으로서는 지역을 위해 열심히 일해야 된다고 생각했어요. 그다음에 의정 활동을 최대한 열심히, 잘 해야 된다고 생각했습니다. 나머지 중앙 정치는 재선, 삼선 때 한다고 정리했습니다.

초선으로서 집권당의 정책을 실현하기 위해 적극적인 의정 활동과 입법 활동을 펼쳤고, 예산도 마찬가지로 집권당 입장에서 처리했습니다. 그러나 우리 보좌관들한테는 "내가 여당 국회의원이지, 여러분들까지 여당이냐, 내가 비록 집권당의 국회의원이지만, 행정부와 국회는 엄연히 다르다, 내가 대통령 측근이지만, 대통령 참모들은 다 선한가, 행정부는 다 선한가, 정치권의 이해관계와 행정부의 이해관계가 같은가, 정치권은 정치, 행정부는 행정부의 논리가 있다, 집권 세력이 어디든 간에 행정부는 행정부의 논리가 있는 것이다, 행정부의 논리가 우리와 맞으면 함께 가지만, 다르면 견제하고 감시해야 된다, 우리의 생각과 집권 세력의 목표와 방향이 다른데 무조건 편을 들어주는 것은 아니다"라고 했습니다.

그런데 그런 일이 생각보다 많습니다. 저는 그게 절대 아니라고 했죠. 당과 정부가 모든 세세한 사안들까지 다 일치시킬 수는 없는 거거든요. 그러니까 개별 사안들이라도 큰 틀에서 보면 정권의 목표와 일치하는지, 부합하는지, 그렇지 않은지, 하는 게 있어요. 저는 독립된 헌법기관이기도 하지만, 집권 세력의 일원이기도 하구요. 대통령의 성공을 위해, 국민들의 성공을 위해 행정부를 독려하고, 감시해야 하는 그런 역할이 있어요. 참모로서의 역할도 있고. 저는 그 역할을 충실하게 했습니다. 단계별로, 오죽하면 지역 발전을 위한 예산 확보에 사력을 다했겠습니까. 그런 것은 양보 안 했습니다. 정치적 성장을 위해서 공부도 열심히 했고요. 초선 때 공부를 안 하면 언제 하겠습니까?

지 김어준 총수가 초선 의원의 다음 목표는 재선이 아니고, 대개 대통령이라고 하더라고요. (웃음)

서 저는 재선이었어요.

지 대통령 생각 안 하셨나요? (웃음)

서 안 했어요. (웃음) 재선 때는 또 다음번 당선이 목표였죠. 아까 얘기했잖아요. 간사를 열 개나 했다고, 재선 때 원내 수석 부대표, 정개특위 간사, 예결위 간사를 3년 동안 했습니다. 제가 그때 박지원 원내대표 선거 때 도와주지 못했어요. 예결위 간사는 원내대표가 줄 수 있는 최고의 큰 자리인데요. 당시 대부분의 의원들이 "서갑원 아니면 안 된다"고 해서 박지원 의원이 어쩔 수 없이 버티다가 준 거예요, 그게. 저 아니면 안 된다고 다들 그랬다니까요. 그러면 재선 국회의원으로서는 잘한 거잖아요. 원내 수석 부대표 때 당시 여당의 원내대표인 홍준표 의원과 둘이서 협상도 많이 했습니다. 그 험한 정국에서. 물론 정세균 대표와 원혜영 원내대표의 재가를 받았지만, 어쨌든 협상은 제가 했습니다. 재선 때는 재선 때의 역할을 다했고. 그렇게 정치적 역량을 쌓은 거죠.

지 같이 일할 사람 고르는 기준은 어떤 게 있으신가요? 일하는 사람끼리 불화가 있거나 그래도 안 되고.

서 그게 참 어렵습니다, 어렵더라고요. 어려워도 결국 한번 같이한 사람끼리는 계속 같이했어요. 보셨지만, 옛날에 저를 도와주고, 처음부터 선거를 같이 치른 사람들이 지금도 무슨 일이 있으면 와서 함께하잖아요. 국회의원 안 한 지 오래됐는데도. 보좌관 중에서 국회의원도 있고, 도의원도 있고, 나름 제 역할들을 해요. 첫째는 신의가 중요하죠. 신의라는 것이 서로 각자의 몫 아닙니까? 내가 신의가 없는데, 상대방이 신의를 지키겠어요. 서로 같이 모든 일을 믿고 맡길 수 있는 믿음과 신뢰가 중요한 것 같아요. 나머지는 열정이 있으면 되는 거죠. 그러나 최소한 시선은 같은 방향을 바라봐야 되는 것이 아닌가 싶습니다. 가치 체계가 서로 조금은 맞아야 되는 거죠.

지 같은 원칙을 가지고 있어야겠죠.

서 저는 상대적으로 정치적 욕심이 있는 사람들이 더 낫다고 생각했어요. 여러 부류의 사람들이 있는데, 기왕에 정치권에 왔으면 내 스스로도 언젠가 정치를 하겠다는, 그런 과정으로 생각하고 하면 좋겠다, 비서들한테도 그렇게 해야 된다고 말했습니다. 저도 그랬으니까요. 노 대통령님 모시고 경험한 거잖아요. 하나하나 현장에서 배우는 거죠. 우리가 꿈꿨던 신념이 정치 현장에서 어떻게 무참하게 박살나고, 그것을 지키고 가꿔나가는 것이 얼마나 힘든지 절절히 봐왔습니다. 그 속에서 좌절하고 변절하고 탈락하는 사람들을, 그 군상들을 얼마나 많이 봐왔습니까? 모두 100만 가지 이유가 있죠. 저 사람이 어떻게 그럴 수가 있습니까, 하지만 너무 쉽게 가버리고, 그렇게 말하고, 그렇게 행동하고, 그럴듯한 변명이야 다 있죠. (웃음)

지 음식점의 본질을 말씀하신 것처럼 정치를 하겠다는 사람은 정치적인 신념과 욕심이 있어야 된다는 거네요.

서 그 가치를 지켜내는 신념이 있어야 합니다. 그게 없으면 그 사람은 정치를 하면 안 됩니다. 그 신념을 지켜내는 데 있어 아주 올곧게, 꿋꿋하게, 아니면 흐느적거리면서도 끊임없이 일을 찾아나가는 것이 필요합니다. 어떤 방법이든 최선의 방법이라고 정해진 것은 없죠. 대꼬챙이처럼 할 수도 있고, 부드럽게 하면서도 본질을 잃지 않고, 범위를 넓혀가면서 통섭하고 포용하면서 그걸 좀 더 키워서 할 수도 있고요. 그 안에 흐르는 원칙은 무너뜨리지 않으면

• 문희상 초대 비서실장과 함께 대통령 집무실에서 결재를 받던 의전비서관 시절.

서도 그것을 잘 감싸서 지켜나가는 사람도 있겠죠.

저는 노무현 대통령의 정치가 그런 정치였다고 알고 배워왔고 지켜왔습니다. 노 대통령님은 원칙적이었지만 빳빳하지는 않았어요. 타협할 때는 타협하고, 포기할 것은 포기하고. 그럼에도 불구하고 절대로 포기해선 안 될 것들은 포기하지 않으셨지요. 지켜야 할 것을 지키지 않고, 엉뚱한 것이 원칙이라고 밀고 가는 사람들이 얼마나 많은데요. (웃음) 그것은 원칙이 아니고, 변명이죠. 이것이 중요한 것 같습니다. 아무리 시대가 바뀌고, 상황이 바뀌어도, 해야 될 것과 하지 말아야 될 것을 진짜로 구별하며 살았습니다. 대신 범위를 키우진 않았어요. 제가 대통령을 모시면서 제일 감사한 일이죠. 그런 것들을 배울 수 있었던 것이. 그런 것들이 나도 모르게 몸에 배어 있게 되었습니다. 그래서 보람도 있었고, 고맙고, 배짱도 생기고, 그런 거죠.

5

'중고' 정치인의
'신상' 정치

시간 2019년 8월 19일 오후 4시 30분 ~ 7시 30분
장소 신한대학교 총장실

정치에도
크리에이티브가 필요하다

지 순천 지역을 위해 많은 일을 하셨는데, 기억에 남는 일화가 있나요?

서 국회의원 되자마자, 산자위였어요. 이희범 장관일 때입니다. 순천대 교수가 찾아왔는데, 산학협력중심대학이라는 이름으로 1년에 50억씩 250억을 지원해주는 프로그램이에요. 제가 국회의원이 되고 처음 했던 프로젝트기 때문에 기억을 해요. 처음에는 보고서를 잘 쓸 자신도 없었어요. 우선, 그게 5개 권역으로 나누어서 경쟁했는데, 광주·전남북과 제주도에서 하나, 대전·충남북에서 하나, 부산·경남권에서 하나, 대구·경북권에서 하나, 수도권에서 하나였습니다. 그래서 제가 그랬죠. 순천대학교가 전남대학교와 경쟁해서 이길 수 있습니까, 전북대학교나 제주대학교는요. 순천은 국회의원이 나 하나고, 광주는 7~8명, 전라북도 빼고 전주만 해도 국회의원이 세 명인가 됩니다. 제주도도 세 명이잖아요. 두 번째로 "각 교수 숫자나 대학 규모를 봐도 전남대, 전북대, 제주대, 조선대, 원광대보다 순천대가 더 크다고 자신합니까? 주관적이든 객관적이든 모든 조건에서 쉽지 않은데 이걸 어떻게 해달라는 겁니까?"라고 물었습니다. "그러니까 의원님을 찾아왔죠."

솔직히 제 실력을 한번 발휘해보고 싶었습니다. 제가 공약을 그렇게 내걸었어요. 순천대는 광양만권 발전의 중심축이다, 순천대를 축으로 해서 광양만권의 발전 계획이 수립되어야 한다, 저는 그렇게 국회의원을 하겠다고 선언했습니다. 그렇게 해야 된다고 믿었어요. 이걸로 그 출발점을 삼아야겠다는 생각이 들었습니다. 이것도 우리 비서들한테 알려주지 않았습니다. "나 외에 이 얘기를 누구한테 한 적이 있느냐"고 물었더니 아무한테도 안 했대요. 그래서 "아무한테도 얘기하지 마라, 그 약속을 지켜주면 하고, 안 지켜주면 내가 할 수가 없다. 약속할 수 있느냐? 기획서를 낸다고도 하지 마라"고 하니까 약속한대요. 우리 보좌진들한테도 얘기하지 않았습니다.

제가 산자부 예산서를 가지고 오라고 해서 혼자서 뒤적거리다가 또 하나를 찾아냈어요. 봤더니 전남도에서 장성에 나노 사업을 신청해놨더라고요. 그래서 내가 "잘됐다. 오랜만에 전남에서 일 하나 해놨네" 하고 산자부 국장, 과장에게 이것 좀 설명해달라고 했습니다. 들어보니 내 생각이 딱 맞아요, 어디에 준다는 것은 아니니까 이 사업은 포스코로 가는 사업이에요. 1차 끝나고 2차로 또 연구비를 더 지급해주더라고요. 중요한 사업이니까 그럴 수도 있겠죠. 그런데 "포스코로 가는 거지요?" 하니까 대답을 안 해요. "국장님, 제가 이건 포스코에 주는 것은 안 말리겠는데, 나노 사업은 가야 됩니다." 제가 그랬죠. (웃음) "이건 하늘이 두 쪽 나도 장성으로 가야 됩니다. 목숨 걸고 가야 되니까 알아서 하세요" 하고 돌려보냈습니다. 난리가 났죠. 호떡집에 불난 거예요.

다시 또 찾아왔는데, 아무런 말도 안 하고 "절대로 거래 대상, 타협 대상이 아니다. 먹거리가 부족한 전라도에 사업이 하나도 없고, 어디서 기업들이 들어올 데가 없다. 나노 같은 신기술 사업을 하는데, 다른 것도 아니고 생물 산업인데, 이런 거 하라고 정부에서 사업비 주는 거 아닌가. 새로운 사업을 장성에서 하면 어느 기업이 들어올 것인가. 신산업을 통해 우리도 좀 먹고살자. 포항제철은 대기업인데, 1차적으로 쳤으면 됐지, 또 해주냐, 배 터지겠다, 전라도는 배고파 죽고, 그쪽은 배 터져 죽고, 대기업인데 그만큼 해줬으면 되는 것 아닌가"라고 했어요. 제 말이 맞잖아요.

그러니까 차관도 오고, 나중에 장관까지 왔어요. "이건 안 된다"고 설명을 해요. "알겠는데요. 그러면 만들어서 해주세요." "올해는 안 되고, 내년에"라고 하더라고요. "나는 다음에 보자고 하는 사람 안 믿어요. 내 말이 틀린지 맞는지 따져봅시다"라고 했죠. (웃음) 그 사람이 안동 사람이거든요. "장관님도 TK라고 감싸고도는 겁니까? 전라도도 좀 먹고 삽시다." "왜 그러시느냐, 이것 말고 다른 것은 다 해줄 테니까……." "사람 우습게 보지 말고, 이거 해주세요." 그러니까 일주일도 안 되서 찾아왔더라고요. "이것 때문에 그러시죠." "무슨 소리냐, 그거 아니다." "뭐가 아니에요. 보고서를 잘 쓰면 될 것 같습니다. 타당성 있습니다, 경쟁력 있습니다, 순천대학이 만만한 대학이 아니네요. 내가 검토해보고, 이미 보고 받았습니다. 이거 내가 순천대학으로 가도록 할게요"라고 하는 거예요. 새벽에 만나자고 해서 조찬을 했어요. "진짜 약속할래요." 그랬죠. 약속한대요. "기왕 그렇게 된 거 해주세요." (웃음)

지 성동격서네요. (웃음)

서 그렇게 풀어갔습니다. (웃음) 제가 불법으로 한 거는 아니잖아요. 권한 남용도 아니잖아요. 성동격서인데, 실제로 제 말이 맞잖아요. 나노 신산업을 포스코에서 해야 됩니까? 그런데 자기들이 설명을 하더라고요. 타당성도 있었어요. "우리 그만 힘들게 하시고, 의원님은 지역에 이게 더 급한 거 아닙니까? 급한 거 먼저 하십시오, 이건 다음에 하시고." 그래서 급한 거 먼저 했어요. 내가 이렇게 일을 잘해. (웃음) 다 상상력이잖아요. 게임을 제대로 하려면 어떻게 해야겠어요. 우선은 공부를 해야 되고, 작전을 잘 짜야 되고, 전략을 잘 세워야 되고. 왜 우리한테 그 사업이 와야 되는지에 대한 입론을 튼튼하게 세워야 하죠. 순천대학교 교수는 이걸 왜 해야 되는지에 대한 아이디어는 없었어요. 저는 이것을 지역 균형이라는 틀로 접근한 겁니다.

지 지혜롭게 하셨네요. (웃음)

서 나는 이건 반드시 해야겠다고 생각하면 진짜로 고민을 많이 합니다. 자료들도 많이 들여다보고. 그래서 내 확신으로, 내 것으로 만들어져야 합니다. 그다음에 저와 아이덴티티가 일치되어야 합니다. 사실, 국회의원이 장사꾼도 아니고 흥신소도 아니잖아요. 물론 그것이 지역민들과 지역 발전을 위한 일이기도 하지만, 따지고 보면 대한민국의 국회의원이지 지역 민원을 해결하는 기관이 아니잖아요. 그러니까 자존심의 문제가 있고, 어디 가서 부끄럽지 말아야죠. 사람이 무슨 일을 해도 당당해야죠. 이게 국가 정책에도 맞다, 또한 지역 균형 발전에도 부합한다, 또 대학 발전을 위해서 이런 측면에서 이런 관점으로 봐야 된다, 지역 주민들에게는 이런 일체감이 이루어져서 이렇게 도움이 된다, 이렇게 해야 되는 거죠. 특별히 개인의 이익이라든지, 어느 집단의 이익을 위해서만 일할 수는 없는 거 아닙니까. 물론 그게 중요한 때도 있지만요.

어쨌든 상대방이 마음속 깊이 승복은 안 해도 또는 어쩔 수 없이 반대를 해도, '당신 말이 맞다'고 속으로는 생각해야 창피하지 않잖아요. 이래야 되는 것 아닌가요? 이게 최소한의 자존심이지, 장사 하루 이틀 할 것도 아니고, 사람이 여기서는 물이고, 저기서는 설탕물이고, 가는 데마다 전부 다르면 안 되잖아요. 여기서 생수면 다른 데서도 생수여야죠. 그러면 나중에 가서 잡탕이 되는 거거든요. 그렇지 않으면 저 사람은 도대체 뭐냐, 하고 엉망진창이 되어버리죠. 정치는 일관성이 있어야 된다고 생각합니다. 정치적 소신, 자기 주관과 철학이 있어야 되는 거죠. 그게 분명해야 된다고 생각합니다.

지 2007년 8월 '지능형 로봇 개발 및 보급촉진법'을 대표 발의하셨잖아요. 로봇산업 정책 결정에 대한 자문과 심의 기능을 수행하는 로봇산업위원회를 설치, 산업자원부장관이 5년 단위의 중장기적인 기술 개발과 보급, 확산에 관한 기본 계획과 연도별 실행 계획을 수립해서 추진하는 것을 골자로 하는 것인데요. 그 법으로 인해 창원에 로봇 랜드가 설립된 것으로 알고 있습니다. 그 법은 어떻게 추진하게 되었습니까?

서 산자부의 심 과장이라고, 파리에 있는 OECD 파견 근무를 갔다가 귀국해서 저한테 인사를 하러 왔더라고요. 물어봤더니 산자부의 에이스급 과장이었어요. (웃음) "심 과장님은 에이스인데, 더군다나 OECD에서 근무하고 왔으면 세계 여러 나라의 트렌드를 충분히 다 봤을 것이고, 앞으로 세계 주요 국가들의 산업정책과 경제 전망 등 다양한 트렌드들을 많이 보고 공부를 많이 했을 것 아닙니까? 들어와서 뭔가 일을 해야 될 것인데, 도대체 뭐가 있습니까? 우리가 제일 급하게 추진해야 될, 앞으로 대한민국을 먹여 살릴 미래산업의 먹거리가 뭐가 있겠습니까? 어떤 분야로 가야 되겠습니까? 저랑 그걸 함께 했으면 합니다"라고 했어요.

지 뭔가 감을 잡으신 거네요. (웃음)

서 그랬더니 심 과장이 "제가 그런 능력이 됩니까?"라고 해서 "아니 능력으로 하는 것이 아니고, 국가에서 보내줬으니 거기 가서 공부를 했을 것이고, 당연히 산업부 공무원으로서 우리나라의 산업 정책을 어떻게 설계할 것인지 고민하고 연구했을 것 아닙니까? 그중에서 가장 적합하고 유망하다고 생각하는 것을 몇 개 얘기해보십시오. 저랑 같이 스터디해서 법이 필요하면 법, 예산이 필요하면 예산, 이런 것들을 하나 만들어봅시다"라고 했어요. "그러면 제가 하나 정리해오겠습니다"라고 해서 가져왔는데, 그게 로봇 산업이에요. 앞으로 획기적으로 발전할 수밖에 없고, 일부는 이미 시작했다, 우리도 지금 출발하지 않으면 늦는다, 그런데 어떻게 가야 될지 모르겠다고 해서 "나랑 같이합시다" 하고는 1년 만에 해치웠어요.

지 그때부터 4차 산업혁명 시대에 대비해 인공지능과 로봇 산업에 관심을 갖고 기틀을 마련해두신 거네요.

서 학회도 만들고, 전문가 단체도 만들고, 로봇산업진흥법도 만들고, 예산까지 진행해서 1년 안에 정리하고 2년 동안 모두 실행시켰습니다. 그게 이른바 창원에 있는 로봇 랜드인데요. 국가적으로는 그렇게 하고, 기왕에 신산업이기 때문에 경제적으로 낙후되어

있는 전라도 쪽, 순천에도 하나 진행하려고 그랬습니다. 그러지 않았겠어요? (웃음)

지 전라도와 순천을 사랑하시니까. (웃음)

서 산자부에서 지방자치단체 공모를 하도록 해놨습니다. 설계를. 제가 처음 시작한 거니까, 제가 앞장서서 뛰어다니고 해서 만들어준 거니까요. 전문가 토론회도 몇 번에 걸쳐서 하고, 그런 과정들을 통해 해놓은 거니까요. 그러면 당연히 우리 순천에도 하나 해야죠. 저도 그래서 더 열심히 한 거죠. (웃음) 박준영 당시 도지사에게 설명을 했는데요. 나중에 실망했습니다. 그 양반한테 이런 과정을 설명하면서 "이건 제 법입니다, 제가 주도하고 제가 해놓은 겁니다. 그러니 공모가 나오면 도에서 순천 율촌산단으로 신청을 해주십시오, 그러면 그걸 우리 전남으로 가지고 오도록 제가 마무리 짓겠습니다"라고 했습니다. 그런데 전라남도에서 이걸 무안으로 신청을 해버렸습니다. 무안에 한다고 해서 나쁠 것은 없지만, 이건 제 꺼라고 했잖아요. (웃음) 그리고 대한민국 전체 입장에서 보면 무안으로 갈 수가 없잖아요. 아무런 근거가 없는데요. 그렇잖아요. 이게 신산업인데, 연구 단지도 만들고, 시범 단지도 만들어서 국민들한테 홍보까지 한 거거든요.

지 왜 그렇게 했을까요?

서 거기가 박준영 지사 지역구지, 자기 동네입니다. 아니, 그러니까 이게 본인이 제안해서 한 것이면 누가 뭐라고 하겠어요? 그런데 이건 진짜 1년 동안 피땀 흘려서 준비해서 제가 한 것인데요. 형식상으로는 도에서 신청을 해야 됩니다. 그런데 입지 조건이 안 맞으니까 탈락을 해버렸죠. 국가 전체적으로 보면 보람 있고, 의미 있는 일입니다. 그러나 국가 전체적으로도 의미 있고, 지역적으로는 더 의미가 있으면 효과가 더 크잖아요. 기존 산업이 낙후되어 있으니까 미래 산업을 호남 쪽에다가, 과거에 개발독재 시대에 지역 차별을 받아서 각종 산업을 배정받지 못해 경제적으로 낙후된 곳이 전라도 아닙니까? 그래서 지역 차별이라고 하잖아요. 그러면 새로운 정권이 들어와서 새로운 사업을 하나 개발해서 배정하려고 하는데, 중앙 정부에서 아무리 해주려고 하면 뭐 하냐고요. 도에서 엉뚱한 곳에 신청을 해버리는데요. 이 로봇 산업이 무안으로 가야 될 이유가 하나도 없는 겁니다. 정부 입장에서는. 그러니까 평가 과정에서 떨어져버렸지. 지역 입장에서 보면 안타까운 일이 된 거죠. 다 설명하고, 애걸복걸했는데도 그렇게 되니까 방법이 없잖아요.

지금 잘되고 있습니다. 창원에서. 그때 시작 안 했으면 5년도 더 걸리는 일이었습니다. 담당 과장은 산자부에서 초고속으로 승진하고, 이명박 때 청와대 비서관까지 하다가 나중에 국회의원까지 했습니다. 산자부에서는 그 양반이 하고, 국회에서는 내가 했어요. 그게 부처에서 올라오는 법안이면 2년, 3년 걸려요. 쉽지 않습니다. 과정들을 거쳐야 해서 정부로부터 사업을 배정받기도 쉽지 않고요. 그런데 그런 절차를 다 생략하고 첫 번째 과제로 선언을 해서 밀어붙인 것 아닙니까? 그건 국회의원이 할 일입니다. 미래 산업 분야의 일들을.

지 이번에도 공무원들과 국회의원, 정치인이 어떻게 관계를 맺어서 어떤 방식으로 일을 할 것이냐에 대한 모범적인 답을 제시했다고 볼 수 있겠네요.

서 정답인지는 모르겠으나, 제가 생각하기에 그보다 더 좋은 관계 설정이 있겠습니까? 결과적으로 국가를 위해서 얼마나 멋지게 일을 만들어낸 겁니까? 제가 "보따리 좀 풀어보세요"라고 해서 "이거 합시다, 로봇 산업 좋네" 해서 한 겁니다. (웃음)

대학에서
정치의 역할을 찾다

지 신한대학교에 와서도 그런 식으로 해서 성공시키신 일이 있을 것 같은데요.

서 학교가 너무 좋아요. 위치도 그렇고, 학과 포트폴리오도 그렇고, 구성원들의 열의도 그렇고. 신한대학교에 의과대학은 없지만 보건대학이나 뷰티 헬스, 임상병리 관련 학과들이 있는데, 학교 옆 재단 건물에 메디컬 센터를 하나 만들면 좋겠다는 아이디어를 떠올렸어요. 우리 후배와 바로 상의했죠. 그 친구가 일산에서 병원을 하고 있는데, 그리 옮길 수도 있다고 해요. "학교에 의료 장비 등을 기부할 테니까, 센터를 만들면 좋을 것 같습니다." 그래서 제가 "수익이 발생하느냐?"고 물었어요. 우리 학생들이 육칠천 명 되잖아요. 교직원들은 사오백 명 되고요. 학생들과 교직원들의 복지

차원에서 건강검진이라든지, 응급의료를 서비스하고, 그다음에 간호학과나 보건·헬스케어 쪽은 학생과 교수가 함께 창업 프로그램이나 스타트업도 할 수 있다는 아이디어를 주더라고요. 이익 역시 "일 년에 삼사억은 안 남을까요?", 자기들이 월급만 가져가고 이익금을 학생들한테 이리저리 환원하면 그렇게 된다고 해요. 일 년에 삼억이면 얼마나 큽니까? 그렇게 하는 대학이 없습니다. 그것도 그렇고, 학생들 의료 서비스 문제, 교직원들 복지 문제가 다 해결이 되어버리잖아요. 학교가 학생과 교직원들의 건강을 다 책임진다, 좋잖아요. 그걸 했어요.

또 우리 학교가 종합대학으로 발전하는 과정에서 여러 가지 법적인 문제로 인해 부정적인 이미지가 부풀려져 있더라고요. 대한민국 공공기관 경영에는 공공성과 사회적 가치가 반영되어 있어요. 경영평가를 할 때도 상당히 중요한 항목으로 들어가 있고요. 정부기관뿐만 아니라 특히 공기업까지 모두. 그래서 우리 학교야말로 사회적 가치 경영이 필요하다는 생각에 전문가 한 사람을 교수로 초빙해서 사회적 가치 추진단을 만들었습니다. 이를 통해 유엔 글로벌 협약에도 가입하고, 학교 경영이나 구체적인 사업에 사회적 가치의 이념이 반영될 수 있도록 최선의 노력을 다했습니다. 획기적이죠. 대학에서 그렇게 한 것은 최초입니다.

지 총장님이 되시고 젊은 학생들과 대화를 많이 나눠보셨을 것 같은데요. 요즘 모든 것을 포기하는, 엔포 세대라고도 하잖아요.

서 위축되어 있습니다. 학생들이 공부도 열심히 하는데, 왠지 그런 느낌이 들었어요. 그래서 내가 총학생회 간부들부터 단과대 학생들, 일반 학생들까지 총장실로 오라고 해서 같이 이야기도 나누고, 맥줏집에 가서 맥주도 마시고.

지 호프 데이.

서 기말 고사 때는 '서총이 쏜다'는 이벤트를 해서 제가 학생들에게 커피도 쏘고, 다양하게 소통하는 공간을 마련했어요. 저는 학생들이 좀 더 자유롭고, 자신감을 가지고 창의적으로 학교생활을 했으면 좋겠다, 최소한 신한대학교 학생들은 그렇게 성장했으면 좋겠다는 생각을 갖고 많은 대화를 했습니다. 처음에는 주저주저하더니 나중에는 다들 좋아하고, 자기 생각과 의견을 말합니다. "와이파이가 잘 안 터집니다"부터 시작해서.

지 심각한 문제죠. (웃음) 세대 갈등을 풀 수 있는 좋은 방법은 뭐가 있을까요? 학생들과 대화하다 보면 방법이 보일 수도 있을 것 같은데요.

서 여전히 숙제입니다. 제 아들도 고3인데요. '고3 갑질 방지법'이라도 만들어야 할 것 같습니다. 말을 못 붙이게 해요. (웃음) 집에서 한마디라도 하려면 온갖 아양을 떨어야 됩니다. 막상 학생들과도 마찬가지죠. 꼰대인데, 같이 이야기하고 싶겠어요? 집에서는 아빠로서 대충해도 되지만, 학생들은 총장이니까, 함부로 할 수도 없을 거구요. 그런 자리에서도 처음에는 쭈뼛쭈뼛 하다가도, 물꼬를 트게 되면 잘 이야기하더라고요. 제가 우선 잘 들어주니까, 제가 할 얘기도 별로 없고, 자기들이 내 얘기를 들어주려는 것도 아닐 거고. "얘기해라, 들어줄게" 하는 것이고, 궁금한 것이 있으면 내가 묻고, 그러니까 좀 대화가 되는 것 같습니다.

이러니저러니 해도 역시 젊음은 젊음인 것 같습니다. 요새 청춘들이 훨씬 더 단단하고, 책도 많이 읽고, 고민도 많이 하는 것 같아요. 매 시기마다 청년들의 역할이 있었고, 그에 따른 책임도 있었지만, 고민의 정도들이 크다, 작다, 얘기할 수 있겠습니까? 예를 들어, 군사독재 시절에는 민주화를 위해 청년들이 앞장섰죠. 4·19 때도 그렇고, 유신체제를 무너뜨린 것도 그렇고, 광주민주화운동도 그렇고, 청년들이 다 앞장선 것이 아니겠습니까? 사명감을 가지고 시대의 등불이 된 것이죠.

민주화 이후 세대들도 나름대로 민주화 이후의 민주주의를 걱정하고, 삶을 걱정하고, 사회를 걱정하고, 그러면서 경쟁은 경쟁대로 치열하게 겪고, 나름대로 그때그때 거기에 맞는 고민들이 있는 것 같습니다. 개인적으로는 다양하게 정보도 섭취하고, 경쟁력을 갖추기 위해 치열하게 준비하고 고민도 하지만, 우리 기성세대가 보기에는 늘 걱정되죠. 우리도 그랬지만요. 그래도 당당하게 잘 준비해나가고 있는 것 같아요. 오히려 지나치게 무한 경쟁, 개인들 간의 경쟁으로 치

• 2019년 여름, 신한대학교 총장 재직 시 교정에서 학생들과 함께.

닿고 있는 것들을 우리가 어떻게 사회적으로 완화시켜주고, 그런 욕구들을 순기능으로 충족시켜낼 것인지, 성장 동력으로 바꾸어낼 것인지 하는 고민이 중요하죠. 지금 기업은 기업들대로 지쳐 있고, 일자리들은 잘 안 만들어지잖아요. 4차 산업혁명을 말하는데, 4차 산업혁명이 발전할수록 일자리가 줄어들 수밖에 없는 거 아닙니까? 결국 일자리는 줄어들게 마련이죠.

이런 문제들에 대해 어떻게 대비할 것인지, 사회적 시스템을 어떻게 구축할 것인지, 이게 정치의 역할 같습니다. 기성세대, 어른들의 역할이죠. 오히려 젊은 사람들의 고민이나 준비 정도에 비해 우리 정부나 어른들이 준비가 덜 된 것이 아닌가, 이런 생각이 들더라고요. (웃음) 정부에서도 산업구조 개편 문제와 관련해 여러 가지 고민들이 있고, 정책들을 개발한다고 하는데요. 정말 그것이 피부에 와 닿는 정책으로, 또 그것이 국가 산업 재편으로, 근본적인 것에서부터 당장 눈앞에 닥친 일과 현실까지도 모두 반영해서 고민하고 준비하고 있는지는 한번 점검해볼 필요가 있다고 생각합니다. 그게 제가 정치를 다시 시작하고자 하는 이유기도 하구요. 또 그런 것들이 제가 대학에서 1년 동안 몸담고 있으면서 현실적으로 고민하고, 대응하고, 직시하는 데 도움이 됐다고 봐야죠.

지 젊은 사람들의 고민이 피부로 느껴졌을 텐데요. 오포 세대, 칠포 세대 하는 것이 사실은 다 경제적인 것과 연결되지 않습니까? 돈이 없으니까 연애도 포기하고, 결혼도 포기하고, 출산도 포기하게 되는 건데요. 첫 번째 풀어야 될 문제가 청년 취업인 것 같습니다.

서 정부가 일자리를 만들어낸다는 것은 한계가 있을 수밖에 없잖아요. 그렇다고 시장에서 일자리가 만들어지냐 하면 그렇지 않다는 거죠. 아까 얘기했듯이 기술이 고도화되고 발전하면 발전할수록 일자리는 줄어들게 됩니다. 혁신, 혁신 하는데 혁신이 뭡니까? 결국 일자리를 줄이는 겁니다. 사람 몫은 줄이고 시스템과 기술로서 승부를 보자는 거 아닙니까? 그러면 남는 인력들을 어떻게 재편할 것이냐, 그 사람들은 무슨 역할을 할 것이냐, 이 고민이 있어야 한다는 거죠.

지 모두가 BTS나 인기 유튜버가 될 수 있는 것은 아니니까요.

서 그렇죠. 다 가수가 되고, 연기자가 되고, 운동선수가 되고, 유명 소설가가 될 수 없잖아요. 그러니까 그런 것들을 진짜 획기적으로 고민해야 된다는 겁니다. 예를 들어, 당장 출산율 저하 문제도 국가적으로 보면 심각하잖아요. 찔끔찔끔 출산 장려 정책이라고 내놓을 게 아니고, 요람에서 무덤까지 전부 책임을 져주는 발상의 전환이 필요하죠.

지 젊은 층들은 그런 문제에 대해 어떤 요구를 하나요?

서 오히려 요구가 없어요. (웃음) 더 잘 알아. 그러니까 취업 문제가 큰 걱정거리죠. 학교에서도 총장부터 교수까지 학생들을 한 사람이라도 더 취업시키려고 여기저기 일자리 알아보고 다니는 것이 학교에서 할 수 있는 최대치입니다. 학교에서 일자리를 만들어내지는 못하잖아요. 우리가 공부시키고 키운 학생들이 제대로 일할 수 있는 공간을 만들기 위해, 아까 얘기했듯이 창업 공간도 만들어보는 것이고, 산학연대를 통해 각종 MOU라든지 협력 체계를 구축하여 교육할 때부터 같이 연계하는 시스템도 만들고 있고요. 여기 지역 특성상 군대도 하나의 큰 산업 아닙니까? 그렇게 군사학, 드론도 각광을 받고 있는데, 우리 학교는 드론과 연계해서, 지역 사회와 밀착하여 과 구성도 재편하는 다양한 시도들을 하고 있습니다.

결국 사회가 학생들을 필요로 하는 영역들을 발 빠르게 맞춰가야 한다고 생각하는데요. 문제는 정부, 시장, 기업에서 일자리가 생겨야 되는 거잖아요. 그래서 제가 학교에서 기회가 있을 때마다 정치와 학문, 교육이 서로 다르지 않다, 서로 떨어져 있지 않다, 분리되어 있지 않다는 것을 강조하는 겁니다. 정치와 떨어진 분야가 있을 수 있겠습니까? 모든 것이 궁극에는 정치의 영역이고, 정치의 역할인데요. 자원 배분의 우선순위를 결정하는 것이고, 양과 질을 결정하는 것이고, 결국 그것이 모두 정치의 영역 아니겠습니까?

지 유승준 같은 문제에 분노하는 것도 불공정하다고 생각하기 때문 아닐까요? 그런 분노가 어떤 개인한테 투사되는 걸 텐데요. 오찬호 교수가 지금 젊은 친구들은 차별에 찬성한다는 내용의 책을 냈는데요. 내가 공부한 만큼 대접받아야 한다는 것을 너무나 당연하게 생각하고, 그렇지 않으면 불이익을 받았다고 아주 당당하게 노골적으로 주장하는 사회가 된 것 같습니다. 그게 갑질 사회와 연결되는 부분도 있는 것 같고요.

서 예전에 교실에서 학점을 놓고 벌어졌던 수준을 훨씬 넘어서서, 어제오늘 나온 얘기는 아니지만, 요즘 좀 더 구체화됐다고 할까요? 좀 더 구체적으로 그 문제들을 사고하고 행동한다고 보이는데요. 저는 그게 나쁘지는 않다고 생각합니다. 틀린 말은 아니라고 생각합니다.

지 있었는데, 없는 척하고 있다가.

서 좀 더 구체적으로, 좀 더 분명하게 하나의 사회 현상으로 나타나기 시작한 거죠. 전부터 있었어요. 그런데 저는 그게 나쁘다고 얘기할 수 있겠는가. 그게 지나쳐서 사회 일탈로 가면 문제가 되겠지만, 그렇게까지 갈 수는 없다고 생각하고요. 그런 분위기가 오히려 어쩌면 사회 발전, 국가 발전, 개인들의 발전, 진보의 한 동력이 되기도 하죠. 자본주의의 특성이기도 하지 않습니까? 문제는 그 것을 사회 현상으로 고착화시키면 곤란하다는 거죠. 모든 것을 대결 구도로 몰아갈 수는 없는 거 아닙니까? 흔한 얘기지만, 개인의 능력과 노력으로만 전가시킬 수는 없다는 거죠. 결국 거기서 생길 수 있는 부작용이나 부족한 부분을 사회가 어떻게 메꿔줄 것인가를 고민해야겠지만, 지나치게 개인들이 이기주의적으로 가버리면 곤란하겠지만, 개인들의 생각과 행동까지 잘했다, 잘못했다, 이렇게 일반화시켜서 비난할 수는 없다고 생각합니다. 단지 그것이 현실화되지 않게 하는 것이 정치의 역할 아니겠습니까?

숙제를 할 것이냐
문제를 만들 것이냐

지   신한대학교의 내부적 비전을 '문제아를 양산하는 대학'이
라고 표현하셨는데요. 문제아라는 것은 어떤 의미인가요? 스티브
잡스 같은 돌연변이들을 키워내야 한다는 건가요? (웃음)

서   기본적으로 더욱 창의적이어야 된다, 좀 더 풍부한 상상
력을 키워야 된다, 이런 얘기거든요. 문제의식 없이 어떻게 상상력
이 발휘될 수 있으며, 문제의식 없이 어떻게 창의적 사고와 창의적
행동을 할 수 있겠냐는 겁니다. 모든 것은 기존의 질서, 기존의 발
상, 기존의 틀을 깨보자, 깨고 가자, 에서 시작합니다. 우리는 그것
을 문제 삼지 않는다는 겁니다. 학교생활에서, 교실에서, 실험실에
서 모두.

지 구체적인 실천 프로그램 같은 게 있나요?

서 리더십 프로그램 강좌를 하나 개설했습니다. 물론 어느 대학이나 많이 있지만, 좀 더 다양한 사람들의 의견들을 듣고, 꼭 교수들이 아니어도, 유명한 사람이 아니어도, 스타트업에 성공한 사람도 강좌를 하도록 했습니다. 예를 들면, 우리 대학에 케이팝 학과라고 있는데, 타이거 JK와 윤미래 씨가 의정부에 작업실을 두고 활동하고 있더라고요. 힙합계의 대부라고 하던데, 그런 분들도 우리 학교의 겸임 교수로 모셔서 자신의 생각을 학생들과 공유하고 얘기할 수 있도록 수업을 맡겼습니다. 의정부 신한대학교를 힙합의 메카로 만들어보면 어떻겠냐고 했습니다. 케이팝은 이제 아이돌 스타들만 하는 음악의 한 분야가 아니고, 계속 진화·발전해나가는 거대한 문화적 현상 아닌가요?

지 외부적 비전인 '대학이 도시를 만든다'는 것도 타이거 JK와 협업하는 것과도 연관이 있는 것이겠네요. 대학이 도시를 리모델링 하는 데 중심 역할을 해야 된다는 뜻인 것 같습니다.

서 여기가 의정부 입구잖아요. 망월사역, 도봉산 입구입니다. 여기를 원도봉이라고 하더라고요. 엄홍길 대장이 이 동네 사람입니다. 도봉산 중턱을 왔다 갔다 하면서 세계적인 알피니스트가 됐더라고요. (웃음) 헌데 제가 와서 보니 모든 게 너무 허술하더군요. 그래서 여기를 한국의 등산의 메카로 만들어보면 어떻겠느냐, 등산 대학이 없다고 하더라고요. 등산 인구가 2,000만 명이라는데, 단순히 이게 레저스포츠에만 해당할까요? 거기 딸린 산업이 얼마나 큰데요.

지 아웃도어 산업도 있고요.

서 등산 장비 산업도 있고, 많죠. 양주 쪽에 직물, 의류 산업체들이 모여 있다더군요. 그런 것들을 우리 디자인학과와 연계시켜서, 시대적 요구와 지역적 요구에 부응하는, 미래 세대를 위한 다양하고 특화된 기회들을 제공해줄 수 있도록 여러 가지 구상을 해보자는 거죠. 요즘 '글로컬glocal'이라고 하는데, 가장 세계적인 것이 가장 지역적인 것이 될 수 있게, 여기야말로 서울과 딱 맞닿아 있어서 서울 중심일 수도 있고, 또 지역 중심일 수도 있고, 그 경계를 아주 잘 활용하면 되는 거죠.

지 위치상으로도 분단 경계 지역에도 있자나요?

서 그렇죠. 분단 시대에 살고 있고, 분단의 중심지에 있죠. 그래서 단순하게 남북통일 문제만을, 정치 체제만을 얘기하는 것이 아니라, 분단 고착화로 인해 사회·문화적으로 생겨난 여러 가지 일탈 현상과 이질적 변화들에 대해 우리가 관심을 가지고 연구해보자는 취지로 탈분단경계문화연구원을 만들었습니다. 정부는 물론 경기도와 함께 심포지엄도 열고, 연구 활동도 활발하게 하고 있습니다. 지역 특성에 맞춰 분단 경계 지역에 위치하고 있는 학교로서 이런 것들을 우리의 과제로, 지역에서의 역할로 삼았기에 가능한 겁니다.

또한 대학촌을 만들어보자, 청년 창업 프로그램이나 타운도 조성해보자는 제안을 경기도나 의정부시에 했습니다. 우리가 종합대학이 된 지 얼마 안 됐기 때문에 계획들을 못 세우고 있다가 제가 문제 제기를 하고, "준비를 해라, 시작을 해보자"고 했습니다. 끊임없이 문제 제기를 하고, 프로젝트로 채택한 것들은 중단 없이 끌고 나가고, 준비가 필요한 것들은 계속 해나가고, 그렇게 해야 학교에 활력이 생기지 않을까요? 실제로 그렇게 했고요.

지 정치인으로서 총장을 하면서 어떤 것을 얻으셨나요?

서 젊은이들이 가지고 있는 기본적인 생각들, 정서들, 욕구들을 언론을 통해서가 아니라, 그 중심에 들어와서 그들과 함께 생활하면서 현장에서 보고 느끼게 된 것 아니겠습니까? 실제로 그들을 교육 시키고, 사회 진출을 할 수 있도록 돕는 교육자 입장에서, 더군다나 책임을 맡고 있는 경영자 입장에서, 그런 다양한 환경을 직접 체험하고 문제의식을 가지게 된 것은 정치하는 사람으로서 정말 엄청난 경험을 한 것이라고 생각합니다. 정치인으로서만이 아니고 우리 사회의 기성세대로서 제대로 살아가는 데 좋은 기회가 되었습니다.

지 1년 3개월 총장을 하면서 가장 보람이 있었던 일은 어떤 건가요?

서 생각보다 학생들이 나를 많이 알아봅니다. (웃음) 우리 학교에 문의할 게 있다고, 누가 우리 학교에 대해 궁금한 것이 있다고 자기들끼리 얘기하다가, 인근 노원구에 사는 친구가 "너 인기 좋더라. 동네에서 학교 얘기가 나와서 그 총장이 내 친구다"라고 하니까 안 믿더래요. 사진을 보여주면서 "내 친구다" 하니까 "우리 학교 총장 맞아요" 하면서 얼굴만 보고 알더라는 거예요. 생각해보니까 우리가 학교 다닐 때도 총장 얼굴은 잘 몰랐던 것 같은데요. 이름조차도 잘 몰랐던 것 같고요. 그런데 친구가 "이름도 알고, 얼굴도 알던데, 잘하고 있나봐" 하더라고요.
짧은 기간인데, 학생들이 나를 총장으로 알아봐주는 데는 뭔가 이유가 있겠죠. 무슨 이유인지는 모르겠지만요. (웃음) 정치를 하느라고 그만둔다고 하니까 어느 순간부터 교수들이 한 사람 두 사람 와서는 보직 교수들까지 "꼭 정치를 해야 됩니까? 우리 학교 총장을 계속하면 안 되겠습니까? 임기를 채우시고, 그 뒤로도 우리 학교 발전을 위해 함께해주시면 안 되겠습니까? 국회의원을 안 해본 것도 아니고, 꼭 가셔야 됩니까? 기왕 우리 학교에 오셨는데……"라고 그러더군요.

지　잘하셨다는 거네요. (웃음)

서　이유는 물어보지 않았지만, 기분은 좋더라고요. (웃음) 그래서 제가 미안하다고 하면서 이런저런 이야기들을 했는데, 처음부터 그렇게 계획을 하고 왔으니까요. 짧은 기간이었는데, 학생들도 그렇고, 교직원들도 그렇고, 교수들도 그렇고, 다양한 사람들이 개인적으로 저한테 그렇게 얘기하는 것을 보면 '나름 의미 있게 총장직을 수행했구나' 하는 생각이 들더라고요. 아무튼 열심히 했습니다. 제 별명이 '배달의 총장'인데. (웃음) 회의가 길어지면 학교 앞 음식점에서 배달을 시키곤 했거든요. 그 사장님이 그러시더군요. 이렇게 배달 많이 시키시는 총장님은 처음 봤다고. 시간 아껴가면서 열심히 했고. (웃음) 주변 식당에서 일하는 분들이나 청소하는 분들, 경비 아저씨들도 제가 지나가면 반갑게 "총장님, 안녕하세요" 하고 친근하게 하니까, 그런 것들도 좋았어요.

지　반대로 이런 것들은 더 했으면 하는, 아쉬운 부분은 없으셨나요?

서　몇 가지 있죠. 생각했던 것들을 마무리하거나 아니면 새롭게 출발시켰으면 하는 것이 있는데요. 사회적 가치 추진단의 경우, 후임 총장님이 잘하시겠지만, 구체적으로 하나하나 학교 경영, 행정, 학생 교육 프로그램에 반영시켜야 하는데요. 모두 완성하지 못했죠. 그런 것들이 좀 아쉽네요. 어차피 그 일은 다음 총장이 하실 거니까요. 시작만 했지, 안착시켜놓지는 못했거든요. 병원도 그렇고, 그다음에 환경문제와 관련해 경기도, 의정부시, 한전 KDN 등과 함께 수소연료전지발전소를 학교에다 구축한 것입니다. 우리 학교에 에너지환경공학과가 있거든요. 이를 통해 신재생에너지 센터를 만들 겁니다. 마침 지금 시작 단계여서, 그것 때문에 제가 한두 달 더 학교에 있을까 하고 고민을 많이 했습니다. 그런데 어차피 시작한 일이고, 후임 총장님이 그 필요성을 학교나 재단과 상의해서 잘 알고 계실 겁니다. 학교 교무위원회에서도 의논하고 진행한 일이기 때문에, 이 정도만 해도 사업을 출발시키는 데 지장이 없을 거라고 생각합니다.

하지만 제 개인적으로는 아쉽죠. 우리나라 대학으로서는 최초 거든요. 미국 캘리포니아공과대학 칼텍, MS, 애플, 이런 데서 자신의 회사 내 외벽의 인테리어를 수소연료전지로 해놨거든요. 우리 학교에서도 그런 것들을 혁신적으로, 시범적으로 사업을 시작했기에 잘될 거라고 봅니다. 환경부의 그린 캠퍼스 조성 사업으로 우리 신한대학교와 서울대학교, 인천대학교를 포함해서 5개 대학이 선정되었습니다. 그린 캠퍼스 사업을 좀 더 발전시켜서 수소연료전지 사업까지 구축하는 것인데, 그렇게 되면 그린 캠퍼스뿐만 아니라 에너지환경공학과, 신재생연구센터도 더욱 혁신적으로 발전하는 계기가 될 겁니다. 에너지 문제에 혁신적인 발전이 있을 거라고 보는데, 일단 그 스타트는 끊은 거죠. (웃음)

지　총장 일을 하시면서 대한민국의 대학 교육이나 교육 시스템의 문제점도 느끼셨을 것 같은데요.

서　교육은 언제나 누구에게 숙제이긴 하죠. 흔히들 이야기하는 것처럼 전통적으로 대학은 학문의 전당이라고 하지 않습니까? 하지만 지금은 모든 관심사가, 모든 숙제가 취업이 된 거예요. 취업이 가장 중요한 목표가 되었습니다. 어찌 보면 대학교가 마치 취업 사관학교, 아예 이걸 중요한 목표로 내건 대학들도 있고, 실제로 대부분의 대학들이 취업을 제1의 가치로 내세웁니다. 이게 좋고 나쁘고를 떠나서 과연 바람직한가 하는 생각이 들고, 또 자괴감이 들 때도 많지만, 어쩔 수 없는 현실이기도 하죠. 시대적 요구이기도 하고요. 시대적 과제가 사회적인 그랜드 어젠다가 아닌, 개인의 이익과 이해로 귀착되는 것 같아서 아쉬울 따름인데요. 그럼에도 불구하고 어느 시대나 취업 문제가 도외시된 적은 한 번도 없잖아요. 훌륭한 인재를 양성해서 일을 잘할 수 있게 하면, 그게 학문을 하던, 연구를 하던, 회사를 들어가던, 공무원이 되던, 다 취업 아닙니까? 뭘 하든지 간에. 그렇게 훌륭한 인재를 배출해서 사회적·국가적으로 역할을 할 수 있도록 하는 것이 시대를 불문하고 대학의 사명이죠. 대신 정말 너무 기능화되고 파편화되어가는 것 같아서 그게 좀 아쉽다는 겁니다.

그 보완 작업으로 인문학뿐만 아니라 기초 학문도 다양하게 섭렵할 수 있도록 커리큘럼을 구성하고, 그런 것들을 놓치지 않게 교육시키는 것도 모든 대학의 책무이고 사명이죠. 다행히 우리가 사회적으로 걱정한 것보다도 학생들이 컴퓨터 게임이나 핸드폰만 하는 것도 아니고, 차원 높은 사고와 고민도 하는 것 같습니다. 또 그런 갈증들을 해소하기 위한 독서량도 우리 기성세대가 학교를 다닐 때보다 낮다고 하기 어려운 것 같습니다. 책을 고르는 수준이나 독서의 질도 떨어진다고 생각하지 않아요. 그런 에너지들을 개인의 이익과 이해에 국한시키지 않고 얼마나 사회, 국가, 인류 전체에 도움이 될 수 있는 보편적 가치를 지닌 지식인으로 양성해낼 것이냐, 그런 점을 우리가 좀 더 고민하고 노력해야 된다고 생각합니다. 그게 대학의 궁극적 역할이죠.

한 세대의 진퇴는
시대의 필요에 따라 결정된다

지 386세대가 민주화운동에서 큰 역할을 했지만, 지금 세대들이 볼 때는 당시는 취업에 대한 고민이 크지 않았다고 생각하지 않습니까?

서 그때라고 왜 고민이 없었겠어요. 단지 산업적으로 고도성장기였기 때문에 국가도 그렇고 모든 회사와 국민 소득이 7~8퍼센트 성장할 때 아닙니까? 국가의 공적 조직도 그만큼 확대되면서 거기에 따른 인력 수요가 늘어나고, 마찬가지로 기업들도 자고 나면 커지면서 일자리들이 많이 늘어났죠. 그러나 따지고 보면 그만큼 취업 인구도 많았습니다. 인구 팽창기여서 예나 지금이나 따지고 보면 좋은 일자리는 한정되어 있었습니다. 좋은 일자리를 얻기 위한 경쟁은 예나 지금이나 치열합니다. 단지 폭이 좀 더 넓었던 것은 사실인데요. 지금의 고민은 우리가 이미 성장할 만큼 성장한 상황에서 일자리에 대한 기대 수준이 상대적으로 우리 세대보다 훨씬 높고 다양해졌다는 사실입니다. 또 한편으로 지나치게 개인주의적이고 안정 위주의 선호가 취업 시장에서 하나의 흐름으로 굳어질까 봐 걱정하는 거죠. 공무원, 의사, 교사처럼 안정적인 직장은 과거에도 비슷했어요. 과거에도 그걸 추구하는 사람들이 있었거든요. 그 취업 시장이 있지 않았습니까? 예를 들어 노량진, 신림동 일대에 고시촌이 있었잖아요. (웃음) 그건 10년 전에도, 20년 전에도, 그리고 30년 전에도 있었습니다.

지 9급 공무원 시험도 경쟁률이 너무 높지 않습니까?

서 한참 경제 성장기에는 9급 공무원 같은 직업을 잘 선택하지 않았는데, 그때는 공무원이나 교사의 사회적 지위와 대우가 일반 사기업에 비해 현저히 낮았기 때문입니다. 그래서 선호하지 않았을 따름이에요. 지금은 오히려 사기업보다 공기업과 공무원이 안정적이고 대우가 좋죠. 그러니까 그건 선택의 문제라는 겁니다. 예전에는 사기업이 더 대우가 좋고 비전이 있었다면, 지금은 공기업이 연금까지 있으니까 조건이 더 좋은 거죠. 그러니까 취업 시장의 흐름이 왔다 갔다 하는 것 아닙니까? 또 한때 은행 등 금융권이 좋을 때가 있었습니다. 하지만 요즘에는 일부 금융권은 좋지만, 전체적으로 다 좋은 것은 아니잖아요. 금융 쪽에서 증권이 최고였지만,

지금은 아니잖아요. 그런 일정한 흐름들이 있는 것이지, 그때는 증권회사가 불안정하다고 생각했습니까? 안정적이라고 생각했지. 누구나 안정적으로 취업해서 자아를 실현하고, 여유 있는 생활을 할 거라고 기대했죠. 이런 차이가 있지만, 지나치게 개인주의적이고 안정적으로 취업하려는 흐름이 좀 더 커진 것은 사실이죠. 우리가 흔히 얘기하는 도전 정신이 사라진 게 아닌가, 하는데 저는 꼭 그렇게만 생각하지 않습니다.

지 386이 민주화운동에 대한 자부심을 크게 가졌던 것만큼, 정치권에도 많이 들어갔고, 이 사회의 근간이 되지 않았습니까? 젊은 세대들은 386이 자화자찬했던 것에 비하면 세상을 좋게 만들지는 못했다는 실망감도 가지고 있는 것 같습니다.

서 어쨌든 가장 큰 숙제가 누구나 기회를 평등하게 보장받고, 누구나 노력한 만큼의 대가를 받는 정의로운 사회를 만들자는 것이죠. 민주주의 완성을 통해 그런 사회를 만들자는 것이 우리들의 꿈이고 비전 아니었습니까? 동시대를 살고 있는 거의 모든 젊은이들의 바람이었고 공통의 목표였지, 이른바 386으로 대변되는 운동권 학생들의 전유물은 아니었다고 저는 생각합니다. 그 시대가 요구했고, 그 시대의 반영이었죠. 기업이나 공무원을 선택한 사람들도 있고, 유학 가서 공부를 한 사람도 있고, 고시 공부를 한 사람도 있고, 학생운동을 하던 사람들은 정치권에 들어오거나 시민운동에 투신하거나 때로는 지역 공동체 구축을 위해 노력하는 등 다양한 분야에서 자신의 이상을 실현하기 위해 역량을 발휘하고 노력했죠. 그게 저는 우리 사회가 이만큼 발전할 수 있는 원동력이 됐고, 토대가 됐다고 생각합니다. 지역 운동, 시민운동, 경제민주화운동, 인권운동 등 다양한 활동 경험과 과정을 통해 사람들이 정치권에 들어왔습니다. 다양한 인재들이 다양한 분야에서 활동함으로써 기반을 구축하고 에너지를 분출하는 원동력이 된 거죠. 단지 그게 이제 정치권에서 도드라지게 보이는 거죠.

그러면 이 386으로 대변되는 세대 중에서 학생운동을 한 사람들만 있나요? 한편에서 우리 사회의 민주화와 변혁을 위해 치열하게 투쟁했다면, 다른 한편에서는 우리 사회의 발전과 정의 실현을 위해 도서관에서, 고시촌에서 열심히 공부해 판사가 되고, 검사가 되고, 또 변호사가 되어 다양한 활동을 펼친 사람들도 있습니다. 그 사람들은 잘한 것이고, 이른바 학생운동을 한 386세대들에게만 짐을 지울 수 있는 건 아니죠. 그것을 블록화하고 패를 갈라서 편견을 가지고 딱지를 붙이는 그 시선에 문제가 있다고 저는 생각합니다. 오히려 진보 진영에는 학생운동 출신들이 많다고 하지만, 민주당을 봐도 학생운동 출신보다 다른 경력을 가진 사람들이 더 많습니다. 숫자로 보면. 그게 작지 않아요.

지 변호사 출신들이 많죠.

서 교수를 했던 사람들도, 다양한 사람들이 들어와 있거든요. 그건 우리 사회가 그만큼 다양화되고 민주화 과정에서 그 에너지가 분출하면서 오늘날 일본과 맞설 만큼 경제적으로나 모든 분야에서 성장했다는 것을 보여주는 거 아닙니까? 세계 250여 나라 중에서 10위권의 경제 규모를 가지게 된 거 아닙니까? 이른바 식민지를 거친 나라 중에서 산업화와 민주화를 동시에 이룩한 거의 유일한 나라라고 세계에서 주목받고 있잖아요.

다양한 에너지들이 모여서 오늘날 대한민국을 만든 건데요. 이걸 네 편 내 편 나눠서 "너희 운동권들만 특권을 누리고 살지 않느냐?"고 비난하는데, 그 사람들이야말로 우리 사회 개혁의 꿈을 가지고 현장에서 노력해왔고, 그 과정을 통해 정치적 능력을 키운 것 아닙니까? 그러면 판사 하다가 변호사 하고, 돈 벌어서 정치하는 것은 당연한 코스이고, 아스팔트에서 공장에서 감옥에서 우리 사회의 변혁을 꿈꾸고 민주주의를 위해서 피 흘리고 땀 흘리고 고생했던 노력들은 다른 길인가요? (웃음) 그 사람들만 선택받은 사람들인가요? 그건 아니지 않습니까? 비슷한 역량들이 있었지만, 단지 길이 달랐고 방법이 다른 것 아니겠습니까? 대학 가서 후학들을 양성하고 학문적인 성취를 해낸 분들이 그것을 현실화시키기 위해 정치권에 들어온 거잖아요. 다양한 분들이 많이 들어왔습니다.

그렇게 우리 사회가 다양한 의견들을 모아내고 조정하고 합의해나가는 과정들을 거치면서 발전하고 진보해나가는 거죠. 아주 다양한 분야에서 다양한 경험들을 가진 많은 사람들이 정치에 참여했습니다. 서구 사회나 일본에서 볼 때 대한민국의 기적은 그 에너지에서 나오는 것 아닙니까? 저들은 그렇게 평가하잖아요. 그게 맞습니다. 앞으로도 그렇게 가야 될 것이고요. 다만 우리가 좀 더 책임감을 가지고, 좀 더 높은 수준의 헌신성을 요구받고 있고, 또 거기에 부응해야 하는 것은 어쩔 수 없는 숙명이라고 봅니다. 그래서 진보가 어렵잖아요.

지 일부 386세대 중에 아르바이트를 고용하면서 "니네들은 정치의식도 없다. 우리는 이런 가치관을 가지고 있었어" 하면서 모범을 보이지는 않고, 최저임금도 잘 안 주고 엄청나게 갑질을 해서 젊은 세대를 분노하게 만들었습니다.

서 모두가 다 그런 것은 아니죠. 어느 분야나 다 약간의 일탈은 있다고 봅니다. 그걸 부정할 수는 없는데요. 우리 사회의 일부 그런 현상들을 일반화시키는 것은 그다지 합리적이지 않다고 봅니다. 개인들의 일은 개인들의 일로 보아야 하고, 잘못된 일은 잘못되었다고 인정하면 되고, '우리는 이런 사람들이다'라고 대놓고 떠벌리는 것은 비판받아 마땅하지만, '너희들이 이렇게 말했으니까 이렇게 살아야 돼'라는 것은 너무나도 심한 논리적 비약 아닐까요? 성직자들 중에도 일탈 행위를 하는 사람들이 있잖아요. 그렇다고 모든 성직자들이 나쁘다고 이야기할 수 있습니까? 훌륭하게 살려고 노력하지만 신의 뜻과 어긋나는 경우가 얼마나 많은데요. 비슷한 거죠. 저는 오히려 이러한 비난은 일종의 딱지라고 생각합니다. 힘들게 독립운동 했던 사람들에게 친일을 했던 사람들이 붙여놓은 딱지라고 생각합니다. 그런 흐름들이 이어져 내려오는 거죠. 저는 대단히 불순한 동기라고 생각합니다.

지 기울어진 운동장이라고 합니다. 그걸 인식하고, 현실로 받아들여야 되는데요. '억울하다'고만 해서는 국민들을 설득하기 어려운 것 같습니다.

서 억울한 것이 아니고, 그것은 기득권자들이 이들을 무시하는 행위라는 겁니다. 기득권자들은 자신의 세계에 일부 사람들만 들어올 수 있다고 생각합니다. 저는 그런 편견이 보수 진영에만 있다고 생각하지 않습니다. 진보 진영에도 있습니다. 사회적 편견, 끼리끼리 문화.

지 엘리트주의 말씀인가요?

서 끼리끼리 문화는 엘리트주의, 특권 의식과 다 같은 맥락 아닙니까? 그 속에서 나온 발상이라는 거죠. 그것을 콕 집어서 구체화시킨 것입니다. 저는 그렇게 생각합니다. 그래서 언론을 통해 딱지를 붙이는 거죠. 사실 몇 명이나 됩니까? 그런 사람들이. '나는 괜찮은데, 너희는 안 돼.' 세상에 그런 논리가 어디 있습니까? '너희는 높은 도덕적 수준을 요구했고, 그것으로 우리를 비판했다', 누구는 비판 안 했습니까? 독재정권을 비판하지 않은 국민들이 몇이나 됐습니까? 돌 안 던진 학생들이 몇 명이나 됐습니까? 당연히 말과 행동, 삶의 태도와 행태가 일관되어야겠죠. 그런데 고급 음식점을 가면 욕먹어야 하고, 좋은 옷도 못 입고, 그런 것은 아니잖아요. 하나의 행태를 가지고 일반화시키는 것은 곤란하다는 거죠. 이것이야말로 극복해야 될 우리 사회의 잘못된 인식 아닐까요?

지 386세대는 앞으로 어떤 역할을 해야 될까요?

서 386이라고 특별한 대접을 받아야 될 이유는 하나도 없죠. 이른바 386세대가 집단이나 계급은 아니지 않습니까? 386이라는 것도 17대 국회의원 선거에서 최초로 열린우리당이 제1당이 되고, 노무현 대통령의 정치 개혁, 즉 돈 안 쓰는 선거, 돈이 없어도 선거를 치를 수 있는 시스템 속에서 본격적으로 부상한 것이잖아요? 과거에는 아무리 운동권이어도, 예를 들어 4·19에서 같이 운동을 했어도 정치를 할 수 있는 사람들은 거의 부잣집 아들들이었습니다. 선택된 사람들, 일부 지도자들만 했습니다. 그래서 4·19가 사회 변혁의 흐름으로 자리 잡지 못하고, 어떤 면에서는 주저앉게 된 것 아닙니까? 그 당시 정치적 역할을 제대로 하지 못했다는 연구도 많지만, 결국 정치적 흐름으로, 정치적 세력으로 진출하지 못했기 때문에 실패한 것이 아닌가 생각합니다. 비단 정치뿐만 아니라 사회 변혁의 주체 세력들이 변혁 운동을 완수하기보다 각 분야별로 자기 역할을 찾아가 기득권화되지 않았나요? 특히 정치권에 들어오신 분들은, 제가 봐도 대부분 돈이 좀 있거나, 아니면 일부 지도자들에게만 매달렸던 것 같습니다. 그건 사회 발전 단계에서 어쩔 수 없었던 일인지도 모르겠습니다. 그게 점차 확대되면서 만개한 것이 결국 뭡니까? 노무현 대통령의 가장 큰 업적 중 하나가 돈 없어도 정치를 할 수 있게 되었다는 것 아닙니까?

제가 지금 정치권에서 가장 못마땅한 일이 돈 없으면 정치를 하지 말아야 한다고 우리 사회와 언론이 몰고 가는 것입니다. 돈 없이 정치를 할 수가 없잖아요. 정치인은 풀을 먹고 삽니까? 이슬을 먹고 삽니까? 정치 활동을 하는 데 비용이 안 들어갑니까? 그러면 그 정치 비용을 사회적으로, 공적으로 조달하게 해서, 예를 들어 소액 다수 후원금을 통해 정치를 하고, 개인적으로는 이권에 개입하지 마라, 그리고 공천 헌금 없애자는 겁니다. 옛날에는 '30당 20락' 같은 별소리가 다 있었잖아요. 30억 있어야 된다는 거잖아요. 천문학적인 공천헌금이 오가던 시절이었습니다. 불과 얼마 전까지. 노무현 대통령 때부터 공천헌금 없애고, 상향식 민주주의와 정치공영제를 통해 사회적으로 정치 비용을 부담하도록 만들어놓은 것이 후원금 제도 아닙니까? 그걸 지금 다 무력화시키고, 돈 없는 사람은 정치를 하면 안 된다는 식으로, 몰아가고 있는 것 같습니다. 기득권에 유리한 방향으로.

그러니까 다양한 계층의 사람들이 돈 없이도 정치할 수 있다고 해서 국민들과 지역 주민들한테 봉사하고, 그런 노력을 통해 정치권에

진입했잖아요. 과거에는 특권층만 들어올 수 있었던 정치권인데, 법조인들, 이른바 전문가들, 기업인들, 교수들, 언론인들, 장차관들, 이른바 출세한 사람들이 또 다른 출세 코스로 정치를 선택했잖아요. 여야를 막론하고 그랬습니다, 노무현 대통령 때 속된 말로 개나 소나 정치를 한다고 했는데요. 그 평가를 누가 합니까? 판사를 했던 나경원 의원은 괜찮고, 민주화운동을 하다 감옥에 갔다 온 이인영 의원은 안 됩니까? 잘못하고 있는 겁니까? 제가 앞서 말한 편견과 잘못된 인식이라는 게 이런 이야기입니다. 이게 전혀 다른 겁니다. 정치가 특권화되어 있었거든요. 이 특권을 철폐해야 된다는 것이 3김 청산 아니었나요? 노무현 대통령이 당선되고 실천한 정치 개혁의 핵심이 뭐였습니까? 돈 없어도 정치를 할 수 있다는 겁니다. 남의 돈을 가지고 하자는 것이 아니잖아요. 거래해서 하자는 것도 아니고. 결국 돈 가지고 정치를 하니까 온갖 이권 개입이 난무하고, 부자들과 거래해야 하고…… 동서고금을 통틀어서 만고불변의 진리는 자기 돈으로 정치하지 않는다는 겁니다. 손해 보는 장사를 하지 않는다는 겁니다. 아무리 부자라도 자기 돈 가지고 하지 않는다는 거죠.

지 트럼프도 그렇죠. (웃음)

서 자기 돈 가지고 하면 그 돈을 백배 천배 벌충하기 위해 뭔가를 만들어내죠. 그 사람들은 그러려고 정치하는 것 아닙니까? 그런데 돈 없이 정치하는 사람들은 그 힘의 원천이 돈에 있지 않고 유권자들한테 있습니다. 유권자들한테 잘하면 됩니다. 저는 초선, 재선 때 그렇게 했습니다. 동네 유지들 따로 만날 필요 없이 행사장에서 다 만나죠. 그분들도 물론 잘 모시지만 한 명의 유권자구요. 제가 돈 많은 사람들에게서 돈 받고 정치를 하는 것도 아니고, 내 발로 뛰어다니면서 인사하고 잘해보겠다고 약속하고, 의논하고, 표가 거기서 나왔으니까요. 제 힘의 원천은 유권자들이니까, 그분들을 잘 모셔야 되잖아요. 영화에 나온 얘기도 아니고, 교과서에 나오는 얘기도 아니고, 현실이 그런 것 아닙니까? (웃음)

'때문에' 정치인보다
'덕분에' 정치인

지 의원님이 꿈꾸는 나라가 있을 것 같은데요.

서 노무현 대통령은 '사람 사는 세상'이라고 했고, 문재인 대통령은 '사람이 먼저다'라고 했는데요. 김대중 대통령은 '정의가 강물처럼 흐르는 세상'을 만들겠다고 말씀하셨고요. 진짜로 억울한 사람들이 억울하지 않은 세상, 힘없는 사람들이 힘없다고 손해 보지 않는 세상, 하고 싶은 말과 하고 싶은 일을 마음껏 할 수 있는 세상이 진짜 사람 사는 세상이라고 생각해요. 사람 사는 세상을 위해 열심히 정치를 해야 된다고 생각합니다. 또 그렇게 해왔고요. 제가 가진 모든 능력과 에너지를 투입해서 별짓을 다하고 다니는 거죠.

지 나중에 어떤 정치인으로 기억되고 싶으신가요? '서갑원은

어떤 정치인이었다.'

서 나는 고맙다는 소리가 참 좋아요. 지금도 순천에 가면 많은 사람들이 이런저런 이유에서 "서 의원 덕분에 잘살고 있어요. 덕분에 수천만 원 손해 안 보고 이익을 봤어요" 합니다. 사람들한테 "그래도 저 사람이 우리와 함께해서 고맙고, 우리를 위해 일해서 고맙다"는 말을 듣는 겁니다. 저는 소박합니다. "든든했다, 고마웠다, 좋았다." 이런 소리를 듣는 정치를 하겠다는 생각을 늘 하고 있습니다. (웃음) 그리고 개인적으로 나랑 함께하는 부모, 형제, 일가친척들과 동료들이 "저 사람 때문에 내가 맥없이 욕먹고, 미안하다"는 소리를 안 듣는 정치. 참 소박해요. 어디가든 늘 그렇게 얘기합니다. "동문회에 가든지, 문중에 가든지, 친구들 모임에 가든지, 나 때문에 손해보고, 나 때문에 욕 안 먹도록 최대한 열심히 잘하겠습니다." 그렇게 얘기하죠. (웃음)

지 노무현 대통령님에 관해 딱 한 장면이 떠오른다면 어떤 장면이 떠오르세요. 지금.

서 뭐가 있을까요? (웃음) 뭘 해놓고 계면쩍어하십니다. 묘한 표정이 있어요. 수줍어하는 표정도 아니고, 미안해하는 것도 아니고, 좋아하는 것도 아닌, 누가 뭐라고 칭찬하거나 기분 좋거나 하면 아주 이렇게 하면서 손으로 얼굴을 가리기도 하시고. 다른 사람이

흉내 내기가 쉽지가 않아요. (웃음) 좋아하면서도 그걸 내색하지 못하는 계면쩍어하는 그런 표정이 있습니다. 뭐 다양한 표정들이 있으시지만.

지 원래 성품이 비슷한 부분도 있으시겠지만, 같이 지내면서 닮아간 부분이 있을 것 같은데요.

서 많아요. 실제로 그런 것 같아요. 잊히지 않은 장면은, 〈노무현입니다〉라는 영화에서도 얘기했는데, 그건 잊어버릴 수가 없잖아요. 모신 지 몇 년 되지 않았을 때인데, 지금은 안 보이는 것 같은데, 송정리역 가다보면 대로변 어디쯤에 있던 모텔에서 저와 수행비서, 노 대통령님, 이렇게 셋이서 한 방에서 잤습니다. 노 대통령께서 "한 방에서 자면 안 되나?" 하시는데, 안 될 거 뭐 있어요? 남자들끼린데. "그러시죠" 했죠. 마침 모임에서 술 한잔하고 들어왔는데, 노 대통령은 술을 잘 드시는 편이 아니었습니다. 저하고 비슷해요. 술을 드시긴 하는데, 술을 좋아하지는 않고, 몇 잔만 마시는 것은 좋아하시는데, 술이 세지는 않아요. 그래서 본인이 술 마시자는 소리는 안 하세요. 그런데 그날 모텔 방에서 맥주 한잔 더 하면서 이런저런 얘기를 하다가 "내가 자존심 상해서 힘들다, 돈 없이 정치할 수는 없는 건가?" 그러시면서 우시는 거예요. 처음에는 얼마나 놀랐겠어요. 그 당시도 너무 유명한 분이잖아요. 맥주 한잔 마시면서 갑자기 엉엉 우시는데, 얼마나 당황스럽고, 충격적이었겠습니까? 그 장면은 잊을 수가 없죠. 돈 없는 정치인의 서러움을 단적으로 표현한 게 있다면 딱 그 한 장면이라고 보시면 됩니다.

우리가 지방자치실무연구소를 할 때인데요. 지금은 온라인으로 모든 비용을 처리하지 않습니까? 계좌이체도 하고. 그때도 되긴 했지만 회비를 잘 안 줘요. 이사들 회비가 10만 원인데, 그걸 받으러 직접 여의도에서 부평까지 간 적도 있습니다. 물론 돈만 받으러 가는 것은 아니지만, 회비를 받으러 가는 게 주목적입니다. 그런데 밥 먹고, 맥주까지 한잔했는데, 자기도 까먹었는지 돈을 안 줘요. 사람 환장하는 거죠. (웃음) 우리가 연구소를 할 때는 다 그렇게 했습니다. 연구소 후원금 준다고 해서 수원엘 갔는데, 비싼 술집에서 술을 사는 거예요. 차라리 그 돈을 우리한테 주면 얼마나 의미 있게 쓰겠습니까? 미치고 팔짝 뛰는 거죠. 갔다가 올 때 우리 둘의 기분은 어떻겠습니까? 삼겹살에 소주 한잔 먹고, 친한 사람이에요. 그러니까 겸사겸사 가지만, 이광재 씨와 둘이서 "삼겹살에 소주 한잔 먹고, 후원금 주면 안 되냐, 그게 그렇게 어려운가?"라고 얘기한 적도 있어요. 웃음 아닌 웃음을 짓고, 얼마나 자존심이 상해요. 대통령님의 마음을 그때 알겠더라고요. 처음엔 잘 모르잖아요. 연구소 할 때, '의원님이 느낀 것이 이런 거구나', 그럴 때가 많았습니다. 돈 안 쓰고도 할 수 있는 정치, 노무현 대통령 정치 개혁의 전부입니다, 전부. 돈 있는 사람만 정치하는 것이 아니라는 거죠.

지 노무현 대통령님께 배운 것을 많이 말씀하셨는데요. 팔로

우십이라고 할까요. 같이 일을 오래했을 때는 뭔가 결이 맞고, 도움이 되니까 그랬을 텐데요.

　　서　재미가 있어요. 우선 같이 일하면, 노무현을 위해서 일하는 것이 아니고, 나를 위해서 일하는 거예요. (웃음) 틀림없이 의원님을 위해서 일을 해요. 그렇잖아요. 의원님을 잘되게 하고, 대통령을 만들기 위해서 일을 해요. 그런데 일을 하다보면 내 일을 하고 있는 거예요. 그거 참 희한하죠. 그게 소통인 것 같아요. 그게 배려이고. 말로만 배려하고, 말로만 소통하는 것이 아닙니다. 저는 한 번도 "이걸 해라, 저걸 해라" 하는 소리를 들어본 적이 없어요. 저한테만 그런 건 아닌 것 같아요. 대부분은 회의를 통해서 결정을 하고, 알아서 후다닥 하고, 우리 일을 하고 있는 거예요. 그러니까 신나고 재밌지, 우리가 노무현을 국회의원으로, 대통령으로 만들기 위해서 하는 것이 아니고, 노무현 대통령님이 '나를 무언가로 만들기 위해서 일해 주라'는 것이 아니고, 우리가 만들기 위해서 하는 겁니다. 우리를 위해서 우리 일을 하고 있는 거예요. 그게 핵심입니다. (웃음)
　나만 그런 것이 아니고, 거의 다 그런 것 같아요. 청와대 공무원들도 노무현 대통령과 일했던 사람들은 자부심을 가지고 일을 하잖아요. 만나보세요. 다 자부심이 있어요. 청와대에서 죽어라고 일했던 시간에 대해, 선거 캠프에서 국회에서 일했던 것에 대해 다 자부심이 있습니다. 노 대통령과 일한 사람들이 노 대통령을 욕하는 경우는 없습니다. 그게 그분의 독특한 리더십인 것 같아요. 그건 '나를 따르라'

• 노무현 대통령은 늘 격의 없이 직원들과 함께했다. 청와대 비서실 식당에서 콩나물 비빔밥 배식을 받고 있는 노 대통령.

가 아니라 '함께하자'는 거죠. 어떤 때는 그래요. 술 한잔하면 "자네들이 나를 위해서 일하는가, 너그들이 꿈꾸는 세상을 만들려고 나를 앞세워서 일하려고 하는 거잖아"라고 하세요. 그게 전라도 사람들한테 했던 얘기와 같은 거죠. 함께하자는 얘기입니다.

지 좀 오해의 소지가 있는 화법이네요.

서 오해의 소지가 있고, 악의적으로 생각하면 마음껏 이용할 수 있는 거죠.

지 2002년 민주당 국민 경선에서 "그러면 마누라도 버려야 합니까?"라는 말을 좋아했던 사람들도 대통령의 화법은 달라야 한다고 했는데요.

서 격식이 있어야 된다, 노무현 대통령의 말 중에서 격식이 없는 말은 하나도 없어요. 대중들과 소통할 때는 다르잖습니까? 광복절 기념사, 삼일절 기념사, 현충일 기념사, 5·18 기념사 다르잖아요. 그때는 그 분위기와 어법에 맞은 말을 합니다. 그러나 대중들과 소통할 때나, 재향군인회 가서 "별 단 사람들이 창피한 줄 알아야지. 국방비로 수십 조, 수백 조 쓰는 나라에서 스스로 자기 국가 하나 지킬 능력을 키우지 못하고, 미국 아니면 다 죽는다고 얘기하고, 창피한 줄 알라"는 것은 그 사람들과 소통하고 있다는 거잖아요. 다른 대통령은 안 그렇습니까, 트럼프도 그렇고, 케네디는 안 그랬나요? 링컨은 안 그랬나요? 현장에서 대중들과 소통하는 것과 격식을 갖추는 기념 사는 다르죠. 국회에서 연설하는 것도 다르지 않습니까?

지 대통령이 되시고 나서, 말에 관한 이야기를 나누지는 않으셨나요?

서 예전에는 보도자료를 내면 우리가 원하는 내용은 안 써주고, 자기들이 필요한 말만 쓰잖아요. (웃음) 왜곡시켜버리고. 그래서 "아예 딱 요 말만 하고 오자"는 이야기는 많이 했죠.

지 그러면 안 써주잖아요. (웃음)

서 말이라는 것이 그렇게 할 수는 없잖아요. 생각의 전달인데요. 생각과 나의 행동 지침이 언어를 통해 나오는 것 아닙니까? 오죽했으면 문희상 의장이 예전에 "'저 달 아름답지' 하고 손가락으로 달을 가리키는데, 그 달은 안 쳐다보고 가리키는 손가락의 손톱 때만 보고 비난하는 것이 옳은 것이냐"고 말한 적이 있습니다. 본질이 중요함에도 무조건 본질을 왜곡시키는 행태를 간결하게 지적한 것이죠. 그래서 대중들이 노 대통령 연설에 열광하지 않습니까? 그 유명한 "대통령 못 해먹겠다"고 한 말이 대통령 임기 5년 어록 중에 최악의 말 1번일걸요. 하지만 사실 앞에서 말씀드린 대로

• 2009년 5월 28일 노무현 대통령 서거 엿새째. 봉하 마을 빈소에서 상주 역할 할 때.

그게 가장 인간적이고, 가장 노무현다운 이야기였습니다.

지 대통령께서 돌아가셨을 때 그 소식을 어디서 들으셨나요?

서 정말 죄송하고 속상한데요. 제가 정개특위 간사일 땐데, 외국을 갔습니다. 네덜란드, 포르투갈, 스페인 등을 열흘간 갔다 오는 일정을 잡았습니다. 헤이그인가 암스테르담에서 새벽 두 시쯤인가 자고 있는데 입법관이 문을 두드려서 깼습니다. 저는 외국엘 가면 전화를 잘 안 받습니다. 특별한 일이 없으면. 그런데 집에서 전화가 왔다고 해요. 난리가 났어요. 전화를 했더니 우리 집사람이 막 울면서 "대통령이 돌아가셨다"고 해요. 무슨 소리냐. 밑도 끝도 없이 울면서 얘기하는 거예요. 공간 감각이라는 것이 있잖아요. 떨어져 있어서 그런지 실감이 안 나는 거예요. 도대체 무슨 말인지 이해가 안 되더군요. 머리가 아예 공중에 붕 떠 있는 것처럼 멍해지더라고요. 현실 감각이 없어졌어요. 슬픔도 없고, 아무것도 없는 상태로 멍해져서 두세 시간 동안 있었습니다. 그때 익산 이춘석 의원, 이정현 의원과 동행하고 있었습니다. 내가 단장이니까 비례 대표인 이정현 의원을 데리고 간 거지요. 바로 다 같이 함께 돌아왔습니다. 공항에 도착하니까, 슬픔이 밀려오더라고요. 늘 미안하고, 그렇습니다.

6

거인들의 어깨 위에서
정치를 보다

시간 2019년 8월 19일 오후 2시 30분 ~ 5시
장소 여의도 진미파라곤 빌딩 509호

정몽구의 통찰을
엿보다

지 　여수 엑스포와 정몽구 회장 얘기를 하시면서 기업인과 정치인이 어떻게 협력할 것인가 하는 문제에 대해 얘기해봤으면 싶은데요. 옛날 방식의 관계는 정치 자금 같은 데서 문제가 될 수도 있을 것 같은데요.

서 　사실 정치와 경제는 서로 떼려야 뗄 수 없는 문제입니다. 특히 사회가 복잡해지고 무한 경쟁 체제로 돌입한 오늘날에는, 과거 기득권과 독재 권력이 서로 야합해서 특혜를 받았던 시대와 달리, 경제 활동과 기업 활동을 잘하고 그를 통해 경제 발전과 국민 경제에 보탬이 되도록 하는 것이, 그게 정치든, 행정이든, 학계든, 시민 사회든 우리 모두가 원하는 일 아니겠습니까? 같이할 수 있는 일들은 서로 협력해야죠. 예를 들어, 기업하기 좋은 순천, 기업하기

234

좋은 전남, 기업하기 좋은 대한민국, 이게 우리 모두의 공동 목표잖아요. 기업하기 좋다는 것은 노동 조건을 잘 만드는 것도 있고, 질 좋은 노동력을 확보하는 것도 있을 것이고, 각종 규제를 얼마만큼 완화하고, 기업에 방해가 되지 않도록 합리적으로 규제를 완화할 것이냐 없앨 것이냐, 그게 단순히 기업만의 이익이 아니고 국민경제에 보탬이 된다고 하면 함께 손잡고 지혜를 모아야 되지 않겠습니까? 그게 우리의 공동체와 국가의 목표라면, 그 목표를 실현하는 대표적인 사람이 정치인 아니겠습니까? 행정이 할 수 없는 영역이 많습니다. 공무원들은 법과 규정 안에서 행정 행위를 합니다. 일하다 보면 법과 규정이 한계를 넘는 경우도 있고, 지나치게 현실을 규율하는 부분도 많아요. 공무원들은 거기서 융통성을 발휘할 수 있는 사람들이 아닙니다. 그렇게 해서도 안 되고요.

지 책임을 져야 되고, 감옥에 갈 수도 있고요.

서 중간에서 그런 것들을 해결하고 거기서 생겨나는 이 부조화, 부조리, 또는 불합리 들을 어떻게 조정하고 합리적으로 해결해서 고쳐나갈 것이냐, 바로 이 영역이 정치인 거죠. 현장에 가서 당사자들의 이야기를 청취하고, 확인하고. 그런 갈등 요인들은 이중삼중으로 복잡하게 얽혀 있습니다. 그런 것들을 합리적으로 풀어낼 수 있는 문제 해결 능력, 이게 결국 정치인들이 가져야 할 가장 큰 덕목이라고 생각합니다. 가장 고도의 정치적 영역이고, 행위들이죠. 거기에 마치 검은 거래가 있을 것이라고 색안경을 끼고 바라보는 풍토는 사라져야 합니다. 물론 당연히 투명해야 하지만요.

지 정몽구 회장과는 살아온 과정이 다른데, 일하고 토론하고 조율하는 방식에서 참 차이가 있었을 것 같은데요.

서 정몽구 회장과 열서너 개 나라를 함께 다녔어요. 전용기 타고 거리로 따지면 지구를 몇 바퀴 돈 셈이죠. 대표적으로 터키, 캐나다, 러시아, 미국, 프랑스, 중남미, 카리브해 연안의 작은 나라들, 체코, 슬로바키아 등 많이 갔습니다. 중국에도 갔고. 이분이 말씀하시는 것은 어눌해 보이지만, 재벌 총수로서 통찰력은 보통 분이 아니더라고요. 흔히들 우리가 금수저 물고 태어났다고만 생각하는데, 막상 같이 일해보니까 그렇지만은 않아요. 정 회장이랑 다니면서 실제로는 현대그룹 사장단까지 20명 정도가 같이 다녔거든요. 현지에서 회의할 때도 자연스럽게 배석하게 되었는데, 그러면서 제가 경험할 수 없는 또 다른 세계, 기업의 세계를 짧은 시간이나마 내밀하게 볼 기회가 있었습니다. 그런데 생각보다 의사 결정이 민주적입니다. 특별한 이슈가 생기면 현지에서 자유롭게 이야기도 하고.

지 사장단이 직접 의견을 개진하기도 하구요.

서 누군가가 문제 제기를 하면 토론하고 논의를 하는데요. 딱 듣고 마지막 결론을 잘 내시더라고요. 의사 결정도 비교적 빨리 이루어져요. 현대로템이 터키 현지에 공장을 세우는 조건으로 지하철을 수주하는 사업이 있었습니다. 마침 그곳에 현대자동차 공장 리뉴얼 준공식도 있어서 제가 가서 축사를 했습니다. 그곳이 중동, 북아프리카 지역 거점 공장이더라고요. 거기서 현지 상황이나, 마케팅 같은 기업 활동 현안들을 직접 보고받고 챙기시더라고요. 거기에 엑스포 때문에 터키 정부 관계자들, 수상, 장관, 외무부 장관을 모두 만났습니다. 그때 제가 모두 배석했지만, 대통령 의전비서관을 해서 잘 알지만 아무나 배석이 안 되거든요. 아마도 대사관에서도 그렇고, 현지에서도 그렇고, 노무현 대통령 측근이라고 한 것 같아요. (웃음) 실제로 청와대 비서관도 하고 그랬으니까요. 그렇게 저와 정몽구 회장, 터키 대사야 당연히 배석하는 거니까, 실질적으로 둘이 들어가서 대통령 면담을 했습니다. 현대자동차나 현대로템 관련 기업 활동은 정몽구 회장이 말씀하시고, 여수 엑스포나 그 밖에 한국 정부와의 관계 같은 일들은 저와 얘기를 했었는데요. 한 시간 정도 얘기를 했는데, 잘됐어요. 같은 이슬람 국가라 터키는 당시 엑스포 유치 경쟁 국가인 모로코를 지지하기로 했는데, 우리가 그걸 바꿨습니다. 면담하고 이틀 후에 한국으로 들어오려고 하는데, 대통령궁에서 연락이 와서 한국으로 지지를 바꾸라고 했다고 하는 거예요. 큰 성과였습니다.

지 두 표 이상이네요. 상대방 표를 빼앗아 왔으니.

서 이른바 성공적인 외교가 된 것이죠. 유치전이 된 겁니다. 대통령의 결심까지 바꿨으니까. 그게 정몽구 회장과 처음으로 외국에 간 겁니다. 슬로바키아 기아자동차 준공식이 있었는데, 거기서 바로 터키로 가게 됐습니다. 정몽구 회장과는 처음으로 직접 가까이서 보게 된 건데요. 그러시더군요. 대단하다고, 깜짝 놀랐다고 하시면서 무슨 일만 있으면 저를 부르는 거예요. (웃음) 외국에 갈 때면 같이 가자고 하고, 제가 순천이지만 같은 광양만권의 이웃 아닙니까? 여수 엑스포의 주제가 '살아 있는 바다, 숨 쉬는 연안'이었는데, 그 연안에서 중요한 습지로 순천만 갯벌이 중심 무대였거든요. 그럴 정도로 순천, 여수, 광양은 같은 경제 생활권이고, 같은 지역 공동체라고 봐도 무방하죠. 엑스포 유치가 대한민국의 이익이므로 굳이 여수 순천 구분 없이 활발하게 유치 활동을 했고, 그래서 열몇 개 나라를 같이 다니며 결국 유치에 성공했습니다.

엑스포 유치로 독일 산업부 장관을 만나고, 현대기아자동차가 혁신적인 디자인으로 승부를 건다는 결정을 할 때입니다. 아우디 수석 부사장을 역임했던 피터 슈라이어를 기아자동차의 디자인 책임자로 영입하는 계약서를 쓰는 자리였습니다. 프랑크푸르트에 현대기아자동차 그룹의 디자인 센터가 있는데, 거기서 정몽구 회장이 자신의 경영 방침이나 비전을 이야기하면서 디자인 이야기를 했습니다. 앞으로 우리 자동차가 한 단계 더 발전하려면 디자인에 승부를 걸어야 한다고. 이미 벤츠에도 엔진을 수출하기로 되어 있고, 기술적으로는 어디에도 뒤질 것이 없다고 하면서 디자인에 승부를 걸어야 된다는 것이죠. 그러면서 자동차 산업의 미래와 비전에 대한 얘기를 들었습니다. 그때 놀랐어요.

이런 일도 있습니다. 캐나다 밴쿠버 공항에 내려 둘이 나란히 차를 타고 갔습니다. 앞에 북미본부장이 탔을 겁니다. 가면서 이런저런 얘기, 밴쿠버와 밴쿠버 올림픽 얘기를 하고 있었는데요. 갑자기 정 회장이 "새로 나온 차인 모양이다"라고 해요. 그게 아주 인상적이었어요. "괜찮은데" 하고 칭찬을 하다가 "뒷부분 디자인은 별론데." 그러더라고요. 저랑 얘기하는 도중이어서 '무슨 얘기지?' 했는데, 북미본부장한테 얘기한 거였습니다. 보니까 옆에 하얀색 벤츠 신형이 지나가더라고요. 정 회장이 "야, 이 정도면 우리 에쿠스와 별 차이 없는 것 아니냐, 더 나을 것도 없는 것 아니냐?"라고 말하는데 신기하더군요. 아무리 자동차 회사 회장이라지만 아주 디테일한 장단점을 순식간에 이야기하는 거예요. 그래서 제가 웃으면서 "회장님, 빠르게 지나가는 차인데, 신차인지 구형인지, 뒷부분이 어떻게 생겼는지 한번에 눈에 다 들어옵니까?" 하니까 그 양반이 그러더라고요. "당연하죠. 눈에 들어오는 정도가 아니라 딱 보면 알죠. 알아야 하죠. 우리 회사에 수많은 임직원들이 있지만, 나만큼 자동차를 많이 아는 사람 드물걸요"라고 하는 거예요. 그러면서 "내가 제일 처음 어디서 근무했는지 아시나요?" 묻더군요. 현대자동차 서비스에서 출발했다고 하더라고요. 아버지가 시켜서. "그게 자동차 정비하는 회사입니다. 수도

권 판매를 담당하는 곳이기도 하고."

지 정비소와 영업소를 겸한 회사인 것으로 알고 있습니다.

서 자신은 정비소에서 있었다는 겁니다. "자동차 정비소 밑에 도크 아십니까? 도크에 들어가서 정비를 했었는데요. 제가 그것까지 다 한 사람입니다." "말씀만 그런 거지, 정말 직접 하셨나요?" "서 의원님. 우리 아버지 잘 모르시죠. 정주영 회장이 얼마나 독한 사람인 줄 아십니까? 내가 농땡이를 치려고 하면 귀신 같이 알고 와서 주먹을 날렸어요. 제가 얼마나 많이 맞았는지 아세요. 귀신같아요. 손때가 얼마나 매운지, 조금만 농땡이 피면 바로 한방씩 쥐어박아요. 게으름 못 핍니다. 그렇게 정비까지 배운 사람이 임원들 중에 누가 있겠습니까?"

지 스파르타식이었네요.

서 그 얘기를 하더라고요. "우리 아버지가 보통 사람이 아닙니다. 아주 독한 사람입니다. 그러니 제가 그런 것을 모르겠어요. 우리 회사 자동차는 다 압니다." 몇 년 후에 신문에 기사가 하나 났습니다. 사장 중 하나가 자동차 보닛을 못 열어서 해임당했다고 하더라고요. 그 말을 듣고 나니까 그 상황을 이해하겠더라고요. 사람들은 갑질이라고 할 수도 있지만, 저는 그 얘기를 들었잖아요. 머리

맞아가면서 정비부터 배운 것을. (웃음) "제가 우리 자동차 회사에서 안 한 것이 없습니다. 저처럼 처음부터 그렇게 시작한 사람이 누가 있습니까?" 그 말이 이해되었습니다.

지 다른 직원이면 때리기는 어려웠을 텐데요. 그 시절에는 다 그랬을까요? (웃음)

서 그런데 예전에 국정감사 기간에 슬로바키아 수상이 방한한 적이 있습니다. 그때 비서실 차장인가 부사장이 나한테 찾아와서 사정사정 하는 거예요. "제발 저 좀 살려주십시오. 의원님을 꼭 모시고 오라는데 못 모시고 가면 제가 어떻게 되겠습니까?" "아, 국정감사 안 하고 어딜 간단 말입니까?" 슬로바키아 수상이 정상회담을 하러 왔습니다. 슬로바키아에서도 보고 여기서도 보고 세 번을 만났는데요. 젊은 사람이에요. 우리 또래야. 현대기아차 남양연구소가 시연 장소인데, 어쩌겠어요. 살려달라고 하는데. 그런 경우만 있으면 불러요. 같이 가달라고. (웃음)

슬로바키아 수상, 정 회장과 함께 주행 시험과 충돌 시험장을 봤습니다. 그런데 그 자리에서 정 회장이 부회장한테 딱 그러더라고요. "우리 회사가 충돌 시험은 할 만큼 해서 더 이상 계속할 수준은 아니잖아, 개발 단계면 몰라도. 최소한 꼭 해야 될 것은 있겠지만, 과하게 이렇게까지 할 필요가 있나" 하고 현장에서 상황을 보면서 바로바로 지시를 내리고 토론을 주관하더군요. 그런 모습들을 보면서 기업이든 정부든 최고책임자와 경영자들이 자기 비전을 갖고, 자기 실력을 갖추지 않으면 안 되겠구나, 하는 생각을 했습니다. 정몽구 회장이 현대자동차를 장악할 때만 해도 기업 순위가 현대그룹 산하에서도 그리 높지 않았을 걸요. 오늘날 세계 5위를 다투는 글로벌 자동차 기업으로 키워놓은 것은 정몽구 회장이거든요. 그 양반이 이어받을 때만 해도 그룹에서 주력 회사가 아니었습니다. 건설, 중공업, 조선이 주력이었지 자동차는 아니었거든요.

지 현대종합상사도 있었고요.

서 그런데 어쨌든 우리나라 넘버 투고, 세계 글로벌 톱 기업이 되어 있잖아요. 그게 단순히 시절이 좋아서 우연히 된 것은 아니고, 경영자의 통찰력이나 리더십, 경영 능력과 구성원들 모두의 노력이 합쳐져서 이루어낸 것이겠지요. 우리가 흔히 얘기했듯이 리더십이라는 것이 얼마나 중요합니까? 오랜 시간 그렇게 함께 옆에서 직접 보고 들으면서 달리 생각이 들고 이해가 되더라고요. 말이 그렇지, 사실은 회장과 일대일로 있는 시간들이 너무 많아서인지, 계열사 사장 중에 한 사람이 "우리 회장님과 연애합니까, 왜 이렇게 우리 회장님이 서 의원님을 좋아합니까? 의원님도 한번 생각해보세요. 우리가 회장님을 보는 시간이 얼마나 되겠습니까? 특히나 일대일로 보는 시간은 거의 없습니다"라고 하더라고요.

지 같이 있더라도 편하게 얘기할 수 있는 사이는 아니겠죠. (웃음)

서 그렇죠. 업무 위주일 수밖에 없을 텐데요. 보통 외국에 가면 4~5일, 일주일씩 있거든요. 가면 계속 같이 다닙니다. 밥 먹을 때도 같이 먹고, 차도 같이 타고, 비행기도 같이 타고, 저녁밥 먹고 나서 맥주나 차를 같이 한잔하기도 하구요. 그러니까 시간으로만 따져도 엄청나더라고요. 진짜. 재밌었어요. 저한테는 아주 특별하고, 의미 있고, 또 보람 있는 그런 시간들이었죠. 결과적으로 엑스포 유치에도 성공을 했고요.

기업도 대한민국 정부의
싱크 탱크다

지   삼성 얘기를 좀 해도 될까요?

서   네. 삼성과는 특별한 인연이 없는데요.

지   삼성이 우리나라에서 제일 큰 기업이고, 이광재 지사가 삼성이랑 친분이 있어서 참여정부라는 이름도 삼성경제연구소에서 지어준 것이라는 얘기도 있었는데요.

서   대표적으로 이광재 전 지사와 삼성과의 관계를 가지고 이른바 운동권 386으로 낙인을 찍어서 참여정부의 지나친 우클릭 증거로 이야기를 하는데요. 저는 그거야말로 편 가르기의 전형이라고 생각합니다. 그렇게 낙인 찍어서 공격하기는 좋겠죠. 결국은 국가를 경영하는 데 있어 딱히 정해져 있는, 고정된 것은 없다는 거죠. 민주주의 정부에서 국가 발전을 위해, 국민들을 위해 할 수 있는 일들, 경제, 안보, 복지 등 여러 가지 현안들이 있잖아요. 그와 관련해 정해진 답이 어디 있겠습니까? 가장 효율적으로, 또 현실과 현 상황에 기반해서 더 나은 미래 비전을 위해 가능한 모든 것들을 해야 하는데, 그게 어떻게 특정 영역이 있을 수 있겠냐는 거죠. 정부에서 잘할 수 있는 일이 있고, 민간 분야에서 잘할 수 있는 일 있습니다.

예를 들어, 삼성에서 만든 좋은 보고서가 있는데, 그걸 참고 자료로 삼는 건 문제가 없죠. 삼성의 이익을 위해 정부가 동원되고, 정부 정책이 그 이익을 쫓아가면 곤란하겠지만, 기업 하기 좋은 환경, 경제 발전, 국가 발전을 위해 삼성이나 현대, SK 등 기업에서 연구한 좋은 방안들이 있다면 정부가 참고할 수 있지 않겠습니까? 또한 한국개발연구원이나 산업연구원을 비롯해 각종 정부 연구기관, 각 기업 연구소, 대학 등의 민간 연구기관, 외국의 연구기관도 마찬가지입니다. 외국의 것은 괜찮고, 삼성경제연구소에서 한 것은 안 되나요? (웃음) 그러다보니까 문제는 재벌 중심의, 삼성 중심의 경제 정책이 운용되는 것 아니냐 하는 오해였지만, 실질적으로 그렇게 된 것이 있습니까? 혹 일부 그렇게 됐다고 해도 그게 삼성만의 이익을 위한 것이겠습니까?

지 안희정 지사를 지난 대선 전에 인터뷰한 적이 있는데요. 시간이 짧고 약속을 한 것이 여덟 시간 안에 인터뷰를 해서 책을 내자고 했습니다. 같이 인터뷰를 했던 오마이뉴스 구영식 기자가 당직이라 금방 가봐야 된다고 해서 앞에 네 시간을 주로 본인이 질문하도록 맡겼는데요. 이분이 주로 삼성에 대한 질문을 하는 바람에 3시간쯤 지나서 안희정 지사가 화가 난 거예요. "왜 삼성 얘기를 나한테 물어보느냐? 대통령이 되시고 나는 금방 감옥에 갔기 때문에 삼성과 참여정부의 관계에 대해 이야기할 입장은 아니다"라고 해서 인터뷰가 무산됐거든요. 그걸 보면서도 생각보다 예민한 문제일 수 있겠다는 생각이 들더라고요.

서 안희정 전 지사가 어떤 상황이었는지 잘 모르겠지만, 그런 비슷한 이야기를 많이 들었죠. 노무현 정부의 경제정책에 대해 비아냥대듯이 우리 당내에서도 많이 이야기를 했었습니다. 비난과 비판이었지요. 하지만 결과적으로 지금 와서 보자 이거죠. 그때 당시에도 큰 문제가 있었던 것이 아니고, 구체적인 실체가 있었던 것도 아니었습니다. 또 지나고 보면 그 당시는 민감하게 보였던 것도 나중에는 별문제 없지 않습니까? 국가 경영을 큰 틀에서, 국가와 국민을 위해서 판단해야지 진영 논리로는 곤란하지요. 물론 가치나 철학이 배제되어서도 곤란하지만요. 예를 들어, 한미 FTA를 하지 말아야 됩니까, 해야 됩니까, 잘된 겁니까, 잘못된 겁니까, 그 문제는 지금도 논란이 있을 수 있습니다. 세계화라든지, 양극화라든지 여러 가지 공과가 있는데, 그렇다면 당시에 한미 FTA를 안 하고 갈 수 있었느냐? 제가 경제정책을 전문적으로 공부를 한 사람이 아니었기 때문에 그 당시 한미 FTA 문제를 총괄하고 있었던 김현종 통상교섭본부장을 내 방으로 한번 모셨어요. "어떻게 된 거예요. 어떻게 하시려고 합니까?"라고 하니까 "서 의원님이 좀 도와주셔야 된다"고 해요. 한미 FTA 얘기가 사회적으로 나오기 전이지만, 저는 진행될 것이라고 알고 있었죠. 왜냐하면 청와대에서 그런 논의들을 하고 있을 때니까요.

우선, 우리가 미국과 FTA를 하지 않으면 미국은 일본과 할 거라는 겁니다. 일본도 농업이나 여러 가지 문제가 있지만 내심 원하고 있고요. FTA가 일대일로 진행되지만, 미국 입장에서는 권역별로 하나씩 시작하는 겁니다. 동아시아에서 한국과 체결하면 당분간 일본과는 안 한다는 거죠. 우리가 안 하고 일본이 FTA를 해버리면 우리로서는 미국 시장은 끝이라는 거구요. 그 당시만 해도 우리가 일본에 비해 약간의 가격 경쟁력을 가지고 있을 때인데, 일본이 먼저 FTA를 체결하면 어떻게 되겠습니까? 그러면 재앙입니다, 김 본부장이 이렇게 얘기하더라고요.

두 번째는 그렇다고 해서 우리가 먼저 미국에 FTA를 하겠다고 할 수는 없다는 겁니다. 일본도 마찬가지고요. 왜냐하면 우리가 먼저 하자고 하면 을이 된다는 겁니다. 미국에서 먼저 하자고 해야지. "그럼 어떻게 하자는 거예요." "미국에서 먼저 제안하도록 해야죠." "어떻게요." "방법이 있습니다. 의원님만 아세요. 이건 군사작전 하듯이 해야 됩니다. 저는 이것을 미국과 하자고 절대로 안 합니다. 우리는 캐나다와 FTA 협상을 시작할 겁니다. 그러면 미국과 FTA 하는 것과 비숫한 효과를 내게 됩니다. 미국 입장에서 보면 직접 FTA를 해버리는 것이 낫지 캐나다만 좋은 일을 시켜줄 수는 없습니다. 우리가 캐나다와 협상을 시작하면 미국에서도 하자고 먼저 달려들 겁니다. 그러면 그때 우리가 못 이기는 척하고 협상을 시작하는 겁니다. 우리를 괴롭히고 반대할 사람들이 일본 사람들입니다. 일본에서 여러 가지 수단과 방법을 동원해서 교란 작전을 펼칠 겁니다. 이럴 때 의원님께서 나서주셔야 합니다." 이게 당시 김현종 본부장한테 들었던 얘긴데요. 그럴싸하잖아요. 결국 진행 과정도 그렇게 됐어요. 마찬가지로 그전에 멕시코에서 우리와 FTA를 하자고 했는데, 우리가 안 했잖아요. 일본이 먼저 해버렸습니다. 그래서 우리가 갖고 있었던 타이어 등의 인센티브를 다 빼앗겼습니다.

지 노 대통령의 경제정책을 어떻게 보시는지요?

서 노무현 대통령은 경제정책에 관해서만큼은 아주 실용적이었죠. 그건 그전에도 마찬가지였습니다. 예를 들어서 삼성자동차가 어렵게 됐고, 자동차 산업 전체가 어렵게 됐잖아요. 삼성자동차를 어떻게 할 것이냐 하는 것이 초미의 관심사였습니다. 그것이 부산 경제에 미치는 파장이 워낙 컸기 때문에. 그래서 대우자동차에서 삼성자동차를 인수해야 된다고 설득하고 열심히 뛰어다녔죠. 현대는 이미 기아자동차를 인수했고요. 대우자동차가 경쟁력을 가지려면 결국 이게 다른 데가 아니라 대우로 가야 된다, 그래서 백방으로 뛰어다녔습니다. 그러면 그게 삼성하고 유착된 겁니까? 부산 경제 살리려고 한 거죠. 다른 예도 있습니다. 부산 녹산공단이 IMF 터지고 나서 분양이 안 됐습니다. 지반이 침하되고 여러 가지 조건들이 안 좋아서 그런 건데, 그래서 녹산공단 분양가 반값 인하를 내걸고 노무현 의원이 건교부 장관부터 청와대 강봉균 수석, 김한길 정책기획 수석, 김종필 총리까지 찾아다녔습니다. 물론 저도 함께 수행했고요. 그런 노력이 특정인이나 기업을 위한 것이 아니잖아요. 지역 경제를 살리려고 한 것이죠.

그때 노 대통령께서 시켜주셨던 공부가 청와대 비서관을 할 때도 그랬고, 국회의원을 할 때도 그랬고, 대학총장을 할 때도 그랬고, 저에게 살아 있는 생생한 교육이 되었습니다. 지금도 그게 바탕이 되어서 나머지 일들은 거기 대입만 하면 됩니다. 노 대통령이 시켜주셨던 공부 덕에 제가 문제 해결 능력이 생긴 거죠. 정몽구 회장이 외국을 같이 다니면서 "어떻게 그렇게 외교를 잘하나?"고 그러시는데, 그렇게 배양이 된 거죠.

지 그런 경험을 바탕으로 노 대통령님보다 더 큰 성과를 내서 청출어람을 하셔야 되는 것 아닌가요? (웃음) 그게 그분이 주신 유산을 헛되지 않게, 더 빛나게 하는 걸 텐데요.

서 꼭 청출어람이어야 된다고 생각해보진 않았지만 그럴 수 있으면 얼마나 좋겠습니까? 저도 정치를 하는데 아직 현재진행형이고, 목표를 설정해서 아직도 공부해야 할 것이 많다고 생각합니다. 다시 새롭게 시작해야 합니다만, 제 능력이나 에너지가 얼마나 될런지는 일을 해가면서 파악해야 할 것 같습니다. 저로서는 당장 국회로 다시 복귀하는 것이 더 중요하고요. 그렇게 작게는 순천 시민들과 전라도 발전을 위해서 제 역량을 펼치고, 그다음엔 대한민국 국회의원으로서 국민과 나라를 위해 저의 모든 역량들, 그간에 쌓았던 경험과 노력들을 발휘하면서 거기서 하나하나 평가받고 검증받고 싶은 욕심과 바람, 비전들이 왜 없겠습니까? 저도 그런 비전들을 가지고 일을 하는 건데요. 구체적으로 제가 도지사를 하겠다, 장관을 하겠다, 대통령을 하겠다는 얘기들은 좀 그렇지만, 어쨌든 제가 어느 정도의 역량을 발휘할 수 있을지는 새롭게 시작하면서 만들어가야죠. 노 대통령님이 원하고 또 우리가 원했던 '사람 사는 세상'을 만들고, 구현하기 위해 제가 할 수 있는 모든 것을 다 하겠다, 그렇게 해서 정치를 다시 시작하는 것이지, 그렇지 않다면 꼭 정치를 해야 될 이유도 없고, '정치가 아니면 안 된다' 그런 것이 어디 있겠습니까?

권력이란 각자의 제자리를
찾게 해주는 힘

지 노 대통령님 시절에 가장 논란이 됐던 것 중에 '권력은 시장으로 넘어갔다'는 말이었는데요. 그 배경은 어떤 건가요?

서 '권력을 시장에 넘기자'는 이야기가 아니고, 현실이 그렇게 되었다는 고민의 토로였습니다. 앞에서 삼성 역할론을 이야기하셨지만, 같은 맥락이라고 보는데요. 삼성전자 한 회사의 매출액이 우리나라 1년 예산에 거의 육박합니다. 그룹 전체로 보면 경제 규모가 비슷할 겁니다. 대기업 몇 개의 경제 규모를 합치면 그냥 국가 예산을 넘어가잖아요. 경제 규모가 1970~80년대 개발 시대의 대한민국이 아니라는 거죠. 이미 모든 분야에서 민간의 역할이 정부의 역할보다 훨씬 더 커진 것 아닙니까? 이러한 현실을 무시하고 모든 것을 국가 주도의 정책으로 간다는 것은 불가능한 일입니다. 하

251

지만 국가가 최소한으로 해야 될 것, 반드시 해야 될 것은 시장경제 질서를 파괴하는 행위를 막는 것 아닙니까? 공정한 시장경제가 이루어질 수 있도록 최소한의 가이드라인을 설치하는 것이 정부의 역할이죠. 그렇지 않으면 무정부 상태로 가는 거죠. 마찬가지죠. 원초적인 국가의 목적, 안보라든지, 세금이라든지, 복지라든지, 이런 것들은 정부가 역할을 해야 되지만, 모든 것을 정부가 좌지우지할 수 없는 수준에 와 있다, 우리나라도 이미 그 수준에 와 있다, 라는 지극히 원론적인 얘기였습니다.

지 거기에 대해 비판적으로 보시는 분은 정치권력이 경제 권력의 폭주를 제어할 수 있는 유일한 수단인데, 그걸 얘기해버리면 직무유기라는 거죠.

서 저는 그 당시의 노 대통령님 말씀을 어떤 식으로든 악의적으로 포장하려는 의도가 있었다고 봐요. 언론들이 뉘앙스를 잘 알면서도 액면 그대로 써버리는 행태들 말이에요. 대통령 못해 먹겠다도 마찬가지고요. 저는 정치권력이 경제 권력의 폭주를 제어할 수 있는 수단이라는 말도 동의하지 않고요. 정치권력이나 경제 권력의 폭주를 제어할 수 있는 유일한 수단은 시민입니다. 지금의 비즈니스 상황을 보세요. 소비자의 힘이 커졌습니다. 예전의 소비자는 소비만 했습니다. 능력도 없었고 선택의 여지도 없었으니 기업에 끌려갔겠죠. 지금은 소위 프로슈머의 시대입니다. 소비자가 생산도 하는 시대라는 말이죠. 거기다 아이디어까지 냅니다. 그리고 트렌드를 만들고 의제 설정까지 합니다. 시장으로 넘어갔다는 노 대통령의 말씀을 시장은 소비자, 국민이라는 뜻으로 저는 받아들였습니다. 지금 우리는 인터넷을 기반으로 하는 소비자 경제의 힘을 목도하고 있습니다.

언론도 역시 마찬가지죠. 정치권력이 언론을 통제해서도 안 되지만, 그러면 언론을 누가 통제할 거냐는 거죠. 시민들이 통제해야 된다는 겁니다. 그래서 반론 청구나 외국에서 모두 시행하고 있는 손해배상청구제도 같은 각종 언론 정책이 나온 것 아닙니까? 그게 언론을 통제한다는 것이 아니라 각자 잘하자, 자기 역할을 다하자, 거기서 잘못된 것들은 각자 책임지자는 것 아닙니까? 그게 성숙한 민주주의잖아요.

검찰 권력도 당연히 정부 안에서 대통령이 인사권으로 통제하지만, 수사권 자체를 대통령이 통제해서는 안 되니까, 권력의 시녀로 전락시켜서는 안 되니까, 책임감을 가지고 잘하라는 거죠. 오히려 대통령이 그런 자신감을 가지고, 또 책임감을 가지고, 각자의 역할을 다하자는 적극적이고 구체적인 표현이었습니다. 그러나 그런 말들을 이해하려고 들지 않으니까, 생각하고 싶지 않으니까, 말 자체만 가지고 소설을 쓰는 거잖아요. 맥락을 보고 해석하는 것이 아니고.

지 지금 생각해보면 국정원이나 검찰 권력을 선용할 필요가 있지 않았나, 하는 분들도 있거든요.

서 선용이요? 그게 참으로 속상해요. 그러면 거꾸로 대통령이 국정원을 동원해서 할 수 있는 일들이 뭘까요? 대통령이 검찰권을 행사해서 할 수 있는 것들은 뭘까요? 당연히 대통령이 선의로, 대통령이 국가 경영을 하면서, 통치권을 행사하는 데 무책임하게 할 수는 없지 않습니까? 그러면 통치권을 행사하는 데 모든 권력을 선용해야지, 선의로 행사해야지, 악의적으로 하는 사람이 있겠습니까? 그건 독재자들이잖아요. 국정원을 동원해 사찰하고, 댓글 부대를 만들고, 돈 빼다가 사적으로 쓰고, 이렇게 하란 말입니까? (웃음) 말 안 듣는 사람들 뒷조사해서 간첩으로 만들고, 이렇게 하라는 것인지, 대통령은 당연히 국가와 국민의 안전을 위해 검찰에 대해 권한을 행사하는데요, 인사로서 하는 거죠. 그다음에 "권력의 도구로서의 검찰이 아니고, 국민을 위한 검찰이 돼라"는 기본 방침을 제시한 거고요. 그래서 검찰 개혁을 이야기하신 것 아닙니까. 어떤 경우에도 권력 유지와 강화의 도구로 사용하지 않겠다고 한 겁니다. 그게 선의잖아요. 정적들을 제거하기 위해 이명박, 박근혜, 그 전의 독재자들처럼 권력을 쓰라는 것인지. (웃음) 민주주의 국가에서 민주주의 하겠다는 대통령이 검찰 권력을 어떻게 쓰는 것이 선하게 쓰는 것인가 하는 거죠. 국가와 국민을 위해서 쓰는 것이 선하게 쓰는 것 아닙니까?

지 너무 지나치게 방치해두지 않았느냐는 건데요.

서 그래서 통제를 해야 된다, 그러면 뭘로 합니까? 인사권도 말 안 듣는 놈들, 재미없는 놈들은 좌천시키고, 말 잘 듣는 사람들은 좋은 자리에 앉히는 식으로 쓰지 않겠다는 겁니다. 그러면 뭘로. 법과 제도로. 그래서 공수처를 만들자고 한 거죠. '모든 권력은 남용될 수 있다. 모든 권력은 부패할 수 있다'는 것이 민주주의의 기본 원칙입니다. 절대 권력은 결국 부패할 수밖에 없다, 모든 권력은 남용될 수 있다, 이게 민주주의의 기본 원칙이고, 출발입니다. 그러니 그것을 이제 기관 내부에서, 기관과 기관이 서로 감시해서 할 수 있도록 하자. '왜?' 우리는 검찰권 남용의 역사가 있고, 또 아직 제도적으로 충분히 정비가 되어 있지 않아서 검찰 권력을 제어할 수 있는 그 어떤 통제 수단도 없습니다. 청와대에서 그것을 좀 강력히 하면 어떻게 됩니까? 그러면 정부 권력의 시녀로 전락하지 않습니까. 오욕의 역사로 인해 오해의 소지가 있으니까 선의로 써도 야당과 언론, 또 검찰 내부, 나아가 국민들은 과거와 같이 동일시해서 볼 수 있습니다. 지금도 그렇잖아요. 노무현 대통령 때도 그렇게 얘기했잖아요. 문재인 대통령도 검찰권을 남용한다고 생각하지 않는데, 그렇게 얘기하는 사람들이 있어요. 대통령 되기 전에 최순실 국정농단 사건이 벌어졌고, 황교안 권한대행 때 박근혜 대통령을 기소했잖아요. 감옥에 넣고, 대통령 취임하기 전에 그랬잖아요. 그러면 그 책임은 황교안에게 있는 것 아닙니까? 정부 수반이 황교안이었잖아요.

지 그 사람들은 정권이 넘어간다고 생각하고 법원이 알아서 기는 판결을 했다는 건데요. (웃음) 엉터리죠.

서 민주주의 질서를 부정하는 말이지요. 촛불 정신과 국민의 뜻을 짓밟는 말들이지요. 취임도 안 한 대통령을, 그러면 대통령 선거 하지 말아야죠. 그때 당시도 모든 나라를 문재인이 좌지우지했다고 생각했다면 대통령 선거를 보이콧 했어야죠. 그렇잖아요. 정부가 출범하기도 전에, 황교안이 국무총리로서 대통령 권한대행을 하고 있을 때잖아요. 자기가 해놓고 나서 문재인 책임으로 돌리고 있는 것이 무슨 경우입니까? (웃음) 그럴 정도로 검찰이 국민들로부터 불신을 당하고 있는데요.

지 뿌리 깊은 불신의 역사가 있죠.

서 과거의 아픈 오욕의 역사가 있으니까요. 그러면 무엇으로 치유하고 보완을 해나갈 거냐는 거예요. 법과 제도로서 할 수밖에 없는 것 아닙니다.

지 그렇죠.

서 그게 기대했던 것만큼 성과를 못 낼 수도 있다고 생각합니다. 그러나 안 해보는 것보다는 낫지 않습니까? 그것이 민주주의 발전 과정이고, 제도로서의 민주주의를 발전시켜 나가는 지름길 아닙니까? 첫술에 배부르겠습니까? 모든 제도는 시작하다 보면 시행착오가 생기게 마련이고, 그 시행착오를 바로잡아 나가는 것이 민주주의 발전 과정인 거죠.

과정이 치열할수록
결정은 쉽다

지 노무현 대통령과 어떤 면에서는 결이 비슷하신데요. 보통 노무현 대통령 하면 승부사 이미지가 있습니다. 그런 단호하고, 냉정한 이미지는 없어 보이는데요. (웃음)

서 저는 승부사는 아닙니다. (웃음) 노 대통령님은 승부사죠. 건곤일척의 승부를 했잖아요. 단기필마로.

지 탄핵도 그렇고요. (웃음)

서 탄핵도 본인이 그러셨나요? 탄핵을 당한 거죠. 그런 건데, 단호함이 있으시잖아요. 결단이 필요할 때 단호하게 하시니까요. 종로에서 출마하지 않고 부산에서 출마한다는 기자회견을 하는데,

이해찬 의원이 "뭔 사람이 간이 저렇게 큰지 모르겠다. 사람을 저렇게 놀라게 하는지 모르겠다. 남들은 한 번도 어려운 결정들을 저렇게 쉽게 슴벅슴벅 해대는지 모르겠다"고 하셨어요. (웃음) 그때 직접 들었습니다. 하지만 실제로 간 떨어질 만한 어마어마한, 경천동지할 결단들이 어느 한 순간에 갑자기 일어난 적은 한 번도 없습니다. 오랫동안 고민하고, 고뇌하고.

지　아주 오랫동안 심사숙고를 하셨다는 거네요.

서　논리적으로 본인이 본인을 승복시키는 과정들이 있습니다. 암암리에 그런 얘기들을 하세요. 그런 것들을 다 확인해봅니다. 그 과정들을 거쳐요. 직접적인 표현들을 안 해서 그렇지, 나중에 보면 '아, 그래서 그런 말씀을 하셨구나' 하는 생각이 들어요. 제가 그때 종로 지역구 사무국장을 할 때였어요. 그 역할이 뭐겠습니까? 다음번 선거를 위해 조직을 정비하고, 의원님의 활동 공간을 만들어내는 것 아닙니까? 각 동의 책임자들, 각 영역별 직능 책임자들로 지구당 조직을 만들고 하나하나 정비하지 않습니까? 그러니까 과거부터 쭉 해왔던 것도 있고, 선거도 몇 번 치르고 했으니까 새로 모실 분들은 모시고, 나이 드신 분들은 교체하고 그렇게 합니다. 한번은 부르시더라고요. "너무 신경 쓰지 마라, 대충해라." "왜요? 선거가 얼마 안 남았습니다. 종로 선거가 쉬운 선거가 아닌 거 아시지 않습니까? 정비를 안 하면 욕먹어서 안 됩니다." 사실 그거 안 하면 욕먹거든요. 지역구 활동을 안 한다고. 그런데 "대충하라"고 하시더군요.

지 나중에 보니까. (웃음)

서 "죽기 살기로 할 것은 아니지만, 열심히 해야죠. 걱정하지 마십시오, 제가 할 일은 제가 알아서 하겠습니다, 의원님 일만 잘하십시오, 종로 일은 제가 알아서 하겠습니다." "자네가 알아서 하니까 하는 소린데, 대충해라"고 해요. (웃음) 다음에 또 한 번 부르시더니 "자네 그만하고 국회로 가"라고 해요. 6개월이 채 안 됐을 거예요. 지역은 다른 사람한테 맡기고, 자네는 국회 보좌관으로 가라는 거예요. "광재가 하고 있는데요. 광재는 여기 와서 이 일 못합니다, 이건 제가 해야죠." "광재도 다른 일을 하면 되니까, 자네가 가서 보좌관을 하고, 종로 지역 일은 그만하게." "안 됩니다. 이건 다른 사람한테 맡겨서 될 일이 아닙니다. 제가 시작한 거니까, 제가 마무리 짓고, 다음번 선거까지는 치러야죠. 누가 와서 이걸 하겠습니까?" "자꾸 고집 피우지 말고." "걱정하지 마시라니까요. 제가 알아서 잘할게요." 그런 일이 두세 번 있었어요. 나중에는 저한테 소리를 지르면서 "그만하고 국회로 가라"고 하시더라고요. (웃음)

지 그 부분은 눈치가 없으셨네요. (웃음)

서 그게 아니라 누가 그런 생각을 했겠습니까. 그런데 자꾸 국회로 가라는 거예요. 나중에 부산 출마 선언을 하고 나서 국회 보좌관으로 갔어요. 이광재 씨가 연구소로 나오고. 그 선언 보고 '그래서 그랬구나' 싶더라고요. (웃음) 실제로 부산에 간다는 말씀은 한 번도 안 하셨습니다. 그런데 "대충대충 하게. 천천히 대충하게", "자네 국회로 가" 하는 말씀이 다 맥락이 있었어요. 지구당 관리를 어떻게 대충하라고 하겠어요? 대충 치르는 선거가 아니에요. 치열하게 선거를 합니다. 당연히 그럴 거 아닙니까? 1차 교두보거든요. 국회 진출이라는 것이. 일생일대의 목표 아니었습니까? 부산에서 허삼수한테 떨어진 다음부터 떨어지고, 떨어지고, 떨어지고. 어떻게 해서 된 것인데, 더군다나 다른 곳도 아니고 종로인데, 어떻게 대충할 수 있겠습니까? 그런데 대충하라는 거예요. 이미 본인은 그렇게 정리를 해놨다는 거죠. 나중에 발표하시면서 눈물을 흘리시긴 했지만.

지 나중에 책임 총리제를 선언하신 다음에 이해찬 총리를 기용한 것에 대해서 만족해하셨다면서요.

서 평균 두 달에 한 번 정도 청와대에 점심을 먹으러 들어갔던 것 같아요. 한 번은 "총리 일하시는 거 마음에 드시는가요?"라고 하니까 말이 끝나기도 전에 "기분이 좋다. 진짜 일 잘한다. 요새는 내가 이 총리한테 무슨 일을 시켜야 될지 궁리하느라고 바쁘다"라고 하면서 좋아하시더라고요. (웃음) 제가 그렇게 물었던 이유는요,

처음 총리가 고건 아닙니까? 제가 의전비서관이었고요. 그러니까 다른 분들은 그 고민을 잘 모르시죠. 참 힘들어하셨어요. 노 대통령님은 무슨 일을 대충하시는 게 없거든요.

또한 본인이 독단적으로 하시는 일이 없습니다. 숙고의 과정을 거치고 반드시 논의에 붙여서 충분히 토론한 후, 의제로 채택해서 국가정책으로 시행하거든요. 그 과정들을 보면 초창기에는 대통령이 직접 그 회의를 주재해서 성안을 시켰습니다. 크든 작든 대부분 그랬는데요, 대통령의 정책들이 의제로 채택되면 정부 어디선가 시행을 해야 될 것이 아닙니까? 그러면 청와대에서 결정한 대부분의 일들이라는 것이 몇 개 부처가 동시에 관련되어 있는 겁니다. 어느 한 부처만 해야 될 일들을 청와대에서 대통령이 고민하고 결정하지 않아요. 그럴 거 아닙니까? 한 부서만의 일들은 대부분 국무조정실 회의를 거치고, 청와대 정책수석들과도 충분히 협의해서 진행되는 일이지만, 대통령 의제는 대부분 몇 개 부처가 서로 관련된 일이거든요. 따라서 조정해내기가 어려우니까, 국무조정실이 있고, 청와대가 있고, 또 새로운 것들은 대통령이 직접 주재합니다.

그런데 결정이 되고 나면 어디선가는 시행을 해야 됩니다. 그러면 대부분 총리가 해주시기를 바라죠. 대통령은. 그래야 신속하고 효율적으로 진행이 되잖아요. 그게 잘 안 되는 거예요. 참 많이 괴로워하셨죠. 제가 그걸 봤잖아요. "고건 총리 때는 힘들어하셨는데, 이해찬 총리는 성에 차십니까?" 이 총리 일 잘하는 사람이죠. "대통령님 성에 차십니까? 일은 잘 돌아갑니까?" 하고 인사치레로 저도 모르게 툭 튀어나온 거예요. 아마도 그 질문은 저만 할 수 있는 질문일 거예요. 어쨌든 이해찬 총리를 새로 발탁하셨는데, 여쭤봤더니 답이 1초도 안 걸려요. (웃음)

지 탄핵 기간 중에 뵌신 적은 있으신가요?

서 그 기간 중에는 제가 선거를 치르고 있었습니다. 경선을 치르고 난 다음에 탄핵 결정이 났어요.

지 탄핵되고 총선이 있었죠. 총선에서 열린우리당이 압승하니까 그것이 헌재 결정에 영향을 줬을 수도 있고요.

서 그렇죠. 총선 치를 때까지는 못 뵀었습니다. 이광재 씨가 전화를 했습니다. 자기는 태백·정선·영월·평창 선거하고, 저는 순천 선거를 하고 있었는데요. 국회에서 탄핵 결정이 나고 며칠 있다가 전화가 왔어요. 이광재다운 발상이라고 생각하는데, 즉 서울에서 다 같이 모여 삭발을 하고 단식을 하자는 거예요. (웃음) 제가 바로 "심정은 나도 할복인들 못 하겠느냐만 당신이나 나나 선거를 치르고 있는데, 물론 이 선거가 뭐가 그렇게 중요하겠느냐만, 우리가 출마하겠다고 한 마당에 선거를 포기하느냐. 선거를 포기하지 않는 이상은 주민들에게, 국민들에게 약속하고 선언한 만큼 우리가 책임져야 될 일이다. 머리 깎고 단식하고 있으면 국민들이 박수야 보내주시겠지만, 국민들에게 각자의 동네에서 이 탄핵의 부당성을 주장하고, 국민들의 힘으로 탄핵을 막아주십시오, 하는 것이 대통령님에 대한 책임을 지는 게 아니겠느냐. 머리 깎고 그러면 처음엔 언론에서 한두 번 주목하겠지만, 사람들이 우리 행동을 책임 있는 행동으로 볼까, 그게 현실적인가, 나는 그렇게 생각 안 한다, 국민들의 힘을 믿어보자, 한 번 더 생각해보자"고 했더니 "우선 선거를 열심히 하자"고 하더라고요. 아까 말씀드렸듯이 그 심정을 뭐라고 얘기하겠어요. 결국 우리가 선거에서 이겨서 국민들의 힘으로 탄핵을 막을 수밖에 없는 것이지. 당연히 해야 될 사람들끼리 앉아서 삭발하는 게 무슨 뉴스가 되겠느냐고 했습니다. (웃음)

지 역할이 줄어든 시간을 오래 보내셨는데요. 그 기간이 지금 생각해보면 본인에게 어떤 시간이었나요?

서 저한테 큰 도움이 됐죠. 노 대통령님과 함께한 지 10년 만에 대통령이 되셨어요. 그 10년의 기간이 해수부장관 1년, 그다음 종로에서 국회의원 2년, 이게 답니다. 나머지는 속된 말로 개털이었어요. (웃음) 앞서 얘기했지만, 노 대통령님과 다니면서 여관방 하나 얻어서 비서하고 저하고 셋이서 한방에서 잤다니까요. 지금 친구들끼리도 세 명이서 한방에서 자기도 쉽지 않습니다. 그렇게 다니면서 우리가 끗발을 부릴 처지도 아니었고요. 그게 우리들의 몸과 마음에 체득되어 있는 거라고 생각했습니다.

저도 청와대 있으면서도 그랬고, 국회의원을 하면서도 그랬고, 유세를 떨거나 개인을 위해 무언가 해본 것이 없고, 부모형제들이 혜택을 입은 것도 없고요. 당연히 그래야 된다고 생각했는데, 어쩌면 그렇게 행동한 자체가 오만이었을 수도 있겠다 싶었습니다. 무슨 얘기냐 하면요. 제가 불필요하게 폐를 안 끼친다고 사람들한테 연락 안 하고, 안 만나고, 따로따로 만나고 그랬는데요. 사람에 따라서는 저랑 같이 밥도 먹고 싶은 사람이 있을 수도 있고, 차 한잔했으면 좋겠다는 사람도 있고요. 어떤 사람은 때로는 자기한테 무언가 부탁해주기를 바라는 사람도 있고요.

지 뭔가 해주고 싶은데 연락을 안 하면 나를 멀리하나, 무시하나, 생각할 수도 있겠죠.

서 오해이긴 하지만, 그 또한 내 몫이더라는 거죠. 그런 생각을 하는 자체가 오만이었다는 겁니다. 제가 내린 결론은. 그건 그 사람이 판단할 일이지, 내가 그 사람한테 폐를 안 끼치겠다고 연락 안 하고, 제가 뭔데, 밥 한 끼 먹을 수 있잖아요. 또한 저는 다니면서 편하게 한다고 했던 한마디 한마디들이 어쩌면 그 사람들에게는 부담스러웠을 수도 있죠. 저는 이미 청와대 출신의 권력자이고, 젊은 나이에 집권당 국회의원이고, 야당 시절에도 원내 수석 부대표도 하고 예결위 간사도 했으니까요. 재선 의원 때는 TV만 켜면 뉴스 시간에 제 얼굴이 거의 빠지지 않고 나왔어요. 인터뷰도 많이 했고. 어떤 정치인보다도 초·재선 때도 언론 노출이 비교적 많았습니다. 왜냐하면 이슈의 중심에 늘 있었으니까요. 그러니까 남들이 보기에는 나이에 비해 일찍 출세를 한 거죠.

저는 겸손하게 하고 폐 안 끼치겠다고 했지만, 많은 사람들에게는 오만하게 비쳤을 수 있고, 건방지게 보일 수 있고, 어떤 말들은 가슴을 아프게 했을 수도 있을 거구요. 그런 게 많더라고요. 그래서 오히려 내가 한 말이 중요한 것이 아니라, 내가 하는 행동이 중요한 것이 아니라, 결국은 모든 것이 그들의 몫이구나, 하는 생각을 했습니다. 저에게는 참 중요한 시간이었다고 생각합니다. 제가 말하는 것보다는 듣는 것이 낫고, 저 혼자 하는 것보다는 함께 행동하는 것이 낫겠고, 제가 "이거 해봅시다" 하고 제안하는 것이 아니라, 그 사람들이 먼저 "이거 한번 해보면 어떻겠냐"고 할 수 있는 거잖아요. 저한테는 사실 그런 기간이 없었어요. 10년 동안 대통령 만든다고 죽기 살기로 쫓아다녔고요. 8, 9년 동안 청와대와 국회에 있으면서 나름대로 했다고 하지만.

친구는 가까이
적은 더 가까이

지 대통령을 만드시겠다고 생각하신 것에 비해 빨리 이루신 거잖아요. 대통령을 꿈꾼다고 되는 것도 아니고.

서 제가 1992년 7월부터 노 대통령님을 모시기 시작했거든요.

지 딱 10년이네요.

서 그러니까 3김 시절의 동교동이나 상도동의 다른 선배들에 비하면 사실 빠른 거죠.

지 김대중 대통령은 대통령이 되셨으니까 다행인 건데요.

서 30년 만에. 마찬가지죠. 국회의원도 마찬가지구요. 그런 측면에서 보면 행운아죠. 그러다 보니까 우리는 식구들이 별로 없었잖아요. 이광재 씨, 안희정 씨, 저, 또 몇 사람들이 더 있지만, 처음부터 같이했던 사람들로만 따지면 그런데요. 부산에 이호철 선배, 문재인 대통령 다 계셨지만, 서울에서는 그렇죠. 나까지 포함해서 중요한 논의를 할 때는 함께했으니까요. 결정적으로 그렇게 셋이서 모였다 흩어지길 반복했는데, 전부 흩어질 때 세 사람이 남고, 다시 선거해서 흩어질 때 또 세 사람이 남고요. (웃음) 그렇게 셋이 중심이 돼서 간 거잖아요. 사람들이 그렇게 보는 것 같아요. 노 대통령님도 그렇게 생각을 하신 것 같고요. 어쨌든 빨리 된 거죠. 그렇게 빨리 될 것이라고 저도 생각하지 않았습니다.

지 메르켈 총리가 "친구는 가까이 적은 더 가까이"라는 말을 했는데요. 의원님은 그런 친화력이 있으신 것 같은데요. 어릴 때부터 사람들 사이에서 조화를 만들어내고, 이런 것을 잘하셨나요?

서 그렇지는 않아요. 좋으면 좋고, 싫으면 싫은 것이지, 싫은 것이 좋을 수가 있겠습니까? 그런데 어쩌겠어요. 다녀보니 우리가 한줌도 안 되잖아요. 민주당 내에서 우리를 좋아하는 사람들이 얼마나 됐습니까? 더 쪼개고 들어가면 민주당 내의 이른바 개혁 그룹 의원들, 개혁 정치 모임이라고 했습니다. 이부영, 이철, 제정구, 유인태, 원혜영, 노무현. 이렇게 이른바 과거 민주화운동을 하던 분들

중에서 정계 진출한 의원들 그룹이 있었는데요. 그분들이 노무현을 지도자라고 생각을 해줍니까? 지방 변호사 출신에…….

지 고졸에.

서 운이 좋아서 스타 된 재주 좋은 사람이라는 정도였지, 지도자로 생각해주지 않았어요. 어떤 경우에는 면전에선 안 그랬지만, 다 들으라고 험악하게 말하고 비아냥거린 사람들도 많았습니다. 하지만 어쩌겠습니까? 그런 사람들을 다 싫어합니까? (웃음) 그럴 수 없잖아요. 원래 그런 것이 아니고 그러지 않으면 안 되니까요. 제가 약간 낙천적인 성격이 있어요. 어찌 보면 부모님으로부터 물려받은 좋은 DNA고, 어찌 보면 어수룩하고 그런 거죠.

지 정치적으로 필요한 역량이죠.

서 그러니까 필요는 발명의 어머니라고 했듯이 궁하면 다 통하는 것 같아요. 무슨 일을 할 때 피아를 구별은 해야 되죠. 그렇지만 구별할 때만 하고, 매번 가를 필요는 없잖아요. 일상적으로 살아갈 때까지 그럴 필요는 없고, 그걸 최소화해야 되는 것 아닌가요? 사람이라는 것이 사적 관계가 그렇게 많지는 않잖아요. 그런 게 아닌 이상은 서로 생각이 다르고, 가치가 다르고, 철학이 다르다고 해서 원수는 아니잖아요. 적도 아니고. 서로 나뉘어져 선거를 치른다고 해서 그게 내 적이 될 수는 없는 것 아닙니까? 또 저는 참모로서 제 스스로 그렇게 규정을 했습니다. 폼은 대장이 잡고, 온갖 좋은 것은 대장 몫이고, 대장이 폼 잡고 칭찬받을 수 있도록 만드는 것은 우리 보좌관 몫 아닙니까? 다소 원칙에 어긋나는 일이긴 해도, 예를 들면 언론인들한테 촌지를 줘야 됩니까, 안 줘야 됩니까?

지　요즘은 김영란 법이 있으니까, 주면 안 되죠. 오래전에는 관행이었지만.(웃음)

서　우리는 안 줬습니다. 그렇다고 100퍼센트 안 줍니까? 줄 때도 있어요. 지금 말씀하셨듯이 어떤 상황에서는 안 줄 수가 없다고 생각할 때가 있었습니다. 대통령 되겠다고 각 지역을 방문하지 않습니까? 각 언론사 편집국장, 보도국장, 정치부장 불러서 점심 저녁을 먹어야 해서, 광주에 있는 한 선배한테 물었더니 "미치겠네, 누가 밥 못 먹는 사람 있대, 밥만 먹으러 그 자리에 온대. 너나 나나 좋아하지, 광주 기자들이 노무현을 얼마나 좋아하겠느냐, 물론 대통령 후보니까 예의상 와주는 건데, 밥만 먹고 가면서 좋아할 사람이 있을까"라고 하더군요. 그 한마디로 끝난 거죠. 뭣 때문에 시간 낭비하고 오겠냐는 거예요. 그 말이 맞잖아요. 그게 명색이 관행인데, 지금까지 우리는 한 번도 그렇게 안 했어요. 광주에 일 년에 몇 차례 가지만, 그래도 인터뷰 할 것 하고, 기사 나올 것 다 나왔습니다.
"그 정도 인정해주는데, 이제 다르지 않느냐, 대통령이 되겠다고 온다면 대통령 후보로서 행보를 해야 되는데, 이인제 의원이나 한화갑 의원처럼은 안 해도 생색은 내야 될 것 아니냐, 그래야 고맙네, 이런 소리가 나오지, 밥만 먹고 소주 한잔하고 가면 누가 좋아하겠느냐"고 해요. 그만큼 환경이 열악할 때거든요. 지금도 열악하지만. 지역 신문 기자들 조건이 열악해요. 부산하고도 다르고, 대구하고도 달라요. 충분히 알아들었는데, 어쩌겠어요. 그렇다고 사무실에다가 돈을 달라고 하겠습니까? 아내한테 SOS를 쳐서 돈을 구했죠. (웃음) 당시 대선 후보들이 다 그랬어요. 일반 의원들이 하는 정도는 해야 되지 않겠느냐, 대통령 하려고 하면서. 그래서 그 정도를 봉투에 넣고 있는데, 화장실에 가려고 나오신 노 후보와 눈이 마주친 거예요. 딱 보면 알잖아요. "쓸데없는 짓한다"고 하시더라고. (웃음) "그냥 가십시오." 그랬더니 그냥 가셨다가 바로 다시 오셨어요. 지갑을 꺼내서 보여주시더니 "봐라. 나 돈 하나도 없다. 그 돈 나 좀 주라"라고 하세요. (웃음)

지 주지 마라.

서 그 얘기죠. (웃음) 싫다는 거죠. "모른 체하고 가십시오. 제가 알아서 하겠습니다" 하니까 "나도 지갑 비었지 않냐, 나 좀 줘" 해서 제가 성질을 냈습니다. 재차 "모른 체하고 가십시오. 어쩔 수가 없습니다" 하니까 다시 "쓸데없는 짓한다, 그러지 마라"고 하셨어요. 어쩌겠습니까? 그런데 몇 사람이 참 고마워하더군요, 생각지도

271

않았다고 하면서. "솔직히 그런 생각 안 하고 왔다"고 해요. 장관님한테 고맙다는 말씀드려라, 그러니까 우리 선배가 했던 얘기 그대로더라고요. "그러면 고마워하지 않겠느냐, 노무현은 다 안 할 거라고 생각한다, 당연히 노무현이 그렇지, 하고 올 건데, 그러면 밥 먹은 효과가 뭐가 나냐, 노무현은 원래 그런 사람인데, 앞으로 대선도 이렇게 치르겠네"할 거란 거예요. 다른 후보의 절반 정도만 해도, 성의만 보여줘도 그 사람들은 고마워할 거라고 하더라고요. 어쩌겠어요. 로마에 가면 로마의 법을 따르라고. 그 법대로 다 따르지는 못할망정 그래도 시늉이라도 내면 될 거라고 했는데, 그대로 하더군요. "그래도 우리를 대접해주려고 하시는 것 같아서 좋았다. 하시는 말씀도 좋았다"고 기자들은 얘기했습니다.

그런 케이스가 몇 개 있습니다. 우리가 청와대에 있을 때, 정부 정책을 만들 때도. 같은 얘기인데, 모든 것이 선의는 아니에요. 때로는 설득 과정과 최소한의 소명 과정이 있어야 한다는 거죠. '어쩔 수가 없다'가 아니라 '나를 따르라'고 하는 것, 어쩌면 그게 오만이죠. 나는 이게 원칙이다, 내가 추구하는 정치는 이런 정치다, 하고 구호 외치듯이 했던 것들이 있지 않았을까 반성하게 됩니다. 쉬었던 기간에 대해 얘기하셨을 때와 마찬가지로 이런 것들을 경험했습니다. 실제로 참 고마운 것이 우리가 힘들고, 연구소 하면서 어려울 때, 심지어 한겨레신문이나 경향신문 기자들도 힘들 때였어요. 그들조차도 김치찌개든 칼국수든 한 그릇 먹으면 자기들이 살 때가 더 많았어요. 우리가 사려고 하면 자기들이 먼저 계산하곤 했습니다. 우리가 없는 거 아니까. 그 사람들도 다 언론인들이에요. 전부 도매금으로 넘길 수는 없거든요. 조선일보 기자는 안 그랬나요? 개별 기자로는 안 그런 사람들도 있잖아요. 그런데 그걸 전부 매도하고 욕하면 기분 나쁘죠. 사람은 감정의 동물인데. 원칙은 원칙이라도 개별 사정은 사정인데요. 참모들은 그런 것을 헤아려서 행동할 필요가 있는 것 같습니다. 내가 그래서가 아니고, 저도 100퍼센트 다 그러지는 못했지만, 실제로 그러려고 많이 노력했습니다.

　　지　어떻게 보면 사람들은 타협이라는 것을 안 좋게 생각하는 면이 있는 것 같습니다. 타협한다고 하면.

　　서　타협하면 야합이라고 생각하는 경우가 많죠. 힘들던 시절 그렇게 변명하면서 합리화했던 시절이 있어서겠지요.

　　지　저런 놈들하고 어떻게 대화를 할 수가 있나, 하는데요. 어쨌든 가려서 대화하고 협상하는 것이 정치일 텐데요.

　　서　저는 아주 중요하다고 생각합니다. 그렇지 않으면 무엇 때문에 정치를 합니까? 절대로 타협할 수 없고, 절대로 양보할 수 없는 가치가 있죠. 그게 뭐겠습니까? 민주주의이고, 국민이고, 정의죠. 그것을 지켜내는 여러 수단과 방식이 있죠. 그러나 그것을 구호로 내세우면 곤란하다는 겁니다.

273

지　마음속에 간직해두고. (웃음)

서　구호로만 내세우면 곤란합니다. 그것을 수호하고 실현하기 위해 우리 사회가 가진 다양한 수단들이 있고요. 여러 영역에서 그 역할들을 수행하는데요. 저는 그 영역 중에 하나인 정치를 하고 있습니다. 정치는 마지막 보루라고 생각합니다. 최후의 수단이라고 생각합니다. 도저히 풀어낼 수 없는, 모든 분야에서 스스로 각자가 풀어낼 수 없는 것을 마지막 순간 해결해야 하는데, 그게 정치의 영역이라는 거죠.

지　그렇죠. 최후의 수단이 되어야겠죠.

서　그거 하자고 정치를 하면서 일방적으로 나를 따르라고 하는 것은 곤란한 것 아닙니까? (웃음) 나는 선이고 너는 악이라고 하면 곤란하다는 거죠. 모두가 다 그럴 것이라고 생각하지는 않아요. 때로는 표를 받아먹고 살아야 되는 사람들이기 때문에 자기 지지자들을 위해 구호와 액션이 필요할 때도 있습니다. 그렇다고 해서 우리가 선동주의자가 되어서는 곤란합니다.

지　그게 본질이 되면 안 된다는 거죠? 수단이 되어야지.

서　아니, 그걸 수단으로 써서도 안 된다고 생각합니다. 안다는 거죠. 대중들도 알고, 국민들도 안다는 겁니다. 전쟁 중에도 대화는 하고, 협상은 해야 합니다. 국가와 국민을 위해서 일하는데, 무슨 전쟁을 하는 것도 아니지 않습니까? 작금의 정치 상황을 보면, 정치를 하고 있는 분이 전쟁을 치르는 것 같아 안타까워요. 물론 전쟁보다 더 할 수 있습니다. 권력이라는 것이, 오죽하면 부모형제와도 나눌 수 없다고 하지 않습니까? 그러나 그것이 개인의 이익이 아니고, 국가와 국민을 위한 일들이고, 공익을 위한 일이라면 더욱 잘할 수 있는 것을 위해 싸워야겠지만요. 지금 상황은 그런 것은 아니지 않습니까?

지 그게 잘못되면 극단적으로 이런 얘기까지 나올 수 있죠. 어떤 민주당 전 의원이 한겨레신문에서 인터뷰를 한 적이 있는데요. 국회의원 떨어진 것이 나라 망한 것보다 더 절망스러운 일이냐는 뉘앙스의 질문에 '나라 망하는 거야 같이 겪는 거지만, 선거 떨어지는 것은 나만 겪는 일이라 더 고통스럽다'는 취지의 말을 했습니다.

서 순간의 감정을 이야기한 것이겠죠. 본인의 생각이나 가치를 얘기한 것이 아니고 그 정도로 고통스럽더라는 말이겠죠.

지 맞습니다.

서 정치인이나 책임 있는 사람들이 그런 표현들을 쓰면 좀 위험하다고 하겠죠. 그 고통의 크기가 예를 들어, "살을 에는 고통, 애 낳는 것보다 더 아프다"라고도 하는데, 사실 애 낳는 것보다 더 아프겠습니까? 그런데 그런 표현을 평소 쓰듯이 썼겠죠. (웃음) 그런 질문 자체가 제가 볼 때는 좀 그런데요. 한 개인이 그만큼 고통스러웠다, 이런 거지만, 선거로 떨어지는 것은 어쩌겠습니까? 병가지상사인데요. 저는 강제로 퇴출당했잖아요.

지 컷오프.

서 컷오프도 당했고, 민주주의 제도에서 주어진 사법 절차에 의해 강제 퇴출되었습니다만, 억울하죠. 얼마나 억울하겠습니까? 제가 법대를 나왔는데, 실체적 진실과 법적 진실이 다르다는 것을 그때 처음 실감했어요. 그럴 수도 있더라고요. 저도 도저히 참을 수가 없어서 나도 모르게 집에 가다가 차에서 서럽게 한번 울고 말았습니다. 그 자리에 마침 비서가 있어서 미안하더라고요. (웃음) 참고 참았는데, 밤늦게 집에 다 와서는 나도 모르게 순간적으로 울음이 터졌습니다만, 그러고 나서는 한 번도 그러지 않았지요. 왜냐하면 노 대통령님이 돌아가셨잖아요. 그것보다 더 슬플 수는 없으니까요. 어쨌든 사건명으로 보면 박연차라는 한 사람의 이름이 같이 들어가 있어요. 나나 이광재 씨나. (웃음)

그 고통을 한번 겪어서 그런지는 모르겠는데, 한번 울고 나니까 담담하게 받아들여지더라고요. 그게 체념이겠습니까, 더 큰 결의였죠. 당시 여당은 더 구체적인 것도 무죄가 되고, 이광재 씨와 저는 다른 판결이 나왔죠. 얘기하다보니 이 얘기까지 나왔네요. 그랬습니다. 그 분은 비례대표였는데도 그렇게 고통스러웠군요. (웃음)

지 자유한국당 의원이 그렇게 얘기하면 난리가 날 거거든요. (웃음)

서 선거 떨어지고, 후기 식으로 낙선담 이런 거겠죠. 그건 익스큐즈가 안 되겠습니까? 그런데 정치인들에게는 그렇게 고통스러울 수 있죠. 그 말씀이 뭔지, 이해는 될 것 같습니다.

지 되도록 그런 말은 조심해야 되지 않겠나 싶어서요.

서 정치는 말과 글이 중요한데, 우리 사회는 물론 세계적으로도 경제가 어려워져서 그런 건지, 모두 극단으로 달리고 있잖습니까? 중간 지대가 없어지면서.

지 말이 험악해지고.

서 정치 체제들이 극단으로 가면서 말이 너무 격해졌어요. 쓰는 말과 용어들이. 트럼프 대통령도 그렇지 않습니까? 미국 대통령 후보나 대통령이 쓸 수 있는 언어들이 대개 아니잖아요. 명색이 세계의 지도자라는 미국 대통령이 그렇게 격한 말들을 쏟아내고, 품위라고는 하나도 찾아볼 수 없으니까요. 한편으로는 우리 정치도 어느 순간부터 말이 절제나 정제되지 않고 너무 격해졌잖아요. 아무리 극한 상황에서 싸워도, 노무현 대통령이 탄핵을 당했어도 당시 열린우리당 의원들이 말을 그렇게 격하게 쓰지는 않았던 것 같아요. 울부짖긴 했어도. 이렇게 얘기하면 또 편 가른다고 할지는 모르겠지만. (웃음) 그러니까 어느 순간부터 쓰는 용어들이 격해졌습니다. 마치 예전 군대에서 서로 뺨 때리기를 시키듯이.

지 학교에서도 그런 것을 시켰었죠.

서 마치 치킨 게임하듯이 그렇게 된 것 같습니다. 그러면서 좀 힘들어요. 끔찍스러워. 보고 있으면.

지 비유를 잘하셨는데요. 뺨 때리기 게임을 하다 보면 처음에는 주저주저하는데, 맞다 보면 열도 받고, 명분도 생기잖아요. 니가 나를 세게 때리기 시작했으니, 나도 때릴 수 있어, 하는 거죠.

서 서로 간에 네가 먼저 그랬다는 거잖아요. 국민들 보기에도 뭐하고, 요즘 유튜브나 SNS의 속성이 자극적이지 않으면 대중에게 어필이 되지 않잖아요. 도드라져 보이지 않으니까요. 그런 것도 없지 않아 있는 것 같습니다. 옳고 그름을 떠나서 잘못됐죠. 이걸 어떻게 할 것인지 지금 당장 이야기할 수는 없지만, 어쨌든 쓰는 말들이 너무 격해요. 너무 품위가 없어요. 역지사지라는 것이 하나도 없어 보여요.

지 유튜브를 봐도 노출과 폭로가 제1의 콘텐츠가 된 것 같습니다. 남의 사생활을 폭로하면서 정의란 이름을 붙이고 있고요.

서 민주주의의 기본 원칙인 인권, 개인의 권리 같은 거의 200년 전에 세웠던 기본 원칙마저도 무너져버리고 있지 않습니까? 요새 같으면 정의라는 정의가, 인권이라는 정의가, 개인의 권리라는 정의가 다시 만들어져야 할 것 같습니다.

7

과거의 서갑원에게 묻고
미래의 서갑원이 답하다

시간 2019년 8월 28일 오후 5시 ~ 9시 30분
장소 김포 마리나베이 서울 호텔, 커피숍

노무현의
사람들

지 영화 〈노무현입니다〉에서 강원국 작가님이 인터뷰를 했는데, 노무현 변호사와 문재인 변호사의 캐릭터를 비교한 일화가 재미있더라고요. 노무현 변호사는 수임료로 큰돈이 생기면 사무실을 돌아다니면서 '누구 돈 필요한 사람 없어? 자네 전세금 필요하다고 하지 않았나?' 하는 반면에, 문재인 변호사는 돈이 생긴 걸 아는데 아무 말도 안 하고 있다가 연말에 조용히 사무장을 불러서 "수임료 외에 돈이 좀 더 생겼는데, 전 직원들에게 n분의 1로 나눠서 보너스를 주자"고 했다더라고요. 그게 두 분의 스타일이 너무 다른 것을 보여주는 에피소드 같습니다. 노무현 대통령에게 세 사람이 있었잖아요. 오마이뉴스 기자가 그런 얘기를 하더라고요. "안희정은 가치 중심으로 움직이고, 이광재는 인물 중심으로 움직인다"고.

서 이광재 씨는 대단히 실용적이고 어떤 사람이 가진 비전이나 역량들을 중시하는 것이 맞습니다. 그러나 그 속에 있는 가치와 철학은 기본이라고 보는 것 아닐까요? 그게 배제된 상태에서 무조건적으로 그러는 것은 아니니까요. 이광재 씨는 조순 총재나 김덕룡 의원 같은 사람도 도와줬습니다. 조순 총재는 서울 시장 나왔을 때, 김덕룡 의원은 우리가 정치하기 어려워졌을 때 비서관으로 잠깐 가서 도와줬는데요. 그런 것들이 노무현 대통령을 만들어가는 과정에서 큰 도움을 줬다고 생각해요. 당시 김덕룡 의원은 YS 정권의 당청에서 최고 실세 중 실세 아니었습니까? 대통령 선거에 나선다고 하는 9룡 중 하나였고요. 이광재 씨도 그 사람이 대통령이 된다는 생각은 안 했습니다. 하지만 정권 실세로서, 대통령을 하겠다는 자기 비전을 가진 나름 개혁적인 정치인임은 틀림없었습니다. 그가 전라도 출신이고 YS의 비서 출신이라는, 참모로서의 한계를 가지고 있어서 대통령 후보가 된다는 생각은 안 했지만, 민주화 과정에서 자기 역할을 했고, YS 참모들 중에서는 가장 개혁적인 인사 아니었습니까?

지 그렇죠.

서 YS 정권 초기라면 정치권력의 힘이 어마어마할 때 아닙니까? 사실 개혁의 시대였습니다. 최초의 문민정부 아닙니까? 그건 우리가 부인할 수 없어요. 최초의 문민정부에서 그 힘으로 금융실명제 실시하고, 공직자 재산 등록하고, 심지어 토지실명제까지 갔어요. 나중에 백그라운드가 약해서 주저앉긴 했지만, 그런 개혁의 시기였거든요. 어쨌든 그 시기에 거기 들어가서 실무를 경험했다는 것은 우리가 정권을 잡고 초창기 인수위를 꾸리고, 청와대에서 대통령을 보좌하는 데 큰 도움이 됐을 거라고 생각합니다. 그래서 이광재 씨가 자기 역할을 충분히 했던 거죠.

안희정 씨는 그에 비해, 비교적 다른 캠프 사람들에 비해 실용적인 편입니다. 충남 지사 때도 그랬듯이. 이른바 정치를 하는 다른 386들에 비해 덜 이념적이죠. 그러나 우리 중에서는 비교적 이념과 가치를 좀 더 강조한 측면은 있습니다. 안 지사는 밖에서 많은 활동들을 했어요. 국회에서도 보좌관으로 일하지는 않았고, 인수위 과정에도 참여하지 못했고, 청와대 내에서도 비서관으로서나 국정 경험을 실제로 경험하지는 못 했죠. 그런 측면에서 조금 더 자기 정체성을 찾으려고 노력했던 것 같습니다.

지 그러면 서 의원님은 이광재, 안희정 두 분 중 이광재 쪽에 더 가깝다고 봐야 하나요?

서 저는 둘 다 가깝죠. (웃음)

지 친소관계가 아니라 성향 같은 면에서요. (웃음)

서 우리의 장점이라고 한다면, 서로 대립해서 주의 주장을 펼친 적은 한 번도 없습니다. 모여서 같이 일하면서도 그런 문제로 갈등을 겪어본 적이 없습니다. 어쩌면 그래서 자연스럽게 서로 역할 분담이 될 수도 있었을 것 같습니다. 예를 들면 사람들을 만날 때도 안희정 씨는 함께 민주화운동을 했던 사람들을 많이 챙겼다고 하면, 나는 교수들이나 관료들과 많이 교류했고, 이광재 씨도 교수나 관료들을 만났지만, 군이 구분하자면 기업가나 전문가 그룹과도 많이 교류했습니다. 비교적 그런 편이었다는 겁니다. 대통령과 면담을 하거나 캠프에서 사람들을 찾을 때, 자연스럽게 하나의 역할처럼 됐죠. 일할 사람들을 갖다 붙이는 것도 중요하잖아요. 내가 기억하기에 획일적으로 구분할 수는 없지만, 그러니까 제3자 입장에서, 우리를 알고 있는 사람들이나 기자 입장에서 보기에는 비교적 그렇게 보일 수도 있겠죠. 그래서 실제로 안희정 씨에 대해서는 386 그룹이 우호적으로 대하고, 이광재 씨에 대해서는 상대적으로 약간 거리를 뒀습니다. 삼성 하면 안희정을 두고서 얘기한 것은 아니잖아요. 이광재를 두고 이야기한 거죠. 그런 식의 얘기들도 있듯이, 그것은 하나의 자연스러운 역할 분담 정도로 이해하면 훨씬 더 편할 것 같습니다.

지 호사가들이 이야기일 수도 있는데요. 세 사람을 삼국지의 인물에 비교한다면 어떻게 하시겠어요?(웃음)

서　저까지 넣으면 사람들이 이상하게 생각하지 않을까요? (웃음) 그러나 같이 있었던 것으로 따지면…….

지　아는 사람들은 다 아니까요. (웃음)

서　이광재 씨는 제갈량에 가까운 편이죠. 전략과 기획 쪽 일을 했으니까요. 주로 안희정 씨는 살림살이를 하고, 내부 조직을 잘 관리하는 그런 사람이었어요. 살림살이를 하다 보니 거기에 대한 책임을 지기도 했고요. 저는 주로 대통령 비서 업무를 많이 했죠. 딱히 저를 누구한테 비유해야 될지 모르겠네요.

지　김재욱 작가는 《삼국지 인물전》이라는 책에서 안희정 씨를 '민주 진영의 맏아들'이라는 표현과 함께 손책에 비유했습니다. 물론 과거의 일이 되어버리긴 했지만.

서　손책이 오나라 비운의 창업자죠. 나중에 손권이 꽃피웠지만, 오나라의 틀을 만든 사람이죠. 그렇게 볼 수도 있겠네요. 용맹하고 지혜로운 사람이었잖아요. 자기 비전도 있는 사람이었고, 손책도 참모들이 좋았잖아요. 다른 사람들에 비해 부족하지 않았습니다.

지　그럼 서갑원은요? (웃음)

서 이렇게 얘기하면 사람들한테 욕먹거나 의아해하지 않을까요? 여기서 저는 화자로서만 갑시다. (웃음) 예를 들면 우리로서는 많이 서운하게 됐지만, 김병준 실장도 제가 추천한 사람이거든요. 저는 노 대통령님 일을 한 것이지, 다른 사람들의 참모가 아니잖아요. 각자 참모지, 저는 무슨 일이든 대통령과 직접 상의해서 많이 처리했습니다. 물론 우리끼리 의논하기도 했지만요.

앞서 얘기했듯이 저는 비서 업무를 한 거예요. 저는 그렇게 생각했어요. 밖에다가 그런 얘기를 할 수는 없는 거죠. 경향신문의 박래훈 기자와 최우규 기자를 얼마 전에 만났는데요. 우리를 너무너무 잘 아는 기자들입니다. 그런데 그 사람들도 잘 알지만, 내 입을 통해 기삿거리가 나간 것은 단 한 건도 없다고 하더라고요. 실제로 대통령에 당선되고 나서 청와대에 있는 동안에도 제 입을 통해 기사가 나간 것은 단 한 건도 없어요. 기자들을 만나지도 않았습니다. 그럴 수도 없었죠. 의전팀장은 비서실팀장이잖아요. 대통령을 모시고 다니면서 함께 모든 일들을 했기 때문에 밖에서 사람들과 그런 얘기들을 할 수는 없었죠.

지 얘기했으면 누가 했는지 알 수밖에 없었을 테니까요. (웃음)

서 그러니까 대통령님과 관련된 일들은 제가 더 잘 알 수밖에 없는 거죠. 구체적으로. 그럴 수밖에 없잖아요. 그 사람은 누가 데리고 온 사람이고, 이건 누가 조직한 모임이고, 이건 누가 보낸

메시지이고, 하는 것들을 죄다 알잖아요. 그런데 사람들은 밖에서 만나서 얘기를 들어요. 저는 일반 사람들하고는 얘기를 안 하니까, 제 역할들은 안 보이는 거죠. 그냥 단순한 비서고, 보좌관이고, 이렇게 보는 겁니다.

그러나 한편으로 대통령 심부름을 하고, 광주와 인천 경선은 제가 맡아서 치렀습니다. 이 두 곳이 전략적으로 가장 중요한 경선 지역이었습니다. 인천에는 사람이 없었어요. 조직 팀에서 팀 하나도 못 꾸리고 있을 때였습니다. 광주 경선 끝나고 한 달 정도 남았을 때인가, 지금 진성준 의원, 노원 구청장 오승록, 경기도 교육정보원장을 했던 이한복 등 보좌관 다섯 명과 광주 전남 팀 열 몇 명을 데리고 갔습니다. 홍미영 전 의원(부평구청장)이라고 당시에 인천 시의원을 하던 분의 사무실을 쓰고 있었어요. 사무실도 없어서 그곳을 빌려 경선을 치렀습니다. 이렇게 우리 각자가 역할을 했지만, 내가 삼국지에서 누구라고 얘기하는 것은 좀 그런 것 같아요. (웃음)

지 《노무현이 만난 링컨》이라는 책을 먼저 제안하셨다면서요. 출간 과정에서 재미있는 에피소드가 있을 것 같은데요.

서 안 하시려고 그러시는 거야. 링컨의 통합 이미지, 역경을 헤쳐온 불굴의 지도자 이미지를 책에 담아 출판기념회를 하고 출정식을 해야 되는데, 그때 제가 사무국장 할 때였어요. 종로구 인사동에 사무실이 있었는데, 그림 보는 것을 좋아하니까 밥 먹고 인사동 길을 산책하고 화랑에도 다녔습니다. 한번은 학고재 화랑에서 그림을 보다, 학고재가 최순우 선생의 《무량수전 배흘림기둥에 서서》라는 베스트셀러를 낸 출판사도 운영한다는 게 생각났어요. 다른 출판사들도 있지만, 문화적인 책들을 많이 낸 학고재를 우선 떠올렸습니다. 제가 생각한 전략은 정치인이 출마하면서 낸, 그저 그런 책 대접은 안 받고 싶었어요. 그게 어떤 출판사에서 책을 내느냐는 걸로 결정이 날 수도 있겠다 싶더라고요. 당시 청와대에 선배가 있었는데, 화랑 대표와 친했습니다. 그래서 "밥이나 한번 먹읍시다"라고 했어요. 밥을 먹으면 제법 가까워지잖아요.

그러던 어느 날 저녁, 노 대통령님 이야기를 하게 됐습니다. 여럿이서 식사를 하고 있었는데, 그중 SK 임원이 "노무현이 깜이 되냐?" 이런 얘기를 한 거예요. 제가 화를 누르고 '왜 노무현인가?'에 대해 쭉 설명을 했죠. "선거는 절대평가가 아니고, 상대평가다, 저쪽에는 이회창이 있고, 우리는 이인제, 한화갑, 김중권, 노무현이 있는 거다, 이회창을 상대할 민주당 후보가 누가 되어야 이길 수 있느냐, 다 이인제라고 한다, 당신들은 그렇게 생각할지 모르겠지만, 나는 그렇게 생각하지 않는다, 전라도 표만 가지고 되냐, 이인제가 충청도를 대표하는 사람이냐, 전라도와 충청도만 버틴다고 되냐, 부산 사람들은 이인제 때문에 이회창이 떨어지고 김대중이 됐다고 난리다, 그 500만 표가 승부를 갈랐다, 그런데 그게 이인제 표냐, 이인제의 것이냐, 배신자를 누가 지도자로 모시겠느냐, 배신자는 타협의 대상이지, 지도자로 모시지 않는다, 국민들이 배신자를 대통령으로 만들어줄 만큼 그렇게 어리석을 것 같으냐" 하고 쫙 설명을 했습니다.

그 뒤에 학고재 대표에게서 연락이 왔습니다. 차 한잔 마시고 이야기를 하는데, "노무현 의원님은 책을 안 내십니까?" 그러더라고요. 사실 계속 책 하나 만들어주십시오, 그 작업 중이었거든요. (웃음) 진짜예요. 그것 때문에 학고재를 계속 들락거린 겁니다. 그러고는 서 보좌관한테 그간의 얘기를 들어보니까 저도 훌륭하다고는 생각했지만, 노무현 의원이 그런 분인지는 몰랐습니다, 책을 하나 준비하고 있다면 우리 출판사에서 출간하고 싶습니다, 라고 해요. (웃음) "진짜 그렇습니까?" 하니까 "제가 빈말은 안 합니다. 준비되시면 말씀해주세요." "예. 알겠습니다. 진짜 약속한 겁니다." (웃음) 그다음에 원고 뭉치를 들고 갔죠.

지 한 정치인이 인류 역사를 바꾸어놓은 위대한 선배 정치인의 평전을 쓴 거니까 의미가 있는 거자나요.

서 링컨의 위대함도 있었지만 성장 과정이나 직업 이런 면에서 동질감을 느끼셨던 것 같습니다. 링컨의 말과 글도 노 대통령님이 매력적으로 생각한 부분이었을 겁니다. 두 분 다 명연설가잖아요? 그렇게 해서 나온 책이 《노무현이 만난 링컨》입니다. 그 책을 가지고 힐튼 호텔에서 아주 성공적으로 출판기념회를 열고 대통령 출정식을 했습니다. 노 대통령님의 책을 낼 때도 제가 그렇게 공을 들였습니다. 제가 덜렁덜렁하는 것 같죠?

지 그렇지는 않은 것 같습니다. (웃음)

서 사람들이 제가 덜렁덜렁한다고 생각합니다. 실제로 그런 면이 있어요. 하지만 제가 목표를 가지게 되면 치밀하게 전략적으로 접근합니다. (웃음)

지 집요하게.

서 절대로 포기를 안 합니다. 그렇게 해서 그 과정이 좋아지는 거예요.

지 그 집요함은 2002년 민주당 국민경선도 중요한 사례가 될 것 같습니다. 가장 큰 승리 요인은 뭐라고 생각하십니까?

서 대통령이 경선에서 승리를 한 요인이 100만 가지가 넘겠지요. 그중 하나를 꼽으라면 인터넷 생중계라고 생각합니다. 오마이뉴스에서 했던.

지 실제 오마이뉴스의 공이 컸군요. 나중에 대통령이 된 후 오마이뉴스와 첫 인터뷰를 하셨죠.

서 그랬지요. 그런데 그게 하늘에서 우연히 떨어진 거냐 하면, 그게 아니고 노무현 대통령이 싸워서 얻은 것입니다. 오마이뉴스에서 어느 날 연락이 왔어요. 당 후보들의 인터뷰를 생중계하겠다는 거였죠. 김근태 후보가 제일 먼저 하고, 그다음에 노무현 후보가 하기로 했어요. 그런데 이를 선관위에서 위법이라고 했습니다. 규정에 없기 때문에 선거법 위반이라는 거였죠. 선관위에서 막아서 김근태 후보는 못했습니다. 그래서 우리가 대책회의를 열었는데, 모두가 반대했습니다. 제가 "나는 해야 된다고 생각합니다. 기존 매체는 우리를 안 다뤄줄 텐데, 새로운 미디어에서 생중계를 해주는 것은 큰 기회라고 생각합니다. 우리가 원하는 것이고, 후보도 원하는 것입니다"라고 했습니다.

지 이번에도 총대를 메셨군요. (웃음)

서 국민들이 후보에 대해 제대로 보고 들을 수 있는 기회라고 생각했죠. 그런데 대통령 후보 될 사람이 위법한 행위를 할 수는 없지 않느냐는 내부 반발도 있었는데요. 저는 싸워서라도 쟁취해야 한다고 주장했습니다. 여론화해서 합법적으로 할 수 있는 방법을 찾아야 한다고. "그렇게 되면 9시 뉴스에 부정적인 장면이 나갈 수도 있지만, 그건 우리가 원하는 장면이다, 선관위 사무관과 싸우는 것이 아니고, 잘못된 제도와 싸우는 것이다"라고 주장했죠. 결국 후보도 하자고 하셨습니다. 실제로 선관위 사무관이 못 하게 해서 몸싸움을 벌이기도 했습니다. 당연히 9시 뉴스에도 보도되었고요.

그 후 오마이뉴스에서 오프라인 신문을 만들었습니다. 그전까지는 오마이뉴스는 언론사가 아니다. 언론사에서 주최해서 생방송 인터뷰를 하는 것은 가능하지만, 오마이뉴스는 언론사가 아니기 때문에 안 된다. 그렇기 때문에 선거법 위반이라고 한 건데요. 하지만 오마이뉴스는 언론 기능을 하고 있었고, 인정을 받은 매체였죠. 그래서 오프라인 신문을 만들었습니다. 그리고 우리 경선을 생중계 했습니다. 그것을 통해 더 많은 사람들이 열광할 수 있었고, 노사모의 규모도 더 커졌습니다. 그때 언론은 우리 주장을 왜곡시켜버리니까, 자기들이 사설 칼럼은 마음대로 써도 팩트 전달만은 제대로 해줘야 되잖아요. 그래서 대통령이 되고 나서 만든 것이 국정방송KTV이었습니다. 정부 정책을 방송으로 내보내자는 거였죠. 우리가 하고 있는 일을 국민들에게 전부 보여주자는 거였죠.

지 새로운 미디어의 도움을 그냥 받은 것이 아니네요.

서 노무현 대통령은 뉴미디어에 대한 열망이 컸고, 뉴테크놀로지에 대한 호기심도 많았어요. 실용적이었지요. 지방자치실무연구소가 중소기업회관에 80평 정도의 사무실을 썼습니다. 구성원이 저, 이광재 씨 등 10명도 안 됐는데, 전산실장이 있었습니다. 그런 작은 조직에 전산실장이 있는 게 이례적이었죠. 지금의 인트라넷 같이 사무실 컴퓨터들을 다 연결했습니다. 그때는 삼성도 안 하고 있던 시절이죠. 서로 정보와 업무 공유를 위해서 한 겁니다. 한 사람이 사고가 생겼을 때, 다른 사람이 그 업무를 모르면 해내기 어렵잖아요. 그게 나중에 청와대에서 '이지원'으로 발전한 겁니다. 처음에는 데이터베이스에서 시작한 거죠. 서로 공유했기 때문에 그런 얘기들을 할 수 있었어요. 대통령님의 생각을 알고 있으니까요. 대통령님께서는 사람을 많이 만나다 보니 일일이 기억을 못하고, 명함에 깨알같이 씁니다. 카시오에서 나온 전자수첩도 쓰셨고요. 늘 그런 것에 대한 갈증이 컸습니다.

또 이런 예도 있습니다. 한 사람이 여러 개의 직함을 가지고 있잖아요. 그런데 이름 하나를 치면 한꺼번에 출력되게 만들 필요가 있었습니다. '오케이 비서'라는 데이터베이스를 만든 회사를 의원님과 찾아갔습니다. 저희가 만든 것을 가져가니까 놀라더라고요. "이걸 의원님이 직접 만드셨습니까?" "그렇습니다." 오케이 비서를 쓰는 저명인사가 두 사람인데, 한 사람은 장성이고, 한 사람은 대기업 임원이었습니다. "세 달 전에만 가져왔으면 이걸로 작업을 했을 것 같다"라고 하더라고요. 그러면서 우리 것이 용량이 크지만, 이미 작업 중이어서 어쩔 수가 없다고 했습니다. 그래서 연세대 학생들에게 발주했습니다. 그렇게 개발한 것이 '뉴 리더'라는 프로그램이었죠. 노 대통령께서 세상에서 제일 재미있어 하실 때가 그 프로그램을 설명할 때입니다. 우리에게는 세상에서 제일 재미없는 시간이었죠. (웃음) "이거 안 쓰는 사람은 사무실에 나오지마"라고 말씀하실 정도였어요. 그것을 선거용 프로그램으로 만들어서 몇몇 의원들에게 팔았습니다. 그때만 해도 용량이 모자랐지만, 후에 계속 발전시켜서 이지원으로 만든 겁니다. 노 대통령님은 불편한 것을 못 참아요. 실용적이고, 새로운 문화에 끊임없이 도전합니다. 그분은 그런 것들로 최적화되어 있습니다. 생활 속의 진보주의자라고 할 수 있죠. 진보라는 것이 혁신이고, 변화잖아요.

광주,
빛이 되고 빚이 되다

지 2002년 대통령선거 민주당 광주 경선 때 기획을 맡으셨잖아요. 광주 상황을 잘 모르고 그날을 지켜봤던 사람들은 뭔가 처음부터 민주당에서 노무현 후보를 밀고 있었던 건 아닌가 하고 느낄 수도 있거든요. 이인제 후보는 자기가 대세라고 생각했을 텐데, 그날 분위기는 그게 아니었잖아요. 어떤 준비를 하신 건가요?

서 우리는 처음부터 끝까지 본선 경쟁력을 가지고 이야기한 거예요. 그다음에 설사 본선 경쟁력이 같더라도 무엇 때문에 이인제를 선택할 필요가 있냐는 거죠. 그 본선 경쟁력이 이인제한테 있다고 생각했기 때문에 이인제의 지지율이 광주에서 압도적으로 높았죠. 본선 경쟁력이 있다고 생각할 수밖에 없었던 것은 청와대부터 해서 90퍼센트 이상 국회의원들이 이인제를 지지했습니다. 천정배 의원이 광주 경선 때 처음으로 같이했습니다. 이인제 후보가 본선 경쟁력이 없다는 게 제주 경선에서 2등, 울산에서 3등 하면서 확인되었잖아요. 압도적으로 1등을 해야 될 이인제가 제주도에서 2등, 울산에서 3등 하면 무슨 경쟁력이 있습니까? 이인제가 아니네, 아니면 노무현이지, 뭐.

그래서 광주에 처음 온 사람들이지만, 열심히 전화를 했습니다. 밤 12시 넘어서 오전 10시까지 전화를 해주십시오, 하고 전화번호를 100개 갖다 주면 다 해주더라고, 성실하게. 처음부터 끝까지 그렇게 했죠. 그다음에는 대의원 경선이잖아요. '와와' 한다고 될 일이 아니잖아요. 선거인단 경선인데, 우리를 도와주는 국회의원이 단 한 사람도 없었습니다. 그 전에 광주에서 우리가 후원회를 할 때, KT 전남본부 강당에서 했습니다. 명색이 대통령 후보 후원회를 하는데, 축사를 해주는 광주전남 지역 국회의원이 단 한 사람도 없는 겁니다. 그래서 앞서 얘기했던 서대석 선배한테 "그래도 인간적으로 명색이 당의 대통령 후보인데, 공식적인 행사 아닌가? 시당 위원장이면 축사 한마디 해줘야 되는 거 아니냐?"고 했어요. 그렇게 설득해달라고 했습니다. 그래서 정동채 의원이 왔습니다. 후보 시절에 후보 비서실장을 했죠. 그때 정동채 비서실장을 추천한 사람이 저였어요. 대통령도 저도 고마워했는데, 우리를 지지한 것은 아니었습니다. 처음부터 끝까지 말입니다. 개혁적인 의원들조차도 한화갑과 이인제 후보를 지지했습니다. 아니, 후원회에 국회의원이 단 한 사람도 안 왔다니까요.

그런데 문화일보 여론 조사에서 광주 경선을 1주일 앞두고 적합도 1위가 나왔어요. 백원우 씨가 "문화일보를 좀 보낼까?" 해서 제가 "한 차 실어 보내라"고 했어요. 그랬더니 진짜 한 차가 왔어요. (웃음) 사무실 1층에 쌓아 놨는데, 어떻게 소화가 안 돼요. 별 생각을 다하다가 박화강 선배한테 "한겨레신문에 광고 전단지처럼 넣죠. 문화일보는 광주 전남에서 잘 안 보는 신문이니까 문화일보를 한겨레신문에 광고지처럼 넣어서 배달하면 안 될까요?"라고 했습니다. 소화시킬 방법이 없었어요. 처음에는 "그게 되냐?"고 하다가 "문화일보는 광주에서 안 보니까 경쟁지도 아니고, 스포츠신문도 끼워 넣어서 배달하잖아요. 왜 안 돼요" 했죠. 그러니까 "그거 말 된다. 좋은 생각이다, 한번 의논해볼게"라고 하더라고요. 그런데 광주일보와 전남일보는 안 된다는 거예요.

그때 짠하고 나타난 것이 '노무현을 사랑하는 사람들의 모임(노사모)'이에요. 울산 경선 끝나고 나니까 부산상고 사람부터 시작해서 몰려와요. 노사모를 불렀지, 이걸 광주 시민들에게 뿌려서 이 기사를 보면 우리가 경선에 이긴다고 했죠. 한나절 만에 다 뿌려버리더라고요. (웃음) 사람들이 다 그랬어요. 이인제가 좋아서 그런 거냐, 이인제가 된다고 하니까 그런 건데, 이인제는 안 되고 노무현은 된다, 노무현이 더 낫다는 것을 보여주면 되는데, 그 가능성을 문화일보가 보여준 것이고, 이게 뉴스에 안 나오니까 신문을 직접 뿌리고, 홍보전에 뛰어들어 대의원들을 집집마다 방문했습니다. 선거인단과 동별로 나뉘어서 스무 장이면 스무 장, 마흔 장이면 마흔 장을 가지고 직접 찾아가서 '노무현이 당선된다'고 우리 홍보물을 보여주라고 했죠.

노사모가 와와 하고 돌아다닐 때, 우리는 대의원들을 접촉하고, 노 대통령은 그 바쁜 시간에 네 군데 커피숍을 잡아놓고 권역별로 사람들을 만났는데, 거기서 두 사람 이상 안 만났어요. 여론조사를 보고 '세모' 친 사람들만 찾았어요. 우리를 지지하는 사람들을 따로 만날 필요는 없잖아요. 또 안 된다는 사람들도 만날 필요도 없잖아요. 세모 친 사람들 붙들고 '나 좀 도와 달라'고 하는데 같은 값이면 안 도와주겠어요. 선거 전략은 그렇게 했습니다. 그렇다고 됐겠습니까? 투표율이 50퍼센트가 안 됐습니다. 하지만 아주 중요한 노력이었고, 저는 그게 컸다고 생각합니다. 그냥 체육관 앞에서 '와와. 노무현, 노무현' 하면서 춤만 춘 게 아니고, 그 사람들이 다 호별 방문을 했습니다. 그 와중에 택시 회사 두 군데서 강연 일정을 잡고, '노무현이 이인제보다 당선 가능성이 높다'는 것을 각인시킨 거죠. 그 맹아가 제주도와 울산 경선에서 입증됐죠. '이인제로는 안 된다'는 것이. 우리는 바닥 작업을 더 열심히 했고, 상대방은 국회의원만 몰고 다녔지 바닥 작업을 하지 않았습니다. 90퍼센트 이상이 자기가 된다는데 왜 하겠어요? 그 바닥 작업을 해놓은 것이 여론조사 통해 효과를 본 거죠. 서로 딱 맞아떨어진 겁니다.

정몽준이 버린
노무현을 국민이 거뒀다

지 2002년 대통령 선거 전날 정말 식겁할 만한 사건이 있었지 않습니까? '정몽준이 노무현을 버렸다.' (웃음) 거기에 관련이 많이 있으셨다면서요.

서 그건 진짜 중요한 사건이었습니다. 그럴 거라고는 생각을 못했죠. 그런 어마어마한 일이 일어날 것이라고 누가 상상이나 했겠습니까? 선거운동 막판 명동 유세가 마지막이었습니다. 그 유세가 끝나고 노무현 후보와 정몽준 공동선대위원장이랑 단 둘이서 저녁 식사 일정을 잡아달라는 거예요. 그래서 유세본부 실무 책임자를 오라고 했습니다. "이게 무슨 짓이냐? 이게 말이 되는 소리냐? 이런 해괴한 발상은 누구 발상이냐?"고 물었습니다. 그랬더니 유세본부장이 그렇게 지시했다고 하는 거예요. 하도 기가 막혀서 "가서

300

안 된다고 말씀드려라. 모든 선거 기간의 대미를 장식하는 날이고, 중요도가 아주 높은 시간이다, 그런데 두 분이 한가하게 밥 먹고 있을 시간이 없다"고 돌려보냈어요. 그건 그냥 하나의 아이디어 차원에서 나온 거라고 생각했습니다.

그런데 다시 와서는 반드시 해야 된다고 하더라고요. 합의를 했다고. 그래서 제가 그랬어요. "밥 먹는 게 합의 사항이냐? 식사 자리도 합의해서 잡느냐?" 그랬더니 이재정 유세본부장이 진짜 오셨어요. "어렵게 어렵게 합의한 것이다. 해야 한다." 저쪽에서 워낙 강하게 요구했다는 겁니다. 그래서 제가 간곡하게 설명을 했습니다. "마지막 날이 진짜로 중요한 날입니다. 이런 날 두 분만 같이 식사를 하는 게 맞습니까? 선대본에 있는 모든 분들이 다 나오는 날인데, 설렁탕집이나 이런 데 가서 모두 같이 식사를 하는 게 하나의 기삿거리고 뉴스인데, 그렇게 하셔야죠." 그랬더니 합의라고, 반드시 일정을 잡아야 한다고 하고 가셨어요. 제가 그걸 잡겠어요. 안 잡았지. (웃음)

이번에는 신계륜 비서실장이 와서 반드시 잡아야 한다고 해요. 그때 정몽준 측과의 협상 책임자가 신계륜 비서실장이었습니다. 똑같은 이야기를 했죠. 그래도 또 같은 말을 해요. 또 안 잡았습니다. 그다음에 와서 또 그러는 거예요. 그래서 이제는 '이게 예삿일이 아니다'라는 생각이 들어서 겁이 확 나더라고요. 장난이 아니구나. 솔직히 처음에는 왜 이러지 했어요. 그리 신중하게 듣지 않았습니다. '뭘 이런 것 가지고, 공을 세우려고 하나. 이런 것 가지고 이 난리를 치지.' 이런 생각을 했는데, 신계륜 선배가 두 번째로 와서 확정적으로 이야기를 하고 가버리는 거예요. 그러니까 겁이 확 났습니다. 급기야는 이해찬 기획본부장까지 나를 부르더니 "저녁 식사 약속을 잡아라. 중요한 것이다"라고 해요. 이 정도는 그냥 밥 먹자는 게 아니다, '그러면 이게 도대체 뭐냐? 밥 먹자는 것이 합의 수준을 넘어서 이 정도로 강하게, 중요하게, 더군다나 다른 사람도 아닌 이해찬 본부장이 그런 말을 해' 하는 생각이 순간적으로 들었습니다.

지 정말 많은 생각이 드셨겠네요.

서 사실 선거 캠프라는 것이 느슨해요. 다 자기 일과 역할들이 중요하다고 생각합니다. 그래서 비서실이나 기획본부가 중요한 것 아닙니까? 선후를 가리고 경중을 가려야 되니까요. 그런 일들을 기획본부장의 책임 하에서 하는 것이고, 후보 일정이 정해지는 겁니다. '기획본부장까지 이렇게 해라 하는 것은 장난이 아니다. 이건 뭔가 있다. 그런데 어떻게 이럴 수가 있을까?' 그러면서 제가 퍼뜩 '이러면 합의서를 가지고 오겠다는 얘긴가' 하는 생각이 들더라고요. 그러니까 진짜 하늘이 노래지더라고요. 어떻게 둘만의 식사가 되겠어요? 기자들이 다 따라올 것이고, 절대로 둘만이 될 수 없어요. 선거 유세 기간 중에는. 약속을 해서 비밀 장소에 가서 먹어도 비밀 유지가 안 됩니다. 대통령 후보가 어디 있는지 그걸 못 찾아낼 기자들이 아닙니다. 기자들이 모여들고, 카메라도 다 몰려들 텐데, 그 속에서 무슨 일이 발생할까, 제 생각에는 합의서밖에 없겠더라고요. 제가 위기의식을 느꼈다고 했잖아요. 겁이 났다고 했잖아요. 그건 저밖에 몰라요. 아무도 몰라요. 제가 악을 썼기 때문에 비서팀들은 알지만. 제가 상의를 안 했기 때문에 다른 사람들은 그 심각성을 모르죠.

합의서를 들이밀면, 우리 후보는 거기 서명을 할까? 그렇다면 벌써 그걸 세리머니로 했지, 왜 안 했겠어요. '약속은 지킨다. 그러나 합의서나 각서는 안 쓴다.' 이게 노무현 대통령이라고 봐요. 그런데 약속을 지키라고 공개적으로 윽박지르면 그게 뭐가 됩니까, 항복 문서입니다. 저는 그렇게 생각했어요. 진짜 눈앞이 캄캄해지더라고요. 이거 진짜 큰일 났네, 저쪽에서 각서를 들이댄 후에 '약속은 지키는 겁니다, 약속했지 않습니까, 신뢰가 중요합니다. 저는 약속을 지키지 못하고, 신뢰를 주지 못하는 지도자는 지도자라고 인정할 수 없습니다' 하면서 일어나버리면 어떻게 되겠습니까. 그 상황에서 안 쓴다는 것은 뭡니까, 협상 결렬이잖아요.

양쪽 협상 책임자들이 합의를 해서 경선까지 끝났어요. 그 협상에서 DJP연합처럼 나누자는 것은 아니었거든요. 우리가 경선을 해서 이겼지, 협상을 해서 이긴 것은 아니잖아요. 그런데 무슨 합의사항이냐, 왜 같이 밥을 먹고, 합의를 해야 되느냐, 그런 것 아닙니까? 만약 DJP처럼 합의를 했다면 그것은 지켜야 됩니다. 그런데 우리는 여론조사를 통해 국민경선을 하지 않았습니까? 노무현 후보가 이긴 것이죠. 정몽준 후보는 졌고. 이미 경선할 때 그 합의를 했기 때문에 그것을 지키면 되는 것이지요.

비록 그가 합의를 깼지만, 노 대통령이 당선되신 후에 정몽준 의원이 축구협회장을 계속하기를 원하더라고요. 그때 축구협회장 하겠다는 사람들이 많았습니다. 체육회장도 그렇고. 정몽준 의원 측에서 저에게 그 얘기를 해서 대통령님께 보고를 드렸고, "축구협회장을 계속하고 싶어 하신답니다." "당연히 그래야 되는 거 아닐까, 그렇게 하라고 하게, 마땅한 사람도 없고, 계속 그분이 해왔는데, 굳이 다른 사람이 할 필요가 뭐 있겠나. 국민들도 그렇게 생각하겠지"라고 하셨어요. 그리고 그때 상암구장에서 축구 국가대표 경기가 있었는데, 대통령께서 관람을 가셨습니다. 그렇게까지 해준 겁니다. 인정해준 거죠. 경선 합의를 깨고 우리를 떨어뜨리려고 했어도 노 대통령은 그렇게까지 해줬어요.

지 노 대통령다운 선택이었네요. 다시 2002년으로 돌아가시죠. (웃음)

서 우리는 그럴 거라고 생각했는데, 밑도 끝도 없이 다시 합의하자고 각서를 가지고 오면 어떻게 할 것입니까? 그때 그 상황이라는 것이 이 정도로 복잡하고 미묘했습니다. 이게 아니고서는 기획본부장까지 나서서 그러겠느냐, 저는 확신했죠. 한참 고민하다 결론을 내리고 여택수 수행 비서한테 전화를 했습니다. 제가 이 얘기를 했죠. "이재정 본부장, 신계륜 비서실장, 급기야 이해찬 기획본부장까지 저녁 식사 자리를 잡으라고 한다, 이 과정에서 나는 이렇게 생각했다, 합의문 가지고 올 것 같다, 기자들 몰려와서 들이대고 다시 협상장이 되는 거다, 합의 각서를 가지고 올 것이라고 생각하지만, 안 가지고 오더라도 나는 협상장이 될 것이라고 생각한다, 이것을 본 국민들은 둘이서 권력을 나누는 것으로 생각한다, 일부 보수언론은 '권력을 나누는 두 사람, 거래하는 노무현과 정몽준' 이렇게 나갈 것이다"라고 했습니다.

DJP 협상이 나중에 결렬되었어요. 그때 대통령에 당선됐지만, 국민들의 평가가 썩 좋지는 않았습니다. 지금에 와서 권력을 나누는 것을 어느 국민이 좋아하겠습니까? 이 부정적 장면이 선거에 도움이 되겠느냐, 하루 종일 방송에 그것이 나갈 텐데, 그때까지도 이회창이 된다고 하는 쪽이 더 많았습니다. 우리는 이길 거라고 확신했지만, 객관적 여론조사 수치는 우리가 이기고 있지 않았어요. "나는 그렇게 생각한다, 너는?" "형 말이 맞는 것 같은데요." "정신 차려야 된다. 지금부터 내 말 잘 들어라. 이건 너하고 나하고 둘밖에 모르는 거다. 나는 저녁 약속 안 잡는다." "그렇게 하세요." 여택수 비서가 고마웠죠. "지금부터 내가 책임질게" 했는데, 제가 어떻게 다 책임을 집니까? (웃음) 그런데 당시로서는 그럴 수밖에 없었습니다.

"잘 들어라. 절대 후보한테 이 얘기를 하면 안 된다. 누구한테 전화가 와도 후보께서 지시했다고 하자. 그리고 판세가 워낙 미세하니까, 유세를 두세 개 더 잡자. 밤 11시에 동대문 두타까지 해서 마무리를 짓겠다"고 했어요. 이해찬 기획본부장한테 넘어가니까 아무도 확인을 안 하더라고요. 일정 기획회의를 하고 나서 나한테 넘어오면 스케

줄링은 제가 했습니다. 이건 한다, 이건 안 한다, 하는 전체 회의를 기획본부장이 주재해서 일정이 정해지면, 그것을 어떻게 스케줄링 하고, 날짜를 맞출지는 비서실에서 제가 했습니다. 기획본부장은 나만 믿고 그렇게 할 거라고 생각했겠죠. 그렇게 해왔으니까. 그런데 제가 안 잡았죠. 이건 신계륜 비서실장, 이재정 유세본부장, 저, 유세팀장 밖에 몰라요. 나머지는 모르죠. 그런 상황이었는데, 저는 제 할 일이 다 끝났잖아요. 의전팀장으로서 선거 일정은 다 끝났어요. 마지막 유세장이 명동이니까 팀을 끌고 갔죠. 우리 비서실 팀 몇 사람 하고 같이 유세차 옆에 서 있었는데요. 결정적 순간이 온 거죠.

지 운명의 순간이 왔네요. (웃음)

서 추미애 의원, 정동영 의원이 연설을 하고 내려왔고, 정몽준 의원이 나타났습니다. 유세를 할 거 아닙니까? 그리고 노 후보가 와요. 후보 들어오기 전에 단상 정리를 합니다. 마지막에 카메라 세리머니를 해야 되니까요. 손들고 '만세' 하면서 환호에 답하는 세리머니를 해서 그게 그날 9시 뉴스부터 다음 날 오전까지, 선거 당일도 계속 화면은 그게 나가는 거예요. 신문 1면 톱부터 방송까지 전부 다 그 화면이 나가게 되어 있습니다.

그런데 거기에 노 후보와 정몽준 의원만 서게 되어 있더라고요. 다 내려가고 없어요. 경호팀장을 막 손짓해서 불렀어요. 유세장이 시끄러워서 안 들리니까요. 손짓으로 정동영 의원을 지목하면서 단상으로 올려라, 하니까 무슨 말인지 알잖아요. 그 어떤 야구 감독이나 치어리더보다 큰 동작으로 했습니다. 정동영 의원을 단상에 올렸어요. 그런데 유세본부장이 바지 뒤춤을 잡고 정동영 의원을 끌어내리는 거예요. (웃음) 막 흥분이 되잖아요. '저 사람이 미쳤나' 하고. 다시 몸짓으로 지시했죠. 경호팀장은 제 얘기만 듣죠. 제가 자기 직속상관이고, 선거 기간 중에는 내 최종 지시를 받는 사람인데. 그래서 억지로 다시 끌어올렸어요. 그러고는 "막아" 하고 일체 못 올라가게 한 거죠. 그때 정몽준 의원 측 핵심 인사들이 난리가 난 거예요. 정동영을 끌어내리려는 거였겠죠.

정동영 의원, 노무현 후보, 정몽준 의원이 손들고 서 있으니까, 대통령 후보로서의 그림이 나오잖아요. 모두가 원하는 그림이었습니다. 나중에 보니까 두 사람만 단상에 올라가기로 합의를 했다는 겁니다. 전 그걸 전해 듣지 못했습니다. 물론 유세는 유세본부장 소관입니다. 사실은 제가 월권을 한거죠. 정몽준 의원은 저보다 키가 큽니다. 노 대통령님은 170은 된다고 말씀하셨는데, 제가 생각하기에는 안 될 걸요. (웃음) 이건 그림도 아니고, 뭣도 아냐 이 화면의 중요성을 말씀드렸잖아요. 그러면 뭐가 연상이 되나요? 공동 정권이 연상이 됩니다. 저는 공동 정권을 국민들에게 연상시켜서는 안 된다고 생각했습니다. 우리 당의 지지자들도 있잖아요. 정몽준의 지지자들도 끌어와야 되지만, 우리 당의 지지자들, 호남 사람들, 국민들한테 미래 세력을 보여줘야 합니다. 대통령이 이들과 함께 국정을 운영하겠다고 보여주는 것 아닙니까, 정몽준 의원과 정동영 의원이 우리 당의 대표 선수들이라는 거죠. 순간적으로 그렇게 해야 한다고 생각했습니다. 그림이 딱 좋잖아요. 노무현과 정몽준, 둘이 세워놓으면 망하는 그림이에요. 그런 그림을 만들어낸다면 참모라고도 할 수 없죠. 우리가 이기고 있던 상황이 아니라니까요. 나중에 이회창이 불복 선언해서 재검표까지 했습니다. 선거 상황이 그처럼 격렬했어요. 종각에서 또 유세를 했습니다. 똑같은 세리머니를 한 번 더 했어요. 신림동으로 후보 차 보내놓고, 그다음부터는 유세 본부에서 알아서 진행하는 거니까, 내가 할 일은 다 끝낸 거죠.

한일관에서 김현미 부대변인과 갈비탕 한 그릇 먹으면서 "오늘 마지막 장면 끝내줬지" 하면서 웃었지요. 옆에 함께 있으면서 그 모습을 다 보았거든요. 밥 먹고 나와서 광화문 지나 서대문 로터리를 못 갔는데, 전화가 오더라고요. 정몽준 의원 쪽 김행 대변인이 CBS에 가고 있다는 거예요. "왜?" 그랬더니 기자회견을 하러 간다는 거예요. 합의가 깨진 것 같다고. 사무실에 갔더니 난리가 났어요. 지금 현대카드 건물이죠. 국회 앞의 하얀 건물, 그 건물 8층이 비서실이었는데 발 디딜 틈이 없었어요. 저도 전라도 사람이라 욕을 많이 들어봤지만, 세상에나 처음 들어보는, 입에 담을 수 없는 욕들이 난무했습니다. 정동영 의원과 추미애 의원이 욕을 먹고 있었고요.

실패한 후보가 될지언정
실패한 대통령은 되지 않겠다

지 정몽준이 지지를 철회했던 이유가 그거였나요?

서 노 대통령님이 유세할 때 바로 코앞에서 '차기는 정몽준'이라는 피켓을 누군가 들고 있더라고요. '저런 거 안 해야 되는데…….' 그러면서도 어쩌겠어요. 일반 군중이 그러고 있는데, 가서 뺏을 겁니까, 어떻게 할 겁니까. 그 전에 후보가 실랑이하는 광경을 다 봤어요. 그러고 나니까 후보가 마이크를 잡으면서 "추미애 의원님도 올라오세요" 하면서 본인이 손을 잡아 단상으로 올리시더라고. 네 사람이 단상에 선 거예요. 그러곤 피켓을 앞에 두고 연설하시면서 "차기는 정몽준도 있고, 정동영도 있고, 추미애도 있습니다, 우리 당에 인물 꽉 찼습니다"라고 하시는데, 미치겠더라고요. (웃음) 저 얘기는 안 하셨으면 좋았겠는데, 정몽준에 대한 약간의 배려가 있어야 되잖아요. 저 말씀을 왜 하시지.

지 추미애 의원을 끌어올릴 때는 그런 상황을 보고 '속상하다'고 생각하신 것 아닙니까?

서 정치 한두 번 한 것도 아니고. 그걸 모르겠어요. 그러니까 추미애 의원한테도 미안할 거 아닙니까, 정동영한테도 미안한 마음이 있고, 마치 그것을 기정사실화시키는 것 같잖아요. 제가 어떻게 그 레토릭을 잊어버리겠습니까? 군중들은 난리가 났죠. 안 그러겠습니까? 종로 가서도 똑같이 연출시켰거든요. 그래서 난리가 났어요. 막판에 카메라 세리머니가 끝나고, 모든 사람들을 단상에 올렸어요. 마지막이니까, 이미 카메라 세리머니가 끝났고, 그 화면이 나가지는 않으니까요. 어쨌든 그런 상황입니다. 급기야 정동영 의원과 추미애 의원에 대한 비난과 욕설이 난무하고, 그분들은 겁이 나서 사무실에 오지도 못했습니다. 한동안. 실제로 그랬습니다. 만약에 대선에서 졌으면 그분들은 역사에 죄인이 되는 건데요. 사실 그분들이 뭔 죄가 있습니까, 내가 만든 건데요. 저는 또 무슨 죄가 있습니까, 제가 무슨 욕심이 있어서 그런 것도 아니고, 오로지 후보, 그림, 화면, 한 표라도 더 얻자는 생각만 있었던 거죠.

어쨌든 그 사달이 나자 정몽준 집으로 가서 사과하라고, 김원기 의장부터 모든 분들이 사과하라고 하니까 후보께서 딱 한마디하셨습니다. "나는 실패한 후보는 될지언정 실패한 대통령은 되지 않겠습니

310

다." 안 가겠다면서 하신 말씀이에요. 하지만 사람들이 하도 난리를 치니까, 미안하잖아요. 그래서 가셨어요. 역사는 우리 편이라는 것이 맞는 말이더라고요. 그때 정몽준 의원이 나와서 밑도 끝도 없이 '약속은 지켜야 합니다, 정치 지도자는 신뢰가 가장 중요합니다'라는 말 한마디만 하고 들어갔으면 우리는 지는 거였습니다. 생방송이 되는 것이었거든요. 그런데 다행히 안 나타나줘서 많은 국민들의 공분을 사고, 지지자들을 눈물바다로 만들어놔서 하룻밤 사이에 세상이 바뀌어버린 거 아닙니까?

지　대형 사고가 났으니 밤새 못 주무셨겠네요.

서　잠 한숨 못 잤죠. 그 순간이 터지고 나니까 1층부터 8층까지 건물이 텅 비어버렸어요. 실무자들도 다 가버리고, 기자들도 다 가버렸습니다. 제가 밤늦게 나왔는데, 4층 기자실에 갔더니 KBS, MBC, SBS, YTN 카메라 반장들만 있더라고요. 그분들한테 제가 형이라고 불렀습니다. "형! 이거 어떻게 해야 됩니까?" 하니까 그때 KBS 기자가 "서 팀장 내 말대로 할래?" "우리가 뭘 해야 됩니까, 얘기만 해주십시오." "내일 아침에 애국가 끝나자마자 첫 방송을 생방송으로 이걸 물릴게, 후보가 잠바 입고, 머리에 까치집만 없애고, 면도하지 말고 오셔서 국민들한테 성명서를 낭독해라. 후보 혼자 서서. 다른 방법이 없다. 그거 할래." 그래서 몇 분들과 상의를 해서 그렇게 했습니다. 그 전에 다른 분들도 그렇게 건의를 하셨을 거예

311

요. 제가 대통령님한테 전화로 그렇게 말씀드렸습니다. 원래 12시가 지나면 후보는 일체의 유세 행위를 하지 못하게 되어 있거든요. 그런데 급하시긴 급하셨나 봐요. 그 얘기가 끝나기도 전에 다른 의원님들과 김원기 의장님 등이 오셔서 그렇게 하기로 결정하고, 기자회견을 하셨지요. 밤새 거의 뜬눈으로 지새운 국민들과 지지자들에게 보내는 메시지였어요. 좋았어요. 원래 노 대통령님은 모든 선거가 끝나면 주무세요, 항상. 투표하고 오시면 종일 주무십니다, 선거법에 선거 행위를 못하게 되어 있거든요.

그러는 와중에 여기저기 방송국, 신문사 중심으로 체크해보니, 진짜 간발의 차이로 왔다 갔다 하더라고요. 헌데, 저한테 제보가 왔어요. 이회창 후보가 오후에 예산 선영을 간다고 하더라고요. 잘됐다고 생각하고, 전화를 드렸더니 여사님이 받으세요. "후보님 주무시죠" 하니까 주무신대요. "중요하고 급한 일이니 깨워주십시오" 하고 말씀드렸습니다. "1~2퍼센트 내에서 왔다 갔다 하는데, 우리에게 동정 여론이 일어서 거의 박빙까지 치고 올라가고 있습니다. 조금씩 더 올라갑니다." "그런가?" "그렇습니다. 이회창 후보가 점심을 먹고 예산 선영에 간답니다. 저쪽은 오후 뉴스가 다 그걸로 갈 것 같습니다. 후보님도 선영에 다녀오시는 것이 좋을 것 같습니다." "그래도 되나?" "이회창 쪽에서도 가지 않습니까? 동정 여론이 PK에서 세게 일고 있습니다. 저쪽에서 가니까 우리도 내려가서 거기 맞춰서 뉴스가 나가게 해야 됩니다." 그랬더니 그 와중에 뭐라고 하는지 아세요? "갑자기 비행기 편이 되겠나?" 그러세요. (웃음) "가시면 시간 맞춰서 준비하겠습니다." "그렇게 하세." 그래서 진영에 가셨다가 경남, 부산 선거캠프를 한 바퀴 돌고 오셨고, 그때 뉴스가 같이 나갔습니다.

실제로 그게 미세하지만 도움이 됐던 것으로 알고 있어요. 저쪽도 충청도 민심을 얻으러 간 것 아닙니까? PK 쪽에서 생각보다 많이 나왔습니다. 부산 경남에서 동정심이 인다는 것은 제가 지어낸 말이고. (웃음) 그 촉박한 시기에 실제로 선거 캠프에 사람이 없었다니까요. 사람이 없었어요. 저는 간밤에 한숨도 못 잤죠. 또 아침부터 준비를 해야 되니까, 혜화동 후보 집에서 나온 것이 새벽 1시가 넘어서였는데, 잘 시간이 어디 있습니까, 아침에 기자회견 준비하고 뭐 하고 해야 되는데요. 어쨌든 긴 하루였습니다. 그게 1박 2일이야. 그게. (웃음)

그날의 일을 단 하나라도, 일점일획이라도 잊을 수가 있겠습니까? 이해찬 총리가 술 한잔 드시면 꼭 그러시더라고요. 아마 그 말씀이신 것 같아요. "서갑원이 보통 놈이 아니다, 큰일 낼 놈이야"라고 하셨어요. (웃음) 칭찬인지, 욕인지는 잘 모르겠는데, 제가 국회의원 할 때도 그러셨어요. 그분도 얼마나 놀랐겠습니까? 다른 사람은 몰라도 이 총리는 아시잖아요. 단 한 번도 말씀은 안하셨는데요. 저도 안 하다가 얼마 전에 그런 인터뷰를 한번 하긴 했습니다만, 정말 아주 구체적으로 할 수 있는 얘기가 아니잖아요.

지 정말 긴 하루였겠네요.

서 어마어마한 뭐가 있어서가 아니고, 순간적으로 돌발 상황

313

인 거예요. 이건 후기처럼 하는 얘기인데, 우리 당의 한 의원이 당시에는 이회창 후보 보좌역으로 이회창 캠프의 핵심에 있었습니다. 어느 날 서로 대화를 나누다가 들은 말인데, 당시 선거 일주일 전부터 갑자기 이회창 후보의 핵심 인사들 사이에서 이상한 일이 있더라는 거예요. 최측근 중진 의원들이 선거를 다 이긴 것처럼 희희낙락하더라는 겁니다. '왜 저러지.' 아무리 생각해도 별다른 변동 사항이 없는데 그러더라는 거예요. 그리고 김행 대변인이 발표하는 순간, 그쪽에서 '만세' 하는데, '아, 저거였구나' 하는 생각이 딱 들더라는 겁니다. 마지막 퍼즐이 맞춰진 느낌이었어요. '진짜로 합의서를 가져올 생각이 있었을까?' 이건 돌발 상황이 아니고 이미 계획된 것이었다고 강하게 의심하고 있었거든요. 그럴 수밖에 없잖아요. 모든 정황이. 이름은 기억 안 나는데, 정몽준 기획팀의 핵심이었다고 합니다. 우연히 같이 술을 한잔 마셨는데, 내 말이 맞다고 하더라고요. 정씨 집안뿐만 아니라 사방에서 이회창 후보한테 가야 한다고 매일 난리가 났고, 구체적으로 얘기해줄 수는 없지만, 자기가 아는 한 그때 이미 그렇게 정해졌다고 하더군요.

지 좋은 방향으로 결과가 나왔으니 망정이지, 대한민국 역사를 바꿀 뻔한 사건 아닙니까?

서 역사의 죄인이 될 뻔했죠.

지 모골이 송연하셨겠네요.

서 사실은 그런 상상을 할 수 있겠습니까? 상식적으로. 겁이 덜컥 나서 결국 그렇게 하긴 했지만, 그건 끝났다고 생각을 한 거죠. 왜냐하면 더 이상 그렇게 밀고 들어올 것이 없었기 때문이에요. 내가 책임을 진다지만 어떻게 다 책임을 질 수 있겠어요. 진짜로 후보의 뜻이 그래서 그렇게 됐으면, 그다음 단계에서 전체적으로 논의가 되겠죠. 저는 막는 데까지 막아보는 것이고. 그런데 아무 반응이 없었어요. 그래서 저는 나중에 '아, 이게 정몽준 캠프의 의견은 아니구나' 하는 생각을 했죠.

두 번째는 '저 집의 의사결정 구조는 말 한마디 떨어지면 어떻게든 해야 되는 것인데, 그래서 그냥 보고를 못 하고 말았구나, 말 한마디면 이유 없이 복종을 해야 되는 재벌들의 그런 의사 결정 구조 하에서 어쩔 수가 없었고, 정몽준 의원한테까지는 이게 보고가 되지 않았구나.' 이런 생각이 들었습니다. 그 정도까지 심각한 상황은 아니구나 하고 간 건데요. 그러니까 연단에 세우는 것은 전혀 별개입니다. 앞의 것과 연관 지어 생각하지 못했습니다. 마지막 순간에 일정을 두 개, 세 개 더 잡아서 그렇게 통보했거든요. "우리는 한 표가 아쉬워서 후보가 차에서 김밥 드시고, 마지막까지 최선을 다 하신다." 그렇게 종각, 신림사거리, 동대문 두타를 잡은 거거든요. 시간이 안 나오잖아요. 그런데 저쪽에서 답이 없었어요. 처음에는 위기의식을 갖다가 '그래도 양해가 됐구나' 생각했어요. 별 탈 없이 마지막 유세까지 갔으니까요. 그런데 단상 사건이라는 돌발 사고가 생긴 겁니다.

지 노 대통령님에 대한 여러 평가가 있지만, 이런 얘기도 있었잖아요. '당선된 것 자체가 엄청난 공이다'라고. 굉장히 중요한 선거였는데, '실패한 후보가 될지언정 실패한 대통령이 되진 않겠다', 그런 태도가 무책임했다는 의견들도 있었잖아요.

서 당시 노무현 후보는 그런 상황인지는 모르셨어요. 이미 그런 거대한 음모가 있었는데, 대통령이 하신 말씀이 맞잖아요. 그날의 심정에 대해 대통령님께 여쭤보지는 못했어요. 그걸 어떻게 확인할 수 있겠습니까? 그러나 대통령의 첫 번째 느낌은 저하고 똑같았을 거라고 생각합니다. '올 것이 왔구나, 그러면 그렇지', 그거 아닙니까? 보통 사람이 상상할 수 있는 게 아니잖아요. 자기들이 경선하자고 해서 해놓고, 그 말도 안 되는 경선을 했는데, 그래놓고 그걸 다시 뒤집어엎는다는 상상을 누가 하겠습니까? 이걸 대통령께서도 단순한 해프닝이라고 생각하겠습니까?

저는 그래서 노무현 대통령이 어마어마한 사람이고, '나의 노무현'이라는 것을 다시 한번 확인할 수 있었습니다. 그 순간, 제가 그 자리에 있었잖아요. 들어올 틈이 없었어요. 그 방에 100명이 넘는 사람들이 한꺼번에 몰려들어왔고, 의원들, 선대본의 간부들이 다 몰려들어왔는데요. 옆에 있던 사람만 듣지, 큰 소리로 연설하신 게 아니잖아요. 저는 바로 옆에 있었으니까 들은 거죠. "실패한 후보는 될지언정,

실패한 대통령은 되지 않겠습니다." 그 얘기가 뭡니까? '저 사람들과 다시 손잡을 경우 이제는 절반을 내놔야 되는 건데, 나는 그런 짓은 못하겠다.' 이 말 아닙니까?. '이렇게 된 마당에 저런 사람들과 국가를 어떻게 같이 경영할 수 있습니까?' 이 말이지요.

노무현답지 않습니까? 정권을 가지고 뒷거래를 할 수 있겠습니까, 이제 3김 정치가 끝나고 새로운 시대가 도래하고 있습니다. 새로운 세대에 의해 새로운 시대가 시작되는 겁니다. 군사독재가 끝나고 문민정부가 들어서고, 3김이 물러나고 새로운 세대의 첫째로 노무현이 나타난 것입니다. 새로운 세대의 만형이자 구시대의 막내가 되겠다고 하지 않았습니까. 그러니까 내가 비겁한 짓은 하지 않겠다, 그 절체절명의 순간에 그런 결단을 할 수 있는 지도자가, 그런 배포를 가진 사람이 어디 있습니까? 예전에 이해찬 총리가 "저렇게 간덩이가 큰 사람이 다 있느냐? 때로는 사람을 질리게 한다"고 한 것보다 더 어마어마한 말씀을 하셨어요. 얼마나 당당합니까, 저는 멋지게 보이더라고요. 승패를 떠나서.

노 대통령이 잘못한 것이 뭐가 있습니까? 나 같은 참모를 둔 것이 잘못입니까? 결과적으로는 제가 잘못한 것이 없잖아요. 팩트 체크는 안 된 거지만, 결과적으로 보면 그랬어요. 단상에서 그런 말을 했다고 해서 합의를 깰 정도면 이미 깨진 것입니다. 극적으로 이벤트를 하나 마련하기 위해서 밀고 들어왔던 것 아닙니까? 그걸 엉뚱한 놈이 나타나서 황당하게 날려버린 것 아닙니까? 자기가 뭐라고 할 수 있겠습니까, 서갑원이 날렸다고 정몽준한테 보고할 수 있겠습니까?

후보가 안 받아줬다고 얘기할 수밖에 없지. 그런 것 아닐까요? 나라도 그렇게 보고했을 것 같아요. 이해찬 기획본부장도 노 대통령님한테 말씀 안 하신 것이 후보와 협의가 됐다고 판단하지 않았을까 싶어요. 후보의 뜻이라고 판단했을 거라는 거죠.

저는 그게 참모와 측근의 차이라고 생각합니다. 저는 선하고 지혜로운 측근이 있어야 된다고 생각합니다. 제가 지혜롭다고 할 순 없을지 몰라도 그 순간에는 지혜롭고 정의롭게 판단했다고 생각합니다. 지금도 잘했다고 생각해요. 제가 한 몇 가지 일 중에, 정말 잘 판단한 일이라고 생각합니다. 위기 상황 중에서 판단을 정말 잘하는 사람으로 몇 번 검증됐잖아요. 5·18 기념식 현장에 가실 때 "뒷문으로 갑시다" 한 것도 제 판단이었고. '광주가 거부한 노무현'이라는 타이틀을 보수언론에서 뽑을 거라고 말씀드렸죠. 저는 대통령님을 그만큼 잘 아니까요. 노무현 대통령은 이렇게 판단하셨을 거라고 믿으니까요. 우리를 그렇게 교육시켰잖아요. 국무회의를 갔다 오시면 몇 시간씩 브리핑하고 하나하나 설명 다 해주시고, 청와대든 어디든 데리고 가서 "공부시키려고 데리고 왔습니다"라고 하셨잖아요. 그 공부를 통해, 그렇게 배운 것을 가지고 판단을 한 거죠. 일하면서 그런 판단들을 내렸을 때 대통령님이 한 번도 안 받아준 적이 없었습니다. 저로서는 정말 멋진 보스를 만난 거죠.

나의 노무현에서
모두의 노무현으로

지 그런 상황에서도 잘 주무신다면서요. 남들은 밤을 새고 있는데. (웃음)

서 주무신다니까요. (웃음) 아까 얘기했잖아요. 그다음 날이 선거일 아닙니까, 여사님한테 전화해서 "후보님 주무시죠." 그러니까 주무신다고 하시더라고요. 안 봐도 비디오죠. 마지막 한순간까지 최선을 다해서 진을 다 빼고 속된 말로 '몰빵'을 하는 겁니다. 단 한 점도 남김없이 마지막 순간까지 할 수 있는 것을 다 해놓고, 뒷일은 하늘에 맡기는 거죠. 그게 대통령이고, 제가 잘 아니까요. 주무실 거라고 생각한 거죠. (웃음) 우리의 말을 받아주시잖아요. 그게 서로를 알고 이해를 하니까, 그럴 수 있지, 그렇지 않으면 할 수가 없었겠지요. 그런 상황을 우리한테 만들어주신 거 아닙니까? 저는 그렇게 생각했습니다.

지　책임과 권한을 함께 준 후 신뢰를 한다는 거네요.

서　사심 없이, 제가 단 한순간도 나의 이익과 결부시켜서 해본 적은 없었던 것 같습니다.

지　당선이 확정되고, 처음으로 뭐라고 하시던가요?

서　기억이 안 나네요. 그때는 이미 우리의 보스가 아니잖아요. 나의 대장이 아니잖아요. 그때는 이미. 축하한다는 말도 못했어요.

지　워낙 많은 사람들한테 둘러싸여 있었을 테니까요.

서　물론 당선된 그 순간도 계속 모시고 다녔죠. 당선자의 일거수일투족 모두 생중계했거든요. 여의도 당사부터 집에까지 들어가셔서 마지막에 창문 열고 손 한번 흔들어주신 것까지 SBS에서 생중계했습니다. 집에 들어가시더니 "담배 한 대주게. 아 좋다"고 하시면서 피우시고, 그때 여사님과 가족들, 저와 여택수 비서, 노건호 친구 이렇게 있었습니다. "다들 돌아가시게 손 한번 흔들어주시죠." 그래서 성에가 낀 유리창을 닦고, 열고, 손 흔들고, 저희는 "주무십시오" 하고 나왔죠.

- 2002년 12월 대선에서 당선이 확정된 후, 명륜동 자택에서 가족들과 함께하고 있는 노무현 대통령.

지 미국의 정치인 마리오 쿠오모가 "선거운동은 시로 하고, 국정 운영은 산문으로 한다"는 멋진 말을 했습니다. 선거운동도 해보셨고, 국정 운영도 참여해보셨잖아요.

서 그 말이 맞죠. 말 그대로 선거운동은 상징적 행위 아닙니까? 일일이 설명하는 것이 아니잖아요. 선거는 짧은 구호를 내걸고 상징적 행위를 통해 하지만, 국정 운영은 결과도 중요하지만 하나하나의 과정도 더욱 중요한 것 같습니다. 구체적으로 설명하지 않으면 안 됩니다. 이해 당사자들이 너무 많잖아요. 너무 다르고. 극과 극일 수 있고요. 선거는 어떻습니까, 좋아하는 사람들끼리, 웃고 즐기는 거죠. 선거라는 것은 내 지지자를 결집시키고, 나를 지지해줄 사람들을 향해서 외치는 거거든요. 어차피 극과 극은 정해져 있습니다. 중간에서 갈등하고 계시는 분들을 향해 '내가 더 멋집니다. 내가 더 잘났습니다. 내가 더 부드럽습니다. 내가 더 용맹스럽습니다'라는 구호를 시처럼 내걸잖아요.

그러나 국정 운영은 내 지지자들만을 위해서만 할 수는 없는 것 아닙니까? 그래서 좌측 깜빡이 켜고 우측으로 간다고 비난을 받을지언정, 지지자들로부터 욕먹고 지지를 까먹을지언정, 국가와 국민을 위해 오른쪽으로 갈 수밖에 없는 상황들, 한미 FTA와 이라크 파병 같은 고뇌에 찬 결단을 내렸다고 생각합니다. 몰라서 그리로 갔겠습니까, 안 갈 수가 없어서지요. 그걸 어떻게 하겠습니까? 이라크 파병을 하면서 단순하게 젊은이들을 고생시키고, 국민 분열을 일으키고, 여러 가지 간난한 신고를 거치면서 그냥 할 수는 없는 거잖아요. 미국으로부터 대가를 받아내야 될 게 아닙니까? 그러면 미국과도 밀고 당기기를 해야 합니까. 과거에도 그런 적이 없었고, 이명박, 박근혜 정권 때도 그런 적이 없었죠. 외교 지도자들이 알기로는 대한민국 생기고 처음이라고 합니다. 미국과 밀고 당기고, 주체적으로 협상을 하고, 대통령이 육성으로 어떤 주제를 놓고 미국 대통령과 토론하는 것을 처음 봤다고 그러더라고요. 정상회담 때도 그렇고, 그 뒤에도 그렇고요. 우리 외교사에 한 획을 긋는 거라고 했습니다. 그러면서 너무 자랑스럽다고 해요.

제가 정상회담을 모시고 갔지 않습니까? 물론 토킹 포인트를 다 정하고 그 틀 안에서 하는 거지만, 결국 협상이거든요. 주권 국가의 대통령이 미국 대통령과 국익을 놓고 협상을 해야 합니다. 아무리 동맹국이라도 이해를 시켜야 되고, 그걸 국민들한테 설명을 해야 되지요. 마치 소설처럼. 그러면 흥미 있게 해야 하고, 눈물도 흘리게 해야 하고, 사랑도 있어야 하고, 분노도 있고, 배신도 있고, 국정이 그런 거죠. 한 편의 소설이 사람들에게 감동을 줄 수 있듯이 국정은 그래야 되는 거 아닌가요? 진짜 좋은 비유고, 멋진 표현인 것 같습니다. 시와 소설이라는 비유가 노무현 대통령에게 가장 들어맞는 비유라고 생각했어요. 저도 그런 정치를 하려고 노력하겠습니다.

지 선거운동 할 때는 감성적인 호소가 때로는 필요하죠?

서 "그러면 내 마누라를 버려야 합니까?" 이만큼 격렬하고, 상징적인 표현이 어디 있겠습니까? 여성 분들은 거기서 감동을 한 게 아닙니까? 내 남편도 저렇게 할 수 있을까, 하고. (웃음) 젊은 사람들한테는 얼마나 당당합니까, 구구절절 설명하지 않잖아요.

과거의 서갑원에게 묻고
미래의 서갑원이 답하다

지 라디오스타 식으로 여쭤보겠습니다. (웃음) 서갑원에게 정치란?

서 정치란 직업이고 생활이고 나의 전부다. 저는 직업으로서 정치를 생각합니다. 베버의 말이 아니어도 그렇게 생각하고 그렇게 해왔습니다. 정치를 한다는 순간부터. 처음에 비서를 할 때는 정치를 한다는 생각은 안 했는데요. 어느 순간부터 정치를 하지 않으면 안 되고, 운명적으로 정치인의 삶을 살아가고 있었고, 현실 정치를 하면서는 그런 생각을 확실하게 굳혔고, 더군다나 노 대통령님이 돌아가신 다음에는 이건 내 운명으로 받아들일 수밖에 없다, 그렇게 해서 지금 이를 악물고 하고 있습니다. 정말 이를 악물고 기를 쓰고 죽기 살기로 하고 있습니다.

지 민주주의란 뭐라고 생각하십니까?

서 민주주의는 결국 합의의 과정이라고 생각합니다. 얼마만큼 합리적으로 서로가 조정하고 타협해낼 수 있는지, 합의의 과정들을 얼마만큼 충실하게 만들어가면서 결과를 도출해내느냐 하는 것이 중요하다고 생각합니다. 진실한 마음으로 온갖 정성을 다해 상대방을 이해하려고 노력하고 이타적인 마음으로 서로가 서로의 입장에서, 상대방의 입장에서 생각하려고 노력하고, 그러면서도 우리의 이익을 키워나가는 것, 또한 그런 과정들이 합리적이어야 하죠. 신뢰를 갖고 합리적으로 타협을 이루어내야 하는데, 그 과정이 저는 민주주의라고 생각합니다.

지 순천은 어떤 의미인가요?

서 순천은 내 뿌리고 고향인 거죠. 나를 낳아줬고, 나를 키워줬고, 나를 있게 했고, 미래 세대들에게 나로 인해서 좀 더 나은 터전이 될 수 있도록 해야겠다고 생각하게 하는 숙명적인 곳이죠. 당연한 것 아니겠습니까?

지 호남은 어떤 의미인가요?

서 호남은 역사적으로 늘 어느 순간부터 변방이고, 약자의 위치에서 고통과 고난을 받았던 곳입니다. 따지고 보면 조선시대 영남 노론의 집권이 이완용까지 이어졌습니다. 질기고 긴 영남 우위의 역사 속에서 그래도 당당하게 주체적으로 자존심을 가지고 살아가고 있는 그런 곳인데, 이제 좀 뭐라고 해야 될까요? 얘기가 너무 거창해졌는데요. (웃음) 늘 피해의식이 많은 동네고, 실제로 본의 아니게 피해를 많이 봤던 곳 아닙니까? 정치적으로 핍박을 받고 피해를 당한 곳이죠. 그래서 저는 노무현 대통령이 말씀하신 통합이라는 것이 결국은 여전히 유효하다고 생각합니다.

노 대통령님은 호남에 비해 영남 역차별이라고 말하는 사람들에게 진짜 화를 많이 내셨습니다. 쉽게 말하면 수백 년 동안 영남 우위의 대한민국에서 고작 김대중 노무현 두 분의 10년 임기를 가지고 역차별 운운한다는 건 말도 안 되고 양심도 없다고 하셨습니다.

호남 차별을 가지고 고려 왕건의 훈요십조까지 언급하는 건 제가 역사 전문가는 아니지만, 좀 과장된 해석이라고 생각합니다. 호남 차별의 원인을 박정희 김대중의 1971년 대통령 선거에서 찾습니다. 그 선거 이전에는 전라도에도 공화당 국회의원이 많이 나왔으니까요. 그런데 저는 이 논리가 반은 맞고 반은 틀렸다고 생각합니다.

제가 생각하는 호남 차별은 희생양론에 근거를 둔 것입니다. 해방 후 반민특위가 해체되고 친일파들이 미군을 등에 업고 위세를 떨칩니다. 그러면서 자기들의 친일을 덮기 위해 희생양을 찾았습니다. 그것이 친북 좌파입니다. 공산주의라면 알레르기가 생기는 미국의 입맛에 맞았죠. 그 친일파들의 후예가 민정당까지 이어집니다. 쿠데타로 정권을 찬탈한, 정통성이 부족한 범죄 집단 역시 희생양을 찾아야 했습니다. 공교롭게도 민정당 역시 경상도 군인 집단이 권력의 원천이었습니다. 김대중에 대한 탄압, 5·18광주 민주화 운동 역시 희생양 찾기의 일환이었습니다. 그때도 뭐랬습니까? 김대중은 빨갱이고, 5·18은 북한군이 내려와서 선동한 반란이다. 이런 논리를 펴고 있지 않습니까? 그런 면에서 저는 통일이 되면 영호남 지역 감정이 많이 사라지지 않을까 생각합니다.

지 편을 가르려고 하거나, 그것을 통해 정치적 이득을 얻으려고 하는 사람들의 목소리가 많아졌다고 할 수는 없지만, 독해진 것은 사실이지 않습니까? 광주민주화운동에 대한 거친 목소리들도 그렇고요.

서 그게 정치적 이득을 보기 위해서도 그렇고, 또 한편으로 피해자가 있으니까 가해자가 있을 수 있고, 그 입장에서 자기들의 정당성을 유지하기 위해서라도 어쩌면 피해자의 입장을 생각하지 않으려는 속성들이 있잖아요. 친일 세력이 오늘날까지 자기들을 정당화하기 위해 친미 세력이 되고 반공 이데올로기로 무장했듯이, 민주화 과정이나 민주화 이후에도 여전히 색깔론으로 무장하고 그것으로 뒤집어씌워서 자기들의 정당성과 기득권을 유지하는 수단으로 사용하고 있죠. 아직도 그런 논리와 주장들이 받아들여지고 있는 현실이 서글프고 안타깝습니다. 이제는 정말 극복해야 되겠지요.

지 대한민국 차원에서 사고를 해보셨는데요. 대한민국은 어떤 의미인가요?

서 정말 멋지고 엄청난 나라이고 국민들 아닙니까? (웃음) 이 작은 나라에서 별로 자원도 없으면서 얼마나 자존심이 세고, 얼마나 당당하고, 얼마나 영리하고 지혜롭습니까? 우리가 다 알다시피 이런 나라, 이런 국민들이 어디 있습니까? 반 토막 나서 남과 북이 극단적으로 대립하고 있고, 따지고 보면 어마어마한 에너지를 서로 소진하고 있는 거잖아요. 그뿐만 아니라 동과 서로도 갈라져서 극단적인 대립과 갈등을 겪고 왔어요. 지금도 그렇고요. 그러면서도 국가적으로 보면 민주주의를 꽃피우고, 경제적으로 세계 10위권에 들어가는, 세계가 놀랄 만한 기적을 계속해서 만들어나가고 있습니다. 그 와중에 정권 교체도 해내고 있고, 촛불로 국정 파탄 세력을 응징하고.

지 정치를 하다 보면 가족들한테 미안할 일이 많잖습니까? (웃음)

서 늘 미안하죠. 가족들에게 저는 이방인이고 나그네입니다. 우리 부모형제, 아내, 아들과 가족 구성원으로서 뭔가를 같이 의논하고 논의하는 과정에 한 번도 참여해본 적이 없습니다. 제가 광주 경선을 준비할 때 지금 고등학교 3학년인 아들이 백일이었습니다.

그때 광주에 캠프를 꾸리고 정신없이 바쁠 때였습니다. 내가 마흔 살에 낳은 아들인데, 유일한 자식이고요. 그냥 우리 장인 장모님과 우리 어머님과 같이 집사람이랑 해서, 잔치를 하자는 것도 아니고, 밥이나 한 끼 먹기로 했습니다. 제가 외국에 있는 것도 아니고, 광주에 있었는데, 그날 못 갔어요. 갈 틈이 없더라고요. 제 마음에 여유가 없었어요. 그 정도로 절박했어요. 아들 백일인데, 식구들끼리 밥 한 끼 먹는 것인데요. 내가 같이 안 먹는다고 해서 내 아들이 아닌 게 아니라고 생각했죠. (웃음)

그로부터 몇 달 지나서 첫돌이 돌아왔잖아요. 우리 아들 생일이 2월인데, 광주 경선이 한 달도 안 남았어요. 그때도 같이 양가 가족들끼리만 모여서 토요일 저녁에 밥 한 끼 먹자, 당일이 안 되니까, 주말에 모여서 먹자고 했습니다. 제가 또 못 갔어요. 마찬가지로 마음에 여유가 없었습니다. 저는 그게 마음에 좀 걸리기는 했지만, 미안하다는 생각까지는 못했어요. 그런데 한참 시간이 지나서 애가 초등학교 다닐 때인가 유치원 다닐 때인가, 무슨 드라마를 보다가 돌잡이를 하는 장면이 나오니까 "엄마, 나는 돌잔치 때 뭘 잡았어?"라고 묻더래요. (웃음) 못 했잖아요. 그냥 당황해가지고 얼버무리고 말았다는 거예요. 참 진짜로 미안합디다. 그 얘기를 듣고 나니까, 진짜로 미안했어요.

그런데 제 아내도 어지간히 무던하죠. 저한테 내색 한마디, 싫다는 말 한마디 안 했습니다. 정치하는 사람들은 자기 주변 사람들을 힘들게 하죠. 선거 때만 해도 어디 가서 누구한테 큰소리칠 수 있겠습니까, 표를 얻어야 되는데, 아쉬운 소리를 해야 되는데요. 옛날처럼 꿋

발이 있어서 어디 취직을 시켜줄 수 있습니까, 국회의원 한다고 도와줄 수 있는 게 없잖아요. 맨날 아쉬운 소리만 하고, 누구 표현대로 사람 노릇도 못 하게, 우리 어머님도 그러시잖아요. 기 한번 못 펴고 사신다고. 늘 가족은 고맙고, 미안한 사람들이죠.

지 읽으신 책 중에 영향을 준 책이 있나요?

서 우리 시대는 다른 이들도 그랬듯이, 제 사고의 인식 체계를 바꿔놓은 책이 강만길 선생님의 《분단시대의 역사 인식》입니다. 세상과 역사를 보는, 어떤 사물을 인식하는 기본틀을 바꾸어놓은 책이죠. 그 정도로 저한테는 충격적인 책이었습니다. 또 리영희 선생님의 《전환시대의 논리》 이런 책들도 있고요. 요즘 젊은 세대에게는 낯설겠지만, 어떻게 현실을 비판하고 총체적인 시각으로 봐야 할지 일깨워준 고마운 책입니다.

지 마지막으로 해주실 말씀은 없으신가요? 독자들이 이 책을 어떻게 읽어주면 좋겠다고 생각하시나요?

서 이게 짧다면 짧고 길다면 긴데, 저로서는 의미 있는 얘기들입니다. 이게 제 인생의 전부 아니겠습니까? 제가 살아온 삶의 궤적들이기도 하구요. 또 한편으로는 내가 살아오면서 일을 하게 된 동기들이기도 하구요. 내가 일을 하는 방법과 과정들이기도 하

• 2003년 노 대통령은 함께했던 비서들과 그 가족들을 상춘재로 초대하셨다. 천진난만한 나의 아들 정욱이에게 같이 사진을 찍자며 달래시던 노 대통령의 모습이 그립다.

구요. 사고의 동기이기도 하고, 내 인생의 전부인데요. 어쩌면 버라이어티 하고, 폭풍 같기도 하고, 어쩌면 별 볼일 없는 작은 일들일 수도 있지만, 매 순간 매 시기 내가 비록 가진 것이 작지만, 내 모든 에너지를 쏟아서 결단한 일들, 한번 결정한 일들은 고민하지 않고 어떻게 해서든지 과정은 선하게, 그러나 정말 죽기 살기로 했습니다. 그래서 좌절도 있었고, 실패도 있었고, 하늘이 무너질 듯한 슬픔도 있었지만 한편으로 또 의미 있고 보람 있게 나름대로 그런 일들을 해왔다고 생각합니다.

노무현 대통령님을 우연히 만나서 이렇게 살아오기도 쉬운 일이 아니지 않습니까? 그렇게 만나기도 쉽지 않고, 가만히 생각해보면 그렇게 살아오기도 쉽지 않았던 것 같습니다. 제가 능력이 출중했던 것도 아니고, 지혜가 남달랐던 것도 아니고, 뛰어난 것도 아니었는데, 당신의 모든 것들을 맡기고 또 믿어주시고, 실제로 내가 했던 것들을 인정해줘서 그 힘으로 지금까지 살아가고 있는 거죠. 우리 부모님이 나를 낳아주시고 키워주셨는데, 그 이후에 일을 하는 과정에서는 지금까지도 노무현 대통령의 그늘, 그의 힘으로 함께 살아가고 있다고 생각합니다. 기쁘죠. 그래서 제가 직업으로뿐만 아니라 하나의 숙명으로 정치를 받아들이고, 그렇게 하고 있습니다. 남은 인생도 그럴 것이고요.

마치면서 하나 덧붙인다면, 이런 경험과 성찰이 미래형 정치인으로 제가 행동해나갈 소중한 자산이 되었다는 점입니다. 그런 자세와 노력으로 최선을 다하겠습니다.

못 다한 이야기

_____

노무현의 반보 뒤에서 정치를 보다

검찰개혁,
그 평행이론

하루하루가 거대한 데자뷔의 연속이었습니다. 취임 초 '노무현 대
통령과 검사와의 대화'는 급하게 마련됐었습니다. 그 타이틀조차
'대화냐, 토론'이냐 잡혀 있지 않았습니다. 대통령의 호의로 시작한
만남이었습니다. 검찰을 권력으로부터 자유롭게 하면 스스로 개혁
할 것이라고 생각했습니다. 아시다시피 검찰은 대통령의 '호의'를
'악의'로 되받았습니다. 그들은 집요했고, 비열했고, 탐욕적이었습
니다. 10년 전 전직 대통령의 죽음이라는 비극적 결과, 요즘의 이
사달도 그들의 기득권 수호에서 비롯된 것입니다. 10년 전 '노무현'
은 지금의 '문재인'이 되었고, 10년 전, '강금실'은 지금의 '조국'이
되었습니다.

  달라진 것이 있다면 조국은 낙마했고, 문재인 대통령님은 검찰 스
스로 개혁할 의지도, 동력도 없다고 판단했다는 것. 검찰이 개혁의

- 노무현 대통령과 당시 민정수석비서관이었던 문재인 대통령과 함께 국무회의에 참석하기 위해 가는 중 보고하고 있는 서갑원 의전비서관.

주체라고 립 서비스를 하고 있지만 그냥 립 서비스일 뿐입니다. 이를 눈치 챈 검찰은 늘 하던 대로 보수야당을 끌어들이고, 족벌 언론을 스피커로 삼아 대통령의 '칼'을 무디게 하거나 오염시켰습니다.

'사람에 충성하지 않고 조직에 충성 한다'는 어느 '검사'의 말에 한때 열광했습니다. 하지만 그에 대한 기대는 오해였습니다. 일종의 착시였습니다. 그는 '조직에 충성하지 않고 국민에 충성한다'고 말했어야 했습니다. 그는 그렇게 사랑하는 조직의 논리와 조직의 관점만으로 조직을 대표하고 있습니다. 같은 조직에 있지만 그 반대편에 서 있는 어느 여검사도 있습니다. '검찰의 자기 입맛에 맞는 선택적 수사와 선택적 정의는 사법 정의를 왜곡한다'고 일갈했습니다. 그녀는 여전히 일사불란한 '조직'내에서 신선한 분란을 일으키고 있습니다. 이 내부자의 용기가 난공불락의 검찰산성에 균열을 내줬으면 하는 바람입니다. 이보다 문제인 대통령님의 검찰 개혁 의지가 더 '난공불락'인 점이 무척 다행스럽습니다.

조국 장관이 전前 장관이 됐습니다. 물러나면서 불쏘시개가 되겠다고 했습니다. 하지만 10년 전 이미 '선배 불쏘시개'가 계셨습니다. 아마도 노무현 대통령께서는 하늘로 올라가 별이 되시지 않고, 지상의 아궁이 속으로 들어와 특히 검찰 개혁의 불쏘시개가 된 듯합니다. 그때는 서초동의 촛불이 없었습니다. 하지만 이제는 외롭지 않은 싸움이 될 것입니다. 노 대통령께서 누누이 말씀하셨던, 정의가 강물처럼 흐르는 공정 사회를 기대해봅니다. 개혁이 들불처럼 일어나는 민주 검찰을 소망해봅니다.

평범한 심부름꾼의
비범한 심부름

비범한 두 분이 계셨습니다. 그 사이에는 평범한 심부름꾼이 있었습니다. 평범한 심부름꾼은 운 좋게도 비범한 심부름을 했습니다. 어떤 심부름에는 정치 9단의 신의 한 수가 들어 있었습니다. 어떤 심부름에는 남북관계를 푸는 힌트가 들어 있었습니다. 어떤 심부름에는 사회적 갈등을 해소하는 큰 메시지가 들어 있었습니다.

저에게 심부름을 시키셨던 노무현 대통령님은 생전에 이렇게 말씀하셨습니다. "무릇 지도자란 식견과 경륜, 능력과 노력 이전에 역사의식이 있어야 한다. 역사를 바라보는 거시적 관점을 통해 국가적 과제를 해결할 수 있어야 한다. 역사의식이 없는 지도자는 지도자가 아니다. 그런 면에서 DJ는 김구 선생 이후 우리나라의 진정한 지도자다."

"우리 시대의 진정한 지도자는 DJ뿐이다"라고 말씀하신 노무현 대통령님. 노 대통령님 장례식장에서 "내 몸의 반이 무너졌다"고 토로하신 김대중 대통령님. 저는 운 좋게도 이 두 분 사이에서 '비범한 심부름'을 많이 했습니다. 말씀과 말씀을 전달하는 단순한 심부름꾼일 뿐이었음에도 전달하고 전달받는 과정 하나하나가 저에게는 '공부'였고, 또 다른 수준의 '정치'였습니다. 저야말로 누구도 경험할 수 없었던 노무현과 김대중의 '교환 학생'이었습니다.

두 분은 다른 듯 참 닮으셨습니다. 김대중 대통령께서는 냉철한 이성 속에 따뜻한 열정을 갖고 계셨던 분입니다. 노무현 대통령께서는 뜨거운 열정의 외피 속에 냉철한 이성을 품으셨던 분입니다. 두 분은 '언어의 온도'가 달랐지만 그 지향은 소외된 사람들과 약자들을 향해 있었습니다. 두 분 대통령께서 돌아가신 지 10년이 됐습니다. 역사는 어떤 고초를 겪더라도 스스로의 힘으로 진보한다고 믿으셨던 두 분입니다. 그렇기에 김대중 대통령님은 수없이 많은 생사의 기로에서 굳건하게 살아내셨습니다. 늦게나마 대통령이 되셨습니다. 위기에 빠진 나라를 구하셨습니다. 노무현 대통령님도 계란으로 바위 치는 선거에서 수없이 깨졌습니다. 마지막 큰 선거에서 마침내 바위를 깼습니다. 그리고 새로운 세상을 열었습니다.

김대중, 노무현 대통령님! 남북관계는 다시 얼어붙었습니다. 일본은 역사 문제를 수출 규제로 물타기 하고 있습니다. 의회민주주의는 작동하지 않고, 검찰 권력은 저항하고 정치 개혁은 요원합니다. 꼭 이렇게 문제가 생길 때마다 염치없이 두 분 대통령님이 그리워집니다. 그때는 심부름만으로도 안개가 걷히고, 물꼬가 트이는 기분이었습니다.

그때는 여쭙고 싶은 게 있어도 감히 여쭤보지를 못했습니다. 송구스럽게도 여전히 평범한 심부름꾼이지만, 지금이라면 그래도 뭔가 여쭤볼 용기를 내볼 수 있을 듯합니다. 저 서갑원은 두 분 대통령님의 심부름을 밑천으로 정치를 배우고 그나마 세상을 보는 눈을 가지게 됐습니다. 고맙고 감사했습니다.

나의 살던 고향의 봄,
순천의 봄

'우리가 글을 몰랐지 인생을 몰랐나.'

제가 감명 깊게 읽은, 아주 장한 책 제목입니다. 딱 우리 어머니 또래의 순천 할머니들이 생애 최초로 글과 그림을 배웠습니다. 그 일기와 편지를 모아 책을 냈습니다. 웃음과 눈물이 뒤섞여 있습니다. 인생의 회한이 버무려져 있습니다. 첫 페이지를 넘기면서부터 가슴 한쪽이 아렸습니다. 무릎을 치기도 했습니다. 하지만 무엇보다 기뻤습니다.

이 책은 할머니들에게 겨울이 끝나고 봄을 알리는 봄소식이기 때문입니다. 할머니들이 길고 긴 겨울의 터널 속에서 사셨습니다. 글을 모르면 제 나라에서도 외국인 같이 살 수밖에 없습니다. 글을 모르는 사람들은 사계절이 있다 해도 모두 겨울입니다. 겨울에 사는 사람들은 추워서도 두려워서도 안 나갑니다. 사람 만나기도 싫습니다. 스스로를 집에 가둬버립니다. 할머니들이 그렇게 자발적 영어囹圄의 몸으로 사셨습니다. 안 그래도 고달픈 인생에 지식과 정보에도 소외되어 사셨습니다. 그래서 할머니들이 새롭게 배운 글은 봄입니다. 그 봄은 밖, 사회를 의미합니다. 즉, 끊어졌던 사회와 네트워크가 복원됐음을 의미합니다. 할머니들은 다시 젊어지셨습니다. 안 가시는 곳이 없습니다. 손자들과 문자로 대화하고 친구들에게 메일을 보냅니다. 자연스럽게 접근하지 못했던 새로운 지식과 정보를 접하고 있습니다.

이 책의 교훈은 여기서 끝나지 않습니다. 저는 우리 '늙은' 또는 '더딘' 순천의 모습도 이래야 한다고 생각합니다. 순천 역시 오랫동안 겨울을 살고 있는지 모릅니다. 순천의 정치가 '무소속'이 됐습니다. 정치가 무소속이 되면 경제 역시 무소속이 될 수밖에 없습니다. 순천 혼자서는 발전할 수 없는 이 네트워크의 시대에 말입니다. 표면적으로 순천은 외딴 섬이 됐습니다. 더불어민주당과 끊어진 다리를 잇는 게 가장 급선무입니다. 그다음은 정부와 시시때때로 연결할 수 있는 핫라인을 복원해야 합니다. 박근혜의 탄핵으로 청와대와의 소통 창구도 탄핵되었습니다. 청와대와 소통 창구도 다시 열어야 합니다.

순천의 봄은 당정청 3대 네트워크의 복원으로 이루어집니다. 여당이 힘을 실어주고, 청와대가 귀 기울여주며, 정부가 발 벗고 나서야 합니다. 순천은 이 네트워크를 복원시킬 적임자를 찾는 게 급선무입니다. 그래야 순천의 봄을 앞당길 수 있을 것입니다.

리더Leader는
리더Reader여야 한다.

제가 대학에서 겪었던 가장 신선한(?) 경험은 스승의 날이었습니다. 스승의 날에 꽃이나 양주를 사들고 제가 찾아가본 적은 있어도, 스승의 날이라고 학생들이 인사를 오겠다는 경우는 처음이었습니다. 인사드릴 선생님들도 많을 텐데 제 차례까지 올 줄 몰랐습니다. 생각지도 못한 학생들의 마음 씀씀이가 고마웠습니다. 잘됐다 싶어 이 참에 저녁 겸 치맥 파티를 제안했습니다. 형식적인 장소에서는 형식적인 얘기밖에 안 나오는 법입니다. 그래서 딱딱한 총장실보다는 호프집이 낫겠다 싶었습니다. 학생들 마음에 있는 '날것 그대로'의 이야기도 듣고 싶었습니다. 깜짝 이벤트(?)는 제 예상보다 수확도 컸고 즐거웠습니다.

'스승의 은혜는 하늘 같아서 우러러볼수록 높아만 지네'의 시대는 벌써 지난 것 같습니다. 존경과 존중의 예를 갖추지 말자는 얘기가 아닙니다. 학생들과 술잔을 기울이면서 든 생각은 그렇습니다. 제대로 된 스승은 학생들 속으로 내려와 요즘 말로 '인싸'(인사이더)가 되어야 한다는 것입니다. 저 높은 곳에서 자기의 권위와 과거의 성취에 취한 스승은 요즘 말로 '아싸'(아웃사이더)밖에 되지 못할 것입니다.

위대한 스승으로 추앙받는 공자의 모토는 '인仁에 대해서는 스승에게도 양보하지 마라'였다고 합니다. 공자의 위대한 퍼포먼스인 논어는 공자 말씀의 '받아쓰기'가 아니라 스승과 제자의 치열한 논쟁과 건강한 토론의 장입니다. 공자는 스승의 계급장을 떼고 대안모색과 진리 탐구를 위해서는 스스로 '인싸'가 되었던 것입니다. 물론 아주 권위적이고 일방적인 꼰대일 경우가 더 많았다고도 합니다. 스승과 제자는 서로에게 존재 이유가 되며 상대적 가치를 지닙니다. 일방의 시대는 지났고 탑다운 방식은 더 이상 통용되지 않습니다. 누구는 펜트하우스에 있고 누구는 지하 3층에 있다면 소통과 공감은 기대할 수 없을 것입니다.

이 대목에서 학생들을 시민이나 국민으로 바꾸면 어떻습니까? 전혀 어색하지 않습니다. 저는 저 술자리가 대학총장으로서 가장 '제자리'였지 않았나 하는 생각이 듭니다. 정치인으로서도 저런 자리가 가장 제자리일거라 생각합니다. 제자리에 관한 얘기를 하다 보니 생각나는 에피소드가 있습니다. '국민이 대통령입니다'라는 노무현 후보의 슬로건을 기억하십니까? 노 대통령님은 저 슬로건을 아주 싫어하셨습니다. "어떻게 국민이 대통령이 되냐 저건 수사에 불과하다. 말장난이다.'" 하지만 참모들이 우겨서 겨우 슬로건을 걸었습니다. 하지만 노 대통령님 말씀이 맞습니다. 국민이 대통령일 수는 없죠. 그만큼 국민을 존중하겠다고 하는 건데도 과한 표현입니다. 대신, 이런 표현은 괜찮을 듯합니다. '대통령이 국민이다.' 무슨 말이냐 하면 국민이 올라가 대통령 대접받는 건 불가능해도 대통령이 국민이 있는 낮은 곳으로 내려오는 게 현실적이라는 말입니다. 낮은 사람이 올라가는 건 한계가 있어도, 높은 사람이 내려오는 건 그보다 쉽습니다. 하지만 우리 사회는, 우리 정치는 낮은 사람이 올라가는 것도 높은 사람이 내려오는 것도 어렵습니다.

리더Leader 는 리더Reader 여야 합니다. 리더가 저 높은 자리에만 머무르면 국민의 마음을 읽을 수가 없습니다. 국민들이 계시는 낮은 곳으로 내려와야 제대로 읽을 수 있습니다. 대학에 있는 시간은 비록 짧았지만 끊임없이 학생들이 있는 자리로 내려오는 순간이었습니다. 선생의 자리에서 학생의 자리로 내려와 그들과 얘기하며 마음을 읽고자 노력했습니다. 리더Leader 가 리더Reader 가 되는 것. 이것이야말로 가장 좋은 교육, 좋은 정치를 위한 정치인의 자세입니다.

서갑원이 만난
노무현

"자네가 나랑 보내는 시간이 제일 많지 않은가? 나중에 그것에 관해 글을 써보도록 하게."

노무현 대통령이 서갑원 전 의원(이하 호칭 생략)에게 여러 번 당부했던 말이라고 합니다. 왜 안 그렇겠습니까? 국민들이 노무현이라는 인물에 대해 관심을 갖기 한참 전인 1992년부터 수행해서 노무현이 어려웠던 시절에 가장 많은 시간을 보낸 사람이다 보니 기록을 중시하는 노무현 스스로가 '서갑원이 기록한 노무현'을 보고 싶고, 역사적 가치가 있을 것이라는 생각을 했을 겁니다. 그래서 대통령이 되고 난 후에도 몇 번을 말씀하셨다고 하네요. 그것이 서갑원에게는 하나의 큰 숙제가 됐습니다. '대통령님께서 나한테 한 부탁이자 마지막 임무'라는 거죠.

첫 만남부터 노무현의 수평적 리더십을 알 수 있는 일화가 나옵니다. 수행 업무를 위해 자동차 조수석에 탄 서갑원에게 '뒤로 오세요.

뒤통수에 대고 얘기할 수는 없잖아요'라고 했다고 합니다. 그리고 그를 모든 역사적 현장에 배석시키면서 공부를 시킵니다. 그것 자체로 한국 정치사의 한 장면이자, 한국 역사에서 중요한 장면들이었죠. 노무현의 리더십과 서갑원의 팔로우십이 만들어내는 여러 가지 흥미로운 장면을 통해 우리는 재미는 물론 어떤 역사적 교훈마저 얻을 수 있을 것 같습니다.

우리가 기억하는 노무현의 주요한 장면 한편에는 늘 서갑원이 있었습니다. 그래서 서갑원의 뷰파인더를 통해 본 노무현은 그만큼 더 매력적이고, 혹 오해했던 사람도 그 오해를 불식시킬 수 있는 얘기들로 가득합니다. 청와대 의전비서관으로서 그 경험들은 개인적인 기록에 그치지 않고, 그대로 대한민국의 정치사이자 외교사, 역사의 한 장면이 될 것입니다.

직접 써도 되지만, 기록을 제대로 남기자는 생각에 인터뷰 작가인 저한테 요청을 해왔습니다. 몇 년 전인지는 정확히 기억나지 않는데, 그때는 인연이 닿지 않았습니다. 이상하게 노무현 대통령과도 저는 인연이 닿지 않아 인터뷰가 이루어질 듯 이루어지지 않고, 서면 인터뷰만 한 차례 했습니다. 이번에 서갑원 전 의원 인터뷰를 하면서 노무현 대통령과 인터뷰를 하는 착각이 들 정도였습니다. 그런 서갑원이 이제 노무현을 떠나보내려 합니다. 아니, 더 크게 가슴에 품고 뜻을 펼쳐보려나 봅니다. 앞으로 서갑원이 보여줄 정치가 기대되네요.

인터뷰를 하면서 들었던 얘기 중에 칼국수를 먹다가 바퀴벌레 반 마리가 나온 얘기가 인상 깊었습니다. 대부분은 불같이 화를 낼 것이고, 그렇지 않더라도 웬만큼 비위가 좋지 않은 사람은 그냥 나와 버릴 것입니다. 그런데 물을 달라고 해서 입을 헹구고, 다시 칼국수 한 그릇을 달라고 해서 다 비우고, 계산마저 하고 나왔답니다. 본인의 아량을 자랑하려던 것도 아니고, 식사 중에 가볍게 툭 나온 이야기였습니다.

"어쩌겠어요. 제가 비교적 대책 없이 긍정적인 편이에요. 긍정적이 되려고 노력하는 편입니다. 난들 비위가 안 상하겠습니까만, 기왕 깨물어버렸는데 주방에 가서 화를 낼 겁니까? 식당 아줌마들한테 욕을 하겠습니까? 밥은 먹어야 되는데, 가서 입은 헹궈내고, 건더기 어렵지만, 어쩌겠습니까? 할 수 없지. 바꿔달라고 해서 먹었죠. (웃음)"

좋은 정치인 이전에 좋은 사람이라는 인상을 강하게 받은 한 장면이었습니다. 그런 성품이 다시 그를 좋은 정치인으로 만들 것이라는 생각이 들었습니다. 지나치게 예민해서 지지자들과 국민들에게 상처를 주는 정치인도 많이 봤으니까요.

노무현 주변에는 머리를 쓰는 사람들은 많았습니다. 그분들로 인해 지탱해온 면도 컸겠지만, 노무현은 의외로 외로웠을지도 모르겠다는 생각이 들었습니다. 서갑원은 마음을 쓰는 사람이라는 생각이 들었습니다. 아마 그래서 오래 곁에 두고 정무적 판단을 맡길 정도로 신뢰를 했겠지요.

　노무현에게 배운 여러 가지를 그는 순천 지역 국회의원을 하면서 실천했습니다. 큰 성과도 있었고, 좌절도 있었습니다. 그 구체적인 이야기는 이 책을 통해 알 수 있을 것 같으니 줄이기로 하구요. 그의 얘기를 찬찬히 들으면서 7년 동안 정치 일선에서 물러나서 관조한 시간이 그의 안목을 더욱 넓히고, 정치적 비전을 더욱 크게 키웠다는 생각이 들었습니다.

　노무현 대통령의 호남 출신 비서관, 그에게 남은 임무는 노무현에 대한 기록뿐만 아니라 노무현 대통령이 꿈꿨던 지역 통합, 지역 균형 발전이 아닌가 싶습니다. 어쩌면 그는 잘해낼 것 같네요. 건승을 빕니다. 기대를 가지고 지켜보겠습니다.

인터뷰어 지승호

반보 앞서간 노무현의
반보 뒤에서 정치를 배우다

초판 1쇄 발행 2020년 1월 11일

지은이 서갑원
펴낸이 성의현
펴낸곳 미래의창

등록 제10-1962호(2000년 5월 3일)
주소 서울시 마포구 잔다리로 62-1 미래의창빌딩(서교동 376-15, 5층)
전화 02-338-5175 **팩스** 02-338-5140
ISBN 978-89-5989-629-5 03340

이 도서의 국립중앙도서관 출판예정도서목록(CIP)은 서지정보유통지원시스템 홈페이지(http://seoji.nl.go.kr)와
국가자료공동목록시스템(http://www.nl.go.kr/kolisnet)에서 이용하실 수 있습니다.(CIP제어번호: CIP2019053103)

미래의창은 여러분의 소중한 원고를 기다리고 있습니다. 원고 투고는 미래의창 블로그와 이메일을
이용해주세요. 책을 통해 여러분의 소중한 생각을 많은 사람들과 나누시기 바랍니다.
블로그 miraebookjoa.blog.me 이메일 mbookjoa@naver.com